Das neue Fernsehen

Jo Groebel

Das neue Fernsehen

Mediennutzung – Typologie – Verhalten

Jo Groebel
Deutsches Digital Institut
Berlin, Deutschland

ISBN 978-3-531-19585-8 ISBN 978-3-531-19586-5 (eBook)
DOI 10.1007/978-3-531-19586-5

Die Deutsche Nationalbibliothek verzeichnet diese Publikation in der Deutschen Nationalbibliografie; detaillierte bibliografische Daten sind im Internet über http://dnb.d-nb.de abrufbar.

Springer VS

Lektorat: Barbara Emig-Roller, Monika Mülhausen

Gedruckt auf säurefreiem und chlorfrei gebleichtem Papier

Springer VS ist eine Marke von Springer DE. Springer DE ist Teil der Fachverlagsgruppe Springer Science+Business Media.
www.springer-vs.de

Inhaltsverzeichnis

Vorwort 7

1 **Das Leitmedium TV** 9

2 **Eine kurze Geschichte des Fernsehens** 11

3 **Das neue Fernsehen: Technologie** 17

4 **Das neue Fernsehen: Formate** 51

5 **Das neue Fernsehen: Strukturen** 57

6 **Das neue Fernsehen: Verhalten** 63

7 **Die empirische Studie: Methode** 73

8 **Die empirische Studie: Ergebnisse** 79
8.1 Nutzungs- und Motivmuster 79
8.2. Die neuen TV-Typen 109
8.3. Detailanalyse der Einzeltypen 162

9 **Der „Rocking Recipient“. Eine Einordnung** 183

10 **Zehn Perspektiven für das neue Fernsehen** 185

11 **Zusammenfassung** 187

12 **Literatur** 191

Über den Autor 195

Vorwort

Die Anfänge des Fernsehens in der heutigen Form, man glaubt es kaum, liegen schon fast hundert Jahre zurück. Als echtes Massenmedium kann es seit mehr als sechzig Jahren gelten. Trotzdem – oder gerade deshalb – bestimmt es mit seinen Programmen die großen gesellschaftlichen Diskussionen, egal, ob es um Politik, Sport, Wirtschaft, Unterhaltung oder Kultur geht, und jede Innovation erregt immer noch großes Interesse in der Öffentlichkeit. Im 21. Jahrhundert, so der Trend, ist der TV-Bildschirm allerdings kein isoliertes Gerät mehr, sondern Teil einer vernetzten Umgebung. Zu Hause verbindet sich das Fernsehen mit einer Web-basierten Peripherie, zu der Blu-Ray-Player gehören können, Set-Top-Boxen, Mobilgeräte, und bezieht seine Inhalte nicht mehr nur über die klassischen, inzwischen meist rein digitalen Fernsehverbreitungskanäle, sondern über alle Facetten des Internets, Streamings, Mediatheken, Cloud, Videoplattformen wie YouTube. Spätestens seit der IFA 2013 wird nicht mehr von dem einen Fernsehen, sondern von vielen, ganz unterschiedlichen Arten und Ausprägungen des ehemals einfachen Heimzentrums gesprochen. Und immer mehr, früher TV-fremde Geräte kommen ins Spiel und werden im Markt angenommen. Unterwegs schaut man sich über Smartphones oder Tablets kurze Clips an, Nachrichten oder andere Programme, die man auf keinen Fall verpassen möchte. Nach wie vor steht das Fernsehen aber in jedem Fall für die große, professionell gemachte Produktion: das Live-Sportereignis, die Unterhaltungsshow, den Spielfilm. Drei Gruppen von Anbietern sind es, die dabei in Deutschland mit großen Umsätzen und Investitionen diese Professionalität garantieren: die gebührenfinanzierten öffentlich-rechtlichen Sender ARD und ZDF, die meist frei empfangbaren Privatgruppen RTL, ProSiebenSat.1 und zahlreiche weitere, schließlich Premiumanbieter wie Sky Deutschland. Der Sender Sky war es auch, der als innovationsorientiertes Unternehmen das „neue Fernsehen" genauer unter die Lupe nehmen wollte. Die Kernfragen:

- *Welche Zuschauerinteressen stehen den technischen Möglichkeiten gegenüber?*
- *Wie werden TV und Internet in der Wechselbeziehung genutzt?*
- *Welche neuen Verhaltensmuster und Typologien von TV-Rezipienten bilden sich in der neuen Fernsehwelt heraus?*

Um diese Fragen zu beantworten, wurde TNS Infratest mit einer Repräsentativstudie beauftragt, die vom Sender und vom Autor der hier vorliegenden Veröffentlichung mit konzipiert und ausgewertet wurde. Ergänzt werden die Ergebnisse der Studie um vertiefende Einzelinterviews aus dem Jahre 2012 zum Umgang mit dem Medium Fernsehen sowie zahlreiche weitere Analysen und Fakten zum neuen Fernsehen aus deutschen und internationalen Quellen bis zum Stand von Mitte 2013.

Der Autor dankt allen beim Zustandekommen und bei der Durchführung beteiligten Forschern und Fachleuten: den Vertretern von TNS Infratest, den Kollegen und Mitarbeitern aus dem Umfeld des Deutschen Digital Instituts Berlin und der Business School Berlin Potsdam, besonders Jeannie Klautzsch und Moritz Bittner, Daniel Knapp von Screen Digest, London, vor allem aber den so sympathischen und kreativen Partnern von Sky – Dr. Jörg E. Allgäuer, Stefanie Seidlitz und Anja Karatas sowie ganz besonders Dr. Dirk Otto, der mit Ruhe, Freundlichkeit, Inspirationskraft und Geduld die Entwicklung der Studie begleitete.

Prof. Dr. Jo Groebel
Berlin, im Herbst 2013

1 Das Leitmedium TV

Fernsehen lebt. Fernsehen verändert sich. Trotz Internet, Computerspielen und einer Überfülle nicht nur digitaler Freizeitangebote erzielt das traditionelle Bildschirmmedium immer noch Rekordquoten, ist immer noch das Leitmedium für die großen gesellschaftspolitischen Debatten, erreicht in einer einzelnen Situation sofort synchron die meisten Menschen, ist die einfachste Möglichkeit für passive Unterhaltung. Und mit rund 95 Prozent der deutschen Haushalte, die einen Fernsehanschluss haben, liegt es immer noch fast 20 Prozent oberhalb der Quote für einen aktiv genutzten Online-Zugang.

Zugleich durchlebt das Medium zahlreiche Transformationen. Es verbindet sich in Technologie und Nutzung mit dem Internet. Es wird mobil. Es gebiert neue Formate. Es sieht neue Geschäftsmodelle. Ungeachtet aller Veränderungen aber ist Fernsehen als Nutzungsform auch weiterhin ein Zukunftsmedium: Menschen wollen professionell gemachte, überraschende und unterhaltsame Inhalte haben, die ihnen unaufwändigen Konsum ermöglichen. So intensiv der Markt für Games sein mag, so viel Zeit man mit Facebook und Chats verbringt – die Idee des Erzählers am Lagerfeuer mit gebannten Zuhörern gilt nach wie vor. Ob „Tatort" oder „Tagesschau", Bundesliga oder Olympiade, ob „Gute Zeiten, schlechte Zeiten", skandinavische Thriller, große (und großartige) amerikanische Serienproduktionen wie „Sopranos", „Game of Thrones", „Breaking Bad", „Newsroom", „Homeland" oder „Mad Men": Vergleichbare Kulturgüter für das Wohnzimmer mit so hoher Attraktivität bei passiver Entspannung gibt es nicht. Showstars, Sportler oder Politiker werden erst richtig bekannt durch ihre Dauerpräsenz auf dem Bildschirm. Nimmt man das Genre Spielfilm hinzu und den immer avancierteren Ausbau heimischer TV-Ausstattung mit LED-Großbild und Home-Theater-Anlagen sowie die schnelle Verfügbarkeit erfolgreicher Kinoproduktionen über legale Downloadings, Cloud und Abonnenten-TV, so steht der Stellenwert des Fernsehens als zentraler Ort für Massenkommunikation langfristig fest. Ohne diesen Stellenwert würden nicht Startups oder große Digitalfirmen wie Apple, Google, netflix, Magine oder Zattoo auf den Markt drängen. Ganz zu schweigen von den Milliardenumsätzen bei der Fernsehwerbung. Und globale Großereignisse stehen in direktem Zusammenhang mit Innovationen des TV. So gibt es mit der Fußball-WM 2014 in Brasilien erste reguläre Übertragungen in Ultra High Definition (UHD) durch das japanische Fernsehen.

Was also macht im Detail das Medium neu, wenn es an und für sich bleibt? Die deutsche Ausgabe der Zeitschrift „Wired" postulierte 2012 unter der Überschrift „Wir langweilen uns zu Tode" in Anspielung auf Neil Postmans „Wir amüsieren uns zu Tode" aus den 1980er Jahren, dass der zentrale Fernseher aus dem Wohnzimmer verschwinde, jeder ein Produzent und Sender werde, Interaktivität für jede Sendung zwingend sei und der Zuschauer zum Programmmanager werde. So einleuchtend, allerdings auch nicht ganz neu diese Erkenntnisse sein mögen: Grundlegender noch erscheinen in der Veränderung des Mediums die Verbindung mit anderen Plattformen, die technische Entwicklung mit Smart-TV und Mobilfernsehen, Angebotsinnovationen, der geplante Einstieg bislang TV-fremder Unternehmen, veränderte Nutzungstypen und Nutzungssituationen sowie die Verbindung mit Facebook und Co. als Social TV. Diese Faktoren vor allem sind es, die das Neue des Bildschirms definieren. Auch in der deutschen Quotenmessung reagiert man darauf, seit 2013 wird auch der PC als Verbreitungsweg „offiziell" mit erfasst (siehe auch Müller, DER SPIEGEL, 2013).

Auf all diese Faktoren gehen wir in der Studie zum „neuen Fernsehen" ein. Da der Mensch, Bürger, Konsument, Rezipient Anfangs- und Endpunkt aller Entwicklungen rund ums Fernsehen ist, steht zugleich vor allem sein Nutzungsverhalten im Fokus. Die Basis dafür ist eine Repräsentativbefragung von TNS Infratest zum aktuellen und künftigen Umgang der deutschen Zuschauer mit dem Medium. Hinzu kommen zahlreiche weitere nationale und internationale Forschungsergebnisse aus jüngster Zeit, aktuelle Fakten aus Technologie und Wirtschaft sowie Interviews mit Repräsentanten der einzelnen beschriebenen TV-Typen – vom techniknahen Nutzer bis zum Vielseher.

Eine kurze Geschichte des Fernsehens 2

Spricht man von „neuem Fernsehen“, muss man sich klarmachen, dass der Begriff „neu“ natürlich relativ ist. Sobald sich eine Technologie etabliert hat, wird sie kaum noch jemand als neu bezeichnen. Es lohnt daher, das Fernsehen von seinen Ursprüngen und seiner Geschichte her zu betrachten, denn das Verständnis von Gegenwart und Zukunft erschließt sich nicht zuletzt aus den Erkenntnissen, Angeboten, Diskussionen und Verhaltensmustern der TV-Vergangenheit und dem, was früher als Innovation galt.

Die TV-Technologie fand ihren Ausgangspunkt 1884 mit der Erfindung einer rotierenden Scheibe, der sogenannten Nipkow-Scheibe, die Bilder in Helldunkelsignale zerlegte und wieder zusammensetzte, und weiterhin 1897 mit der Entwicklung der Kathodenstrahlröhre, auch als Braunsche Röhre bekannt.

Nach zahlreichen weiteren Schritten fand die technisch gesehen erste echte Fernsehübertragung 1928 im Rahmen der 5. Großen Deutschen Funkausstellung, heute IFA, in Berlin statt. Bewegtbilder konnten ab den 1930er Jahren per Übertragung auch auf größeren Bildschirmen einem Publikum gezeigt werden; bei der Berliner Olympiade 1936 verfolgten schon Hunderte von Personen einzelne Übertragungen der Sportveranstaltungen. Reichspropagandaminister Joseph Goebbels hatte sich vorgestellt, ähnlich dem Radio-Volksempfänger die neue Technik als ein noch wirksameres Massenmedium zur Beeinflussung der Deutschen einzusetzen: Damit wurde schon damals, also zu einem recht frühen Zeitpunkt, die mögliche Bedeutung des Mediums als möglicher Gesellschaftsfaktor sichtbar. Zu einer massenwirksamen Verbreitung kam es allerdings nicht mehr, da alle Produktionsstätten zur Waffenherstellung für den erwarteten Krieg genutzt wurden. Auch in anderen Ländern, darunter in Großbritannien, Frankreich und den Niederlanden, hatte es zuvor schon Versuche gegeben, das Fernsehen in Richtung Massenmedium hin weiterzuentwickeln. Der Zweite Weltkrieg unterbrach dann zunächst den kontinuierlichen Fortschritt der TV-Technologie und -Produktion.

1945 wurden nach Ende der dominierenden Kriegswirtschaft frei gewordene Kapazitäten zunächst in den USA unter anderem dazu benutzt, in großem Umfang Fernsehgeräte herzustellen. Schon 1951 gab es hier rund zehn Millionen Fernsehzuschauer und ein professionelles Programmangebot. Auch in Europa setzte sich spätestens ab Mitte der 1950er Jahre, mit der neuen wirtschaftlichen Prosperität, das Fernsehen als echtes Massenmedium durch und löste insbesondere in Deutschland das Radio als Leitmedium ab. Im Zuge der schnellen Verbreitung der Geräte in allen Haushalten bestimmte ab den 1960ern der Fernsehkonsum zunehmend das Alltagsleben, den Tagesrhythmus, Gespräche am Arbeitsplatz und in der Freizeit, und die neuen Fernsehstars wurden „geboren". Das TV wurde damit zu einem dominanten Teil der sich entwickelnden Populärkultur. Zugleich etablierte es sich neben Film, Radio und teilweise der Presse als bedeutender Faktor für das gesellschaftliche und politische Leben: Ob es nun um seinen Einfluss auf Wahlentscheidungen ging: Siehe die Wende im Wahlkampf Nixon – Kennedy, als Letzterer den zuvor favorisierten Kandidaten in einer einzigen Debatte durch überzeugendere „Fernsehpräsenz" ausstach. Ob die schon bald beginnende Gewaltdebatte das „Wirkungsrisiko" für Kinder und Jugendliche thematisierte (siehe u. a. Groebel & Gleich, 1991) oder ob bis heute der Anteil des TV an der Entwicklung moralischer Werte problematisiert wird – das Fernsehen spielte eine gewichtige Rolle. Das Medium und seine Geschichte wurden zunehmend nicht mehr nur unter technologischen, sondern auch sozio-kulturellen Aspekten debattiert. Dabei rückte seit dem Ende des 20. Jahrhunderts auch die Überwindung der Kapazitätsgrenzen in den Vordergrund. Aus dem Modell des „wenige an viele", das immer einhergegangen war mit der Diskussion über mögliche Manipulation, aber auch einem gemeinsamen informellen Bildungskanon für alle, wurde ein „viele an viele": anders gesprochen eine mögliche „Demokratisierung" des Zugangs zur Gestaltung des Angebots, definitiv aber eine fast unbegrenzte Auswahl aus Programmoptionen, national wie international, amateurgeneriert, „user generated content", UGC, wie professionell. Heute verbindet sich das Medium in der Kombination mit digitalen sozialen Netzwerken wie Facebook in der gegenwärtigen Fernsehkultur zu einem ebenfalls „sozialen Medium", dieses Mal im Sinne der gemeinsamen virtuellen Nutzung und Partizipation mit vielen anderen außerhalb des Heims.

Eine bedeutende soziale Komponente besaß das Medium allerdings auch schon in den 1950er Jahren. Man schaute gemeinsam im Wohnzimmer mit Familie und Freunden. Bis heute galten und gelten einzelne Sendungen als Initiatoren für, jedenfalls vorübergehende, Gemeinschaftsbildung. Das Gerät wurde nahezu als

„Altar" gesehen. Sendungen wie „Wetten, dass ...?" nahmen diese Funktion über Jahrzehnte ein. Fernsehübertragungen wurden, mit dem Phänomen des „Public Viewing", gar über Familie und Kneipe hinaus zu „echten" Massenereignissen, in Deutschland vor allem bei den großen Fußballereignissen wie Europa- und Weltmeisterschaften, mit zum Teil Hunderttausenden an einem Ort versammelter Zuschauer. Fernseh- und Alltagskultur waren und sind also bis zum heutigen Tag vielfältig verwoben.

Bei alldem spielten auch immer die technischen Entwicklungen und eine immer bessere Empfangsqualität eine zentrale Rolle. So wurde in Deutschland, nach dem Vorreiter USA, mit der Einführung des Farbfernsehens auf der Internationalen Funkausstellung 1967 erneut eine „neue Ära" des Fernsehens eingeleitet. Spätestens in den folgenden zwei Jahrzehnten entwickelte sich das Fernsehen zum schon erwähnten zentralen, manchmal kritisierten Medium für Gesellschaft und Kultur, für Politik und Wirtschaft; etliche Diskussionen behandelten die Auswirkungen des Mediums. Das Programm war zu dieser Zeit in Westdeutschland geprägt durch die Struktur des öffentlich-rechtlichen Fernsehens mit seinem hohen Stellenwert des Bildungsauftrags, in der DDR durch das Staatsfernsehen mit seiner expliziten Gesellschaftsfunktion für das System.

In den 1970er und 1980er Jahren hörte man erstmals auch den Begriff „Neue Medien". Gemeint waren damit Videorecorder, Bildschirmtext sowie Videotext. Zudem experimentierte man schon damals auch mit HDTV, wenngleich noch basierend auf Analogtechnologie. Mit der Einführung von Kabel Mitte der 1980er und später Satellit als Übertragungsweg fielen in Deutschland die Kapazitätsgrenzen des analog-terrestrischen Fernsehens weg. Der Weg für viele neue, nunmehr privatwirtschaftlich organisierte Kanäle war geöffnet und vor allem nun auch politisch gewünscht. RTL, ProSiebenSat.1 und viele weitere frei empfangbare Sender sowie Premiere als Pay-TV-Sender erweiterten nicht nur das Spektrum der Programme, sie schufen auch eine neue Fernsehkultur.

Hatte es zuvor noch den Gegensatz zwischen der deutsch-europäischen Tradition des öffentlichen Fernsehens und der vor allem in den USA vorherrschenden privatwirtschaftlichen Ausprägung gegeben, so erweiterte sich hier das Spektrum hin zum dualen System – mit einem schnell erstarkenden Fernsehen kommerzieller Orientierung als werbefinanziertem bzw. Abonnement-basiertem Angebot. Die erfolgreiche Liberalisierung des TV-Marktes begann im Vorfeld der deutschen Wiedervereinigung und traf nicht zuletzt nach 1990 in den „neuen Bundesländern" auf ein großes Bedürfnis nach Programmen, die sich kaum noch einem gesellschaftlichen Auftrag verpflichtet fühlten.

Trotz anfänglicher Konkurrenz zwischen dem öffentlich-rechtlichen und dem privatwirtschaftlichen System beeinflussten und befruchteten sich beide gegenseitig. Das Traditions-TV erfuhr eine viel deutlichere Quotenausrichtung mit stärkerer Betonung unterhaltsamer Formate, die Privaten übernahmen besonders im Bereich Information Qualitätskriterien (und Personal) von den Öffentlich-Rechtlichen. Kritiker schalten beide der zunehmenden „Verflachung". Tatsächlich aber entstanden viele neue Programmformen, die bis heute fortwirken. Zu den wichtigsten Trends gehörten ab Beginn der 1990er Jahre die Entdeckung des Boulevard mit Sex und Crime fürs Fernsehen, Castings, Soaps und vor allem das „Reality-TV" – mit anspruchsvollen Ursprüngen beim WDR, z.B. „Die Fußbroichs", und Premiere mit „0137", und dann vielen zunächst die Geschmacksgrenzen austestenden Varianten wie „Ich bin ein Star – Holt mich hier raus!" oder weniger erfolgreich „Die Alm".

Die Vervielfachung der Kanäle und die auf schnellen Konsum hin orientierten Formate schufen zugleich das Phänomen des „Zapping", also des Hin-und-her-Schaltens, schließlich des Parallelkonsums; ähnlich wie beim Radio begann man, das TV als Begleitaktivität zu nehmen. Dennoch gab es nach wie vor gemeinschaftsbildende Höhepunkte wie die großen Sportereignisse, Nachrichten, Kultsendungen und gezielt aufgesuchte Spielfilme und Shows. Spätestens mit der Jahrtausendwende kamen dann zu den zahlreichen TV-Sendern viele weitere elektronische Angebote hinzu, die zunächst vor allem Jüngere, mehr und mehr aber auch alle demographischen Gruppen ansprachen und ansprechen: PC, Games, Smartphones und Tablets, das Internet, Apps.

Mit dem zweiten Jahrzehnt des 21. Jahrhunderts wird schließlich auch in Technik und Alltag Wirklichkeit, was bereits in den 1990er Jahren prognostiziert worden war: die Konvergenz zwischen dem jetzt digitalen TV, Computer und (mobiler) Telekommunikation, zudem mit 3D, HDTV und UHD ein Quantensprung in der Wiedergabequalität. Intelligente Funktionen und Angebote mögen beim Smart-TV ineinander übergehen – dennoch behält das Fernsehen als spezifische Form professionell gemachter Massenkommunikation seine zentrale Rolle, auch wenn sich die technische Basis dafür heute viel dynamischer darstellt. Eine zentrale Frage ist dabei die nach Einmaligkeit und Gleichzeitigkeit des Fernsehkonsums. Traditionelles TV hieß, dass eine einmal verpasste Sendung entweder gar nicht mehr oder Monate beziehungsweise Jahre später wieder gesehen werden konnte. Mit den Mediatheken der großen Sender oder cloud-basiertem Fernsehen ist dieses Zeitalter definitiv vorbei. Dennoch bleibt die große Attraktivität vieler von vielen gleichzeitig erlebter TV-Ereignisse, allen voran Live-Sport, dann Nachrichten, Live-Unterhaltung, habituell genutzter Programme. TV definiert immer noch Gemeinschaft. Social-TV heißt, dass sich neue Gemeinschaften zusammenfinden.

Damit kann man die Geschichte des Fernsehens zusammenfassend über verschiedene Schwerpunkte beschreiben, die ineinander übergingen, ohne dass die vorherigen jeweils obsolet geworden wären. Auf die Phase der Technikzentrierung in den 1950er Jahren folgte das Stadium TV als dominierendes gesellschaftliches Medium in den 1960er und 1970er Jahren. In Deutschland und den meisten Ländern Europas war diese Phase zugleich geprägt vom Einfluss des öffentlich-rechtlichen Fernsehens mit seinem kulturellen und gesellschaftspolitischen Auftrag. Aus der Liberalisierung in den 1980er Jahren resultierten im darauffolgenden Jahrzehnt weitere Veränderungen der Fernsehlandschaft: eine Verbreiterung der Angebote, größere Auswahlmöglichkeiten für das Publikum, eine Individualisierung des Konsums mit einem Gerät für fast jedes Familienmitglied und schließlich eine Ausdehnung der Geschmacksgrenzen, aber auch des Spektrums neuer, innovativer Formate. Fernsehen war nun nicht mehr nur Massenmedium, sondern auch Teil der Massenkultur in allen Bedeutungsfacetten des Wortes. Zapping, Parallelkonsum, aber ebenso die Chance für jeden, in den Reality-Formaten selbst zum Star zu werden, waren Merkmale dieser in mancher Hinsicht auch „entzauberten" TV-Landschaft. Im beginnenden 21. Jahrhundert dann wurde mit der Digitalisierung die technische Konvergenz Wirklichkeit. Der Fernsehkonsum war nun zunehmend nicht mehr nur über das Heimgerät, sondern auch über Computer, Mobilgeräte und Spielekonsolen möglich. Im zweiten Jahrzehnt des neuen Jahrhunderts kehrt das Medium in mancher Hinsicht wieder zu seiner früheren gemeinschaftsbildenden Funktion zurück. Dieses Mal ist die Gemeinschaft neben der immer noch weiter existierenden im realen Umkreis vor allem eine virtuelle. So kommt es zu einem Spannungsfeld zwischen hochgradiger Personalisierung, dem „persönlichen Fernsehen", und neuen Gemeinschaften durch das Zusammenfinden von Gruppen mit ähnlichen Profilen und Vorlieben. Das Medium vermählt sich mit sozialen Online-Netzwerken und verstärkt damit die Bindung zu beliebten Formaten und Angeboten zum Beispiel als Social TV beim Anbieter „joiz" aus der Schweiz. Zugleich heben sich die Festlegungen auf eine einzelne technische Plattform auf. Mobilität, Online-Nutzung, vielfältige digitale Optionen heißen die Stichworte. Das Web hat dabei zentrale Bedeutung. OTT, Over-the-Top-Content, über das Internet verbreiteter TV-Inhalt ist zu einem gebräuchlichen Begriff geworden. HbbTV, Hybrid Broadcast Broadband TV, ermöglicht umfangreiche Informations- und Navigationsverknüpfungen zum laufenden Programm, also immer komplexere Interaktivität. Es entsteht eine neue Fernsehkultur.

Das neue Fernsehen: Technologie 3

Die Internet-Fähigkeit des Fernsehgeräts und intelligente interne oder externe Erweiterungen wie Smart-Cards und Set-Top-Boxen, dazu Mobilgeräte oder Receiver mit Festplatte und vielfältigen Steuerungsmöglichkeiten sind spätestens seit 2010 im Markt selbstverständlich geworden. Mit den über 9 Millionen verkauften Flachbildschirmen wurden 2012 weit über 6 Milliarden Euro umgesetzt; einen großen Teil, im ersten Halbjahr 2013 59 Prozent aller Geräte (BITKOM, 2013), machen dabei Smart-TVs aus, auch Hybrid- oder Connected TV genannt, als technischer Standard in der Fachabkürzung HbbTV, Hybrid broadcast broadband TV. Die den Durchschnittsbürgern nicht immer verständlichen Begriffe verweisen darauf: Neben der Geräteintelligenz spielen die Verbindung mit anderen Kommunikationsmodi eine große Rolle sowie vor allem die (Heim-)Vernetzung. Hinzu kommt künftig das Prinzip des Cloud-TV, die Abrufbarkeit zentral gespeicherter Fernsehinhalte, ähnlich wie es bereits beim Cloud Computing geschieht.

Lange Zeit wurden PC und Fernsehgerät als miteinander konkurrierend angesehen. Inzwischen zeichnet sich ab, dass der TV-Großbildschirm mit HDTV und gar 3D sowie exzellentem Surround-Klang über Zusatzgeräte das Heim dominieren wird. Der tragbare Computer als Netbook, Laptop, Tablet, Pad oder Smartphone mit TV-Apps verbindet in der mobilen Welt unter anderem über die Long-Term-Evolution-Infrastruktur LTE breitbandig beide Sphären. So überträgt etwa mit der Innovation Sky Go der deutsche Pay-TV-Sender sein Programmangebot auf die mobile Welt und schafft damit eine durchlässige Nutzung zwischen Heim- und Unterwegsanwendung. Mit Sky Go können Abonnenten aktuellen Live-Sport, den Sender Sky Sport News HD sowie zahlreiche Qualitätsserien aus den USA und Hunderte von Filmen auf Abruf im Internet, mit iPad oder iPhone/ iPod-Touch sowie auf der Xbox 360 sehen, viele Programme dabei in HD. Es entstehen durchgängige Nutzungsmöglichkeiten bei gleichzeitiger Unabhängigkeit von einer bestimmten geographischen oder Gerätebindung.

Aus dem traditionellen Fernseher als „Altar“ im Wohnzimmer ist die Zentrale der ganzen Wohnung, des ganzen Hauses geworden. Dabei ist immer noch eine Grundfunktion der klassische TV-Empfang, jetzt in mehr als der Hälfte der rund 36 Millionen deutschen Fernsehhaushalte in exzellenter HD-Qualität. Die Analogabschaltung von Satellit 2012 und zuvor terrestrischem TV in den meisten Regionen hat dies weiter gefördert. 2012 empfingen nur noch 22 Prozent der Haushalte in Deutschland Fernsehen ausschließlich analog (Flecken & Hamann, 2012), 2013 war die Zahl nochmals gesunken, auf 19 Prozent (ALM, Digitalisierungsbericht, 2013). Damit lag das Land allerdings bei der Digitalisierung etwas unter dem europäischen Durchschnitt und weit hinter Ländern wie Finnland, Spanien, Frankreich, Kroatien, Italien oder England mit Raten zwischen 95 und annähernd 100 Prozent. Immerhin spielt auch die Entwicklung von peripheren Abspielgeräten wie den Blu-ray-Playern eine Rolle bei der Attraktivität digitaler Geräte. Rund ein Drittel der verkauften Fernsehgeräte sind zudem inzwischen internetfähig, das heißt, sie haben neben der Fähigkeit, traditionelles Programm digital-terrestrisch, über Digitalsatellit oder Digital-/Analog-Kabel zu empfangen, die Option auf weitere Funktionen: so IPTV, also professionelles Programm über das Internet-Protokoll zum Beispiel per IPTV-Box bzw. Cloud, oder Web-TV, also beliebige, auch amateurgenerierte Fernseh(-ähnliche) Angebote über das World Wide Web. Zudem entsteht mit Skype und ähnlichen Plattformen die Möglichkeit zur interaktiven Großbild-P2P, also Nutzer-zu-Nutzer-Videokommunikation. Bislang wurde hierzu meist der klassische Computer oder ein Tablet genutzt, nicht der „Wohnzimmerfernseher“. Von 2012 bis 2013 stieg aber laut der ARD-ZDF-Onlinestudie der Anteil der Fernsehnutzer, die über das Gerät auch manchmal ins Internet gehen, von 2 Prozent auf 12 Prozent. Umgekehrt wird der PC zur Plattform für zeitversetztes, aber auch synchrones, gestreamtes TV, auch wenn die Zahl der Fernsehnutzer in Deutschland immer noch sehr viel höher ausfällt als die der Online-Nutzer mit rund 77 Prozent (ARD-ZDF-Onlinestudie, 2013). Allerdings nutzen sowohl ein Großteil der jüngeren Generation und inzwischen fast alle Gruppen mit 43 Prozent immer häufiger das Internet manchmal auch fürs Fernsehen oder für Videos, sofern sie online sind (KIM, 2013; ARD-ZDF-Onlinestudie, 2013).

Dennoch verändert und erweitert sich auf diese Weise das Fernsehangebot selbst. Frei empfangbare Sender, Premiumanbieter und neue Akteure bieten reichhaltige Mediatheken und Download-Möglichkeiten für zeitlich versetzten Konsum sowie Streamings synchron ausgestrahlter Programme an, erleichtert durch elektronische Programmführer (Electronic Programme Guides, EPG) und TV-Playlists, wie man sie bislang von Musikspeichern kannte.. Diese Formen werden noch von den etablierten nationalen Fernsehveranstaltern dominiert. Zunehmend kommen aber auch Web-basierte Kanäle ins Spiel, zunächst für die kürzeren Formen wie professionelle und freizeitproduzierte Videos auf YouTube und Co. YouTube bietet aber inzwischen auch Langversionen und eigene TV-artige Kanäle. Kurzvideos werden im Kontext der Online-Berichterstattung traditioneller Verleger bedeutsam: So strahlt bild.de seit 2013 in einem neuen Bezahlmodell aktuelle Bundesliga-Höhepunkte vor ARD und ZDF aus. iTunes bietet schon seit langem internationale Serien und heizt immer wieder Spekulationen über ein Apple-TV-Gerät an, nachdem das Unternehmen 2013 auch in größerem Stil ins Radiogeschäft einstieg und weitere Verträge mit Inhaltsproduzenten wie Warner schloss.

Netflix mit bereits geschätzten 27 Millionen Nutzern und der Nutzung eines Drittels (!) des gesamten US-amerikanischen Internetverkehrs hat gar als erste Web-Plattform eine aufwändige Remake-Serie produziert, ‚House of Cards' mit Kevin Spacey, in der Urfassung von der BBC ausgestrahlt, die auch in der neuen Variante ein internationaler Erfolg wurde, zum Teil wieder ‚konventionell' ausgestrahlt.

Google-TV über das mobile Android-System und Yahoo-TV versuchen ebenfalls, ihre Web-Welt stärker mit Video zu verknüpfen. Globales Live-Profifernsehen, wie es Hulu in den USA bietet, war bis vor kurzem in Deutschland nur wenig zugänglich. Seit 2013 ist hier TV allerdings auch über Zattoo empfangbar.

In Schweden erfolgreich eingeführt und Mitte 2013 in Deutschland lanciert bietet die Cloud-TV-Plattform Magine Streaming und Catch-Up-TV, vor allem zeitversetztes Programm-Clustering zu einem Genre oder einer Serie über verschiedene Kanäle hinweg.

Die Tür zu aktuellsten internationalen, besonders amerikanischen Fernsehproduktionen hatte schon vorher das führende Pay-TV-Unternehmen in Deutschland geöffnet. Der Sender Sky Atlantic HD strahlt seit 2012 die neuesten HBO-US-Produktionen auch in Originalsprache aus, des Senders also, der „Sex and the City", „Sopranos" oder „Boardwalk Empire" schuf.

Gerade die technischen Möglichkeiten mit ihren zahlreichen Auswahloptionen für die Nutzer haben damit das Spektrum sowohl für die inhaltliche als auch für die handwerkliche Qualität des Fernsehens immens erweitert. Selbst Nicht-Profis können einfache wie sehr anspruchsvoll gemachte Video-Produktionen ins Netz stellen und jedem auch über den Heimfernseher zugänglich machen, bei YouTube auch über TV-ähnliche Kanäle. Als Social TV bei joiz. Zugleich sind mehr Varianten entstanden, bei denen TV-Profis alle Geschmacksfacetten gezielt bedienen können und ihr Publikum finden. Demnächst wird selbst der Traum der TV-Bildbewegung zusammen mit der Veränderung des eigenen Blickwinkels wahr. Immersive Kameras nehmen eine Situation in 360 Grad auf und bringen den Zuschauer eines Tages sogar im Sinne der lange erträumten virtuellen Realität in die Mitte eines Geschehens (Noam und Groebel, 2013).

Das hochauflösende Fernsehen hat außerdem bei gleichzeitiger Großbildwiedergabe dazu beigetragen, traditionellen Filmproduktionen besser gerecht zu werden. Zudem kamen erst durch die kinoähnliche Wiedergabe aktuelle, aufwändige TV-Serien zur Wirkung, die zu einem Teil der neuen Hochkultur wurden und großer Literatur in Geschichten und Dramaturgie in Nichts nachstehen.

Die Fernseh- und Fernseh-ähnlichen Angebote mit individueller Steuerung lassen sich dabei insgesamt in Anlehnung an die Studie „TV 2020" (z_punkt 2011) tabellarisch so beschreiben (Tab. 3.1):

Tabelle 3.1 Übersicht steuerfähiger TV-Angebote

CATCH-UP TV Zeitversetztes Sehen, Sender-TV:	VIDEOPORTALE Abrufvideo, hoher Amateuranteil:
BBC iPlayer (157 Mio. Zugriffe/Monat; 2011); Sky+; Magine u. a.	YouTube (3 Mrd. Abrufe/Tag) Tape.tv (Profimusik)
TRANSACTION Video-On-Demand Bezahlter Abruf (transaction on demand) einzelner Filme/Videos:	SUBSCRIPTION V-O-D Abonnement auf TV-Angebote:
iTunes (67% des legalen US-TV-Download-Marktes, NPD-Group, 2013) u.a.	Hulu (900 Mio. Streams/Monat; 2010) u. a.

© z_punkt 2011

Die herkömmlichen TV-Veranstalter erschließen sich auch programmlich die Netzwelt. CBS schafft in den USA mit „What's trending" Fernsehplattformen, die inhaltlich Web-Trends aufgreifen. „Getglue.com" mit einer Million Nutzer verbindet TV-Serien mit sozialen Medien und schafft rund um beliebte Programme Facebook-ähnliche Gemeinschaften, das heißt, man teilt mit anderen Programmvorlieben, tauscht sich aus und definiert auch damit Fernsehen immer noch als Massenmedium mit hoher Bindung – ein Beispiel für die Renaissance des TV als Medium der Gemeinschaftsbildung, wenn es sich mit digitalen sozialen Netzwerken verbindet. Während eine Sendung oder einzelne Stars früher nur synchron mit der Ausstrahlung im engeren Freundes- und Familienkreis und dann zeitversetzt am Arbeitsplatz oder andernorts zum kollektiven Thema wurden, publizistisch weiter gefördert durch die Begleitung in der Presse, werden sie nun online zeitgleich im Austausch vieler prominenter, vertieft und verstärkt. Facebook und Twitter sind dabei entscheidende „Verbündete" geworden. Manche TV-Sendung wie „Berlin – Tag und Nacht" auf RTL2 generiert unter den jugendlichen Zuschauern noch mehr Facebook-Verkehr, als die pure Sehzeit einnimmt.

Eine Fülle empirischer Umfragen und Datenanalysen vertieft die Befunde zur Technologie um weitere Elemente, etwa Nutzungsindikatoren, ökonomische Faktoren und Trendaussagen. Dabei stimmen im Detail in der Regel nicht alle Zahlen zwischen den einzelnen Studien vollkommen überein, handelt es sich doch um variierende Stichproben, verschiedene betrachtete Zeiträume und mitunter differierende Definitionen der Begriffe. Dennoch zeichnen alle in den folgenden Abbildungen beschriebenen Entwicklungslinien ein ähnliches Bild. Das Fernsehen als Massenmedium hat auch in seinen neuen Facetten eine unbestrittene Zukunft, durch Erweiterungen und höhere „Intelligenz" wird es individuell gestaltbarer, gemeinschaftsbildend und damit noch attraktiver.

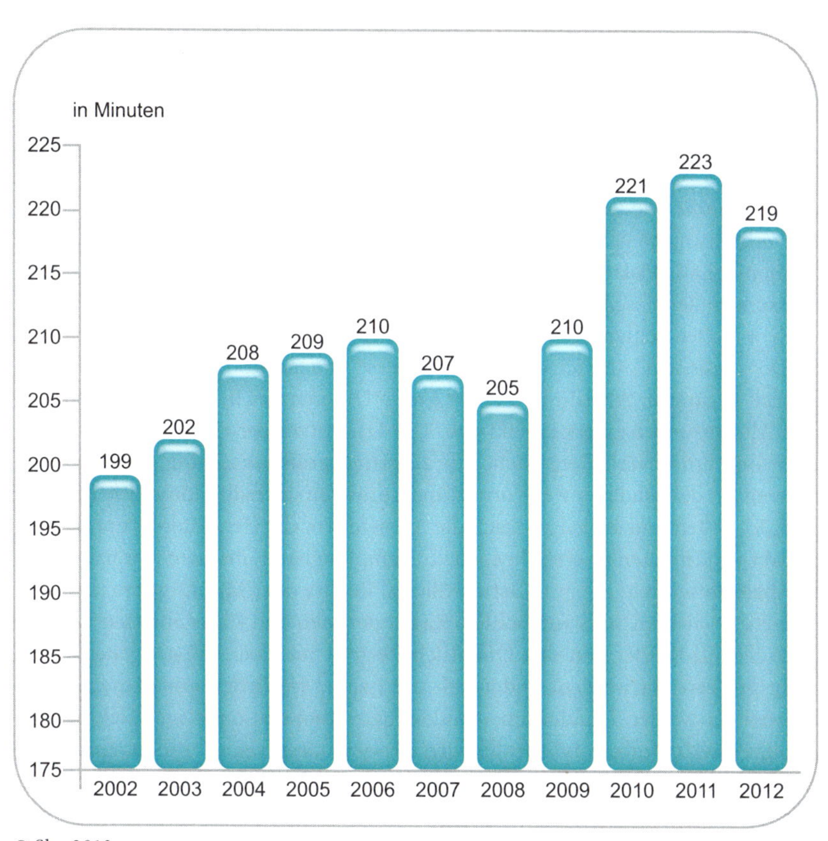

Abbildung 3.1 Durchschnittliche tägliche Sehdauer; Deutschland; 2002–2012; Quelle: AGF/GfK-Fernsehforschung, TV Scope (2013)

Es mag erstaunen, aber die massive Ausweitung der elektronischen Möglichkeiten um viele neuere digitale Angebote wie Web, Games, Mobilgeräte, omnipräsente Computer hat nicht zu einer massiven Reduzierung des TV-Konsums geführt, das zeigen die Durchschnittswerte der täglichen Nutzung für alle Deutschen (Abb. 3.1). Häufig ist TV dabei ein Parallelmedium, zum Beispiel während man im Web surft. Häufig ist es aber auch Anlass für programmbezogene Web-Kommunikation über den so genannten Second Screen. Laut Anywab GmbH (2012) surfen 84 Prozent der 14- bis 49-Jährigen mindestens manchmal während des Fernsehens im Web, sei es, um Programminformationen abzurufen, sei es, um mit anderen über die laufende Sendung zu kommunizieren. Medienanbieter selbst greifen das Prinzip auf. So begleitete bild.de den Neustart von „Wetten, dass…“ im Herbst 2012 mit einem Web-Livestream, bei dem eine Talkrunde, u. a. auch mit dem Autor der vorliegenden Studie, die Sendung synchron kommentierte. Dieser Second Screen erreichte eine Quote von rund 1 Million Clicks, also in Richtung eines Zehntels der Sendungsquote. Ebenso wurde bei der amerikanischen Präsidentenwahl im November 2012 ein Second Screen-Angebot gemacht. Das Interesse an TV nimmt also auch deshalb noch zu, weil das Spektrum um Inhalte, Kanäle, Verbreitungswege und vor allem zusätzliche digitale Optionen wächst, selbst wenn nicht alle Plattformen und Situationen schon in den laufenden Publikumsmessungen der Gesellschaft für Konsumforschung (GfK) erfasst werden. Dies geschieht in Deutschland erweitert seit 2013.

Der tägliche TV-Durchschnittskonsum ist also auf hohem Niveau nur leicht zurück gegangen. Allerdings ist eine große Differenz zwischen den verschiedenen Altersgruppen zu erkennen (Abb. 3.2). Das Altern der Gesellschaft zeigt sich auch im Fernsehverhalten: Nicht nur aufgrund größerer Zeitbudgets liegen die Älteren bei der Sehdauer weit vorne. Jüngere nutzen intensiv andere elektronische Möglichkeiten und stellen zugleich die Anbieter vor die Herausforderung, sie mit attraktiven Inhalten zu erreichen. Die frei empfangbaren Privatsender haben hier Formate entwickelt, die mit Casting-Shows, Reality oder Mischformen sowie bei Jüngeren beliebten Stars wie Bohlen, Raab oder Joko und Klaas punkten.

Während Kinder von den Öffentlich-Rechtlichen über einen eigenen Kanal recht gut erreicht werden, findet sich die Jugend im Programm dieser Anbieter weniger wieder. Durch früher undenkbare Kooperationen und nicht immer erfolgreiche Importe von Stars aus den Privatsendern versucht man, den Negativtrend umzukehren. Auch aufgrund der inzwischen gewonnenen Erkenntnis, dass die Zuschauer mit zunehmendem Alter nicht automatisch zu den Öffentlich-Rechtlichen wandern. Immer wieder werden daher auch die Gründung eines eigenen Jugend-Spartensenders oder bessere Förderung und Platzierung junger Moderatoren diskutiert, um mit dem öffentlichen Programmauftrag überhaupt noch diese wichtige Gruppe zu erreichen.

Das Abonnenten-TV wie Sky punktet hier mit aktuellen Spielfilmen, mit Sport und nicht zuletzt, wie es die Jugend besonders anspricht, mit der avancierten Verbindung aus Traditions-TV und neuer digitaler Technologie im Sinne der Konvergenz über intelligente Receiver.

Die 2013 veröffentlichten Studie des Medienpädagogischen Forschungsverbunds Südwest über Kinder und Medien, Computer und Internet zeigt insgesamt die Hinwendung eher weg vom Fernsehen hin zum Computer, sobald das Kindesalter verlassen wird: 75 Prozent der 6- bis 7-Jährigen wollen am wenigsten auf das

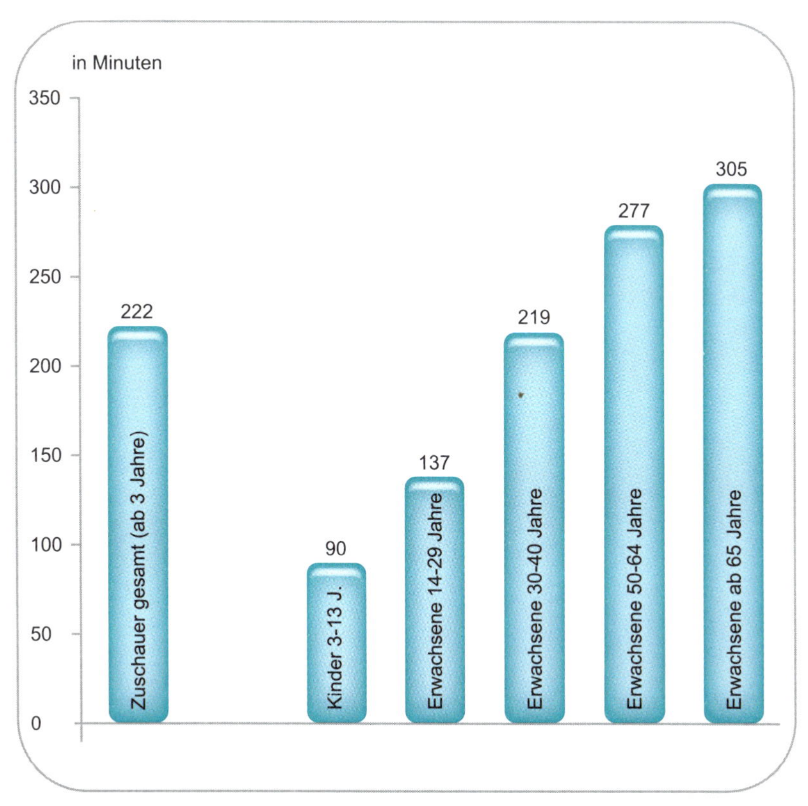

© Sky 2013

Abbildung 3.2 Durchschnittliche tägliche Sehdauer in der detaillierten Altersdifferenzierung. Deutschland; 2012; Quelle: AGF/GfK-Fernsehforschung, TV Scope (2013)

Fernsehen verzichten im Vergleich zu nur 6 Prozent beim Computer. 12- bis 13-Jährige dagegen sagen dies nur noch zu 39 Prozent vom TV, mehr möchten mit 45 Prozent den Computer nicht mehr missen (KIM, 2013). 2013 wurde auch die Globalstudie „Telefónica Global Millennial" (2013) des gleichnamigen Serviceanbieters mit 12.000 befragten jüngeren Menschen zwischen 18 und 30 Jahren aus 27 Ländern weltweit veröffentlicht. Sie bestätigt international den deutschen Befund: 47 Prozent dieser Altersgruppe würde am wenigsten auf einen Computer welcher Variante auch immer einschließlich Tablet verzichten wollen, 35 Prozent am wenigsten auf ein Smartphone oder ähnliches. Traditions-TV ist nur noch für 11 Prozent das unabdingbare Gerät.

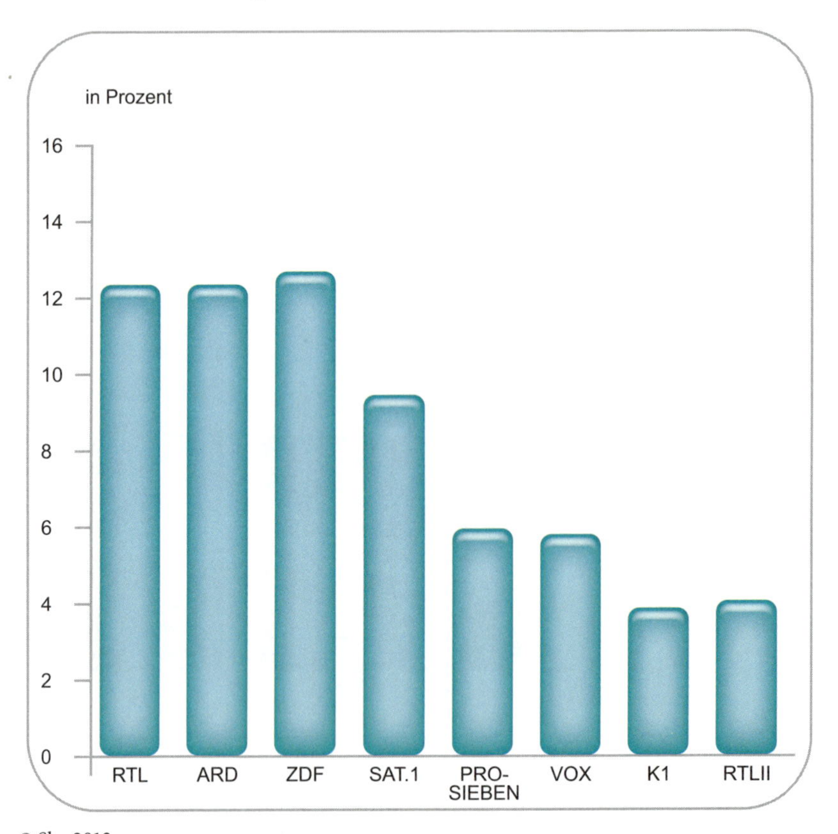

Abbildung 3.3 Marktanteile von TV-Vollprogrammen (Zuschauer ab 3 J.); Montag–Sonntag; Deutschland; 2012; Quelle: AGF/GfK-Fernsehforschung, TV Scope (2013)

Die im Rahmen der Fernsehnutzungsmessung erhobene Sehdauer erfasst in erster Linie die Vertreter von freiem Fernsehen öffentlich-rechtlichen Zuschnitts einerseits und privatwirtschaftlicher Provenienz andererseits, und tatsächlich dominieren diese auch faktisch im Durchschnitt aller Zuschauer (Abb. 3.3, das Abonnenten-TV geht aus einer der nächsten Abbildungen hervor). Nicht berücksichtigt sind die nicht über traditionelles Fernsehen verbreiteten neuen TV-Akteure. Bislang mögen sie alle im Einzelnen nur eine marginale Rolle spielen, doch zeigen amerikanische Untersuchungen, dass mittlerweile mehr als 50 Prozent der US-Sehzeiten auf die Gesamtheit der mehr als 2000 Sparten- und Kleinsender entfallen. Auch in Deutschland erreichten Sparten-TV-Sender außerhalb der großen Rundfunkverbünde 2012 erstmals rund 15 Prozent der Marktanteile im Sinne täglicher Sehdauer (ALM, 2013). Daher bemühen sich in diesem Lande die verschiedenen Sendergruppen entsprechend um eine weitere Diversifizierung; vor allem geht es um eine Expansion in den Online-Bereich hinein. Ob Programme oder Plattformen: Mehr TV gab es in Deutschland jedenfalls noch nie.

Innerhalb des traditionellen Fernsehens zeigt sich der große Wettbewerb zwischen den einzelnen Anbietern. 2013 verlieren etliche bisher sehr erfolgreiche Formate deutlich an Zuschauern, Beispiele „Deutschland sucht den Superstar" oder „Wetten, dass…". Einzelne andere Sendungen wie das so genannte „Dschungelcamp" oder der „Tatort" können den bisherigen Erfolg behaupten oder noch steigern. Das Abonnenten-TV weist sogar deutlich zunehmende Zahlen auf.

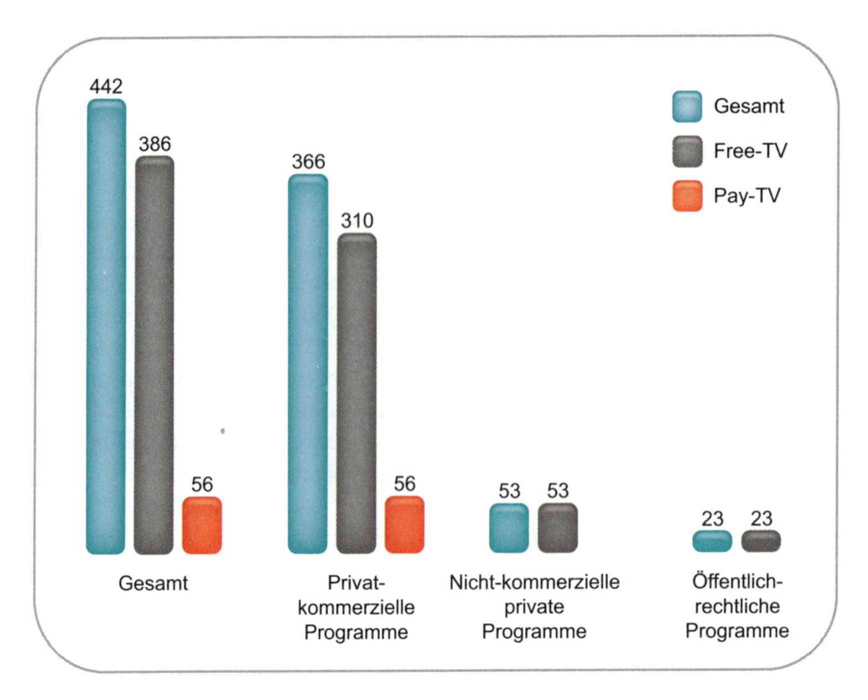

© Sky 2013

Abbildung 3.4 Anzahl bundesweiter TV-Programme 2011. Deutschland; 2007–2011; Quelle: ALM (2012)

Mit der wachsenden Anzahl von Programmalternativen (Abb. 3.4 und 3.5) sinkt naturgemäß die Durchschnittszuwendung pro Sender. Quoten wie bis zu den frühen 1980er Jahren, als die wenigen öffentlich-rechtlichen Sender regelmäßig Werte im mindestens mittleren zweistelligen Bereich erreichten, werden heute nur noch bei Großereignissen in der Regel aus dem Bereich Sport erzielt. Je mehr Wahlmöglichkeiten bestehen, desto genauer können spezifische Geschmacksmuster bedient werden und desto stärker kommt es zu einer Diversifizierung der Fernsehlandschaft mit daraus resultierenden geringeren Einzelquoten.

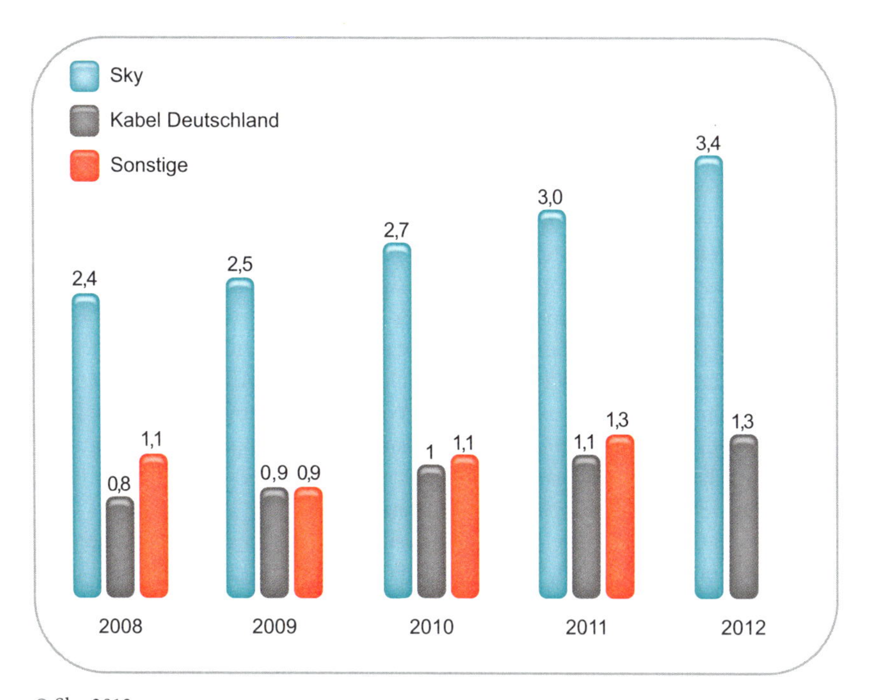

Abbildung 3.5 Anzahl digitaler Pay-Abonnements. In Mio.; Deutschland; 2008–2011; Quelle: ALM (2012)

Im Blickpunkt des Interesses steht ebenfalls das Fernsehverhalten der verschiedenen Altersgruppen, nicht zuletzt das der Jüngeren. Eine Zeit lang wurde befürchtet, dass die jüngere Generation sich gänzlich vom Fernsehen abwende. Jedoch: Auch wenn ihre Durchschnittszeiten vor dem TV-Bildschirm deutlich niedriger ausfallen als bei den Älteren, trifft dies nicht zu. Sehr wohl aber haben inzwischen zahlreiche weitere elektronische Medien eine ähnliche Position wie das Fernsehen im Leben der jüngeren Menschen erreicht. Mit rund 12 Jahren gibt es einen regelrechten Schub (KIM, 2013), Computer und Internet werden die wichtigsten audiovisuellen Plattformen. Fernsehen selbst wird dann auch nicht mehr nur über das traditionelle Heimgerät genutzt. Ein weiterer, vielleicht der unverzichtbare Lebensbegleiter ist schließlich das mobile Telefon geworden. Es ist festzuhalten: Beide, PC und Mobilgerät, gehen einher mit hoher Aufmerksamkeit, da sie eine aktive Kommunikation und Steuerung erfordern. Das Fernsehen dagegen fungiert auch als Begleitmedium. Ähnlich wie in früheren Untersuchungen zeigen sich im Detail bei der Nutzung durch Jüngere zum Teil massive Geschlechtsunterschiede: Die Kommunikationsmedien wie das Mobiltelefon sind eher das Metier der Mädchen, Games dagegen werden vor allem von Jungen genutzt.

Die Fernsehlandschaft der Zukunft wird schon allein durch die Gerätekonvergenz eine viel größere Durchlässigkeit in den Nutzungsmustern sehen. Gerade für Jugendliche ist dies schon heute selbstverständlich. Je nach Situation dient der Heimbildschirm konventionellem TV, Spielen, Web-Surfen oder der Kommunikation, oder es wird ein Mobilgerät für ähnliche Funktionen genutzt (Abb. 3.6). Gleiche Inhalte, zum Beispiel beliebte Serien, „wandern" zugleich über verschiedene Plattformen hinweg, wenn der Nutzer seinen Aufenthaltsort ändert und trotzdem verbunden bleiben möchte. Während das Angebot verschiedener elektronischer Modi über einen technisch konvergenten Apparat als Multimedia bekannt ist, kann ein solches Wandern gleicher Inhalte über verschiedene Plattformen hinweg als Polymedia bezeichnet werden.

Fest steht dabei, dass das Internet die Basis für ein solches Wandern über verschiedene Geräte hinweg ist. Die ARD-ZDF-Onlinestudie (2013) zeigt die massive Zunahme der Nutzung des mobilen Internets über Netbooks, Smartphones und vor allem Tablets mit fast 50 Prozent aller Onliner. Auch diese ‚Mobilmachung' des Netzes und damit die Verfügbarkeit in jeder Lebenssituation trägt dazu bei, dass allein von 2012 auf 2013 die Internetnutzung von im Durchschnitt täglich 133 Minuten auf 169 Minuten anstieg. TV- und Internet-Zeiten liegen also inzwischen für alle (Online-)Deutschen fast gleichauf. Dabei schließt allerdings inzwischen das Internet auch immer mehr Fernsehkonsum mit ein. Laut der BITKOM-Studie ‚Die Zukunft der Consumer Electronics' (2013) gilt dies inzwischen für mehr als die Hälfte der 14- bis 17-Jährigen insofern, als sie kein TV-Gerät besitzen. 14 Prozent dieser Altersgruppe schauen überhaupt nie mehr über ein Fernsehgerät sondern nur noch über PC oder Tablet.

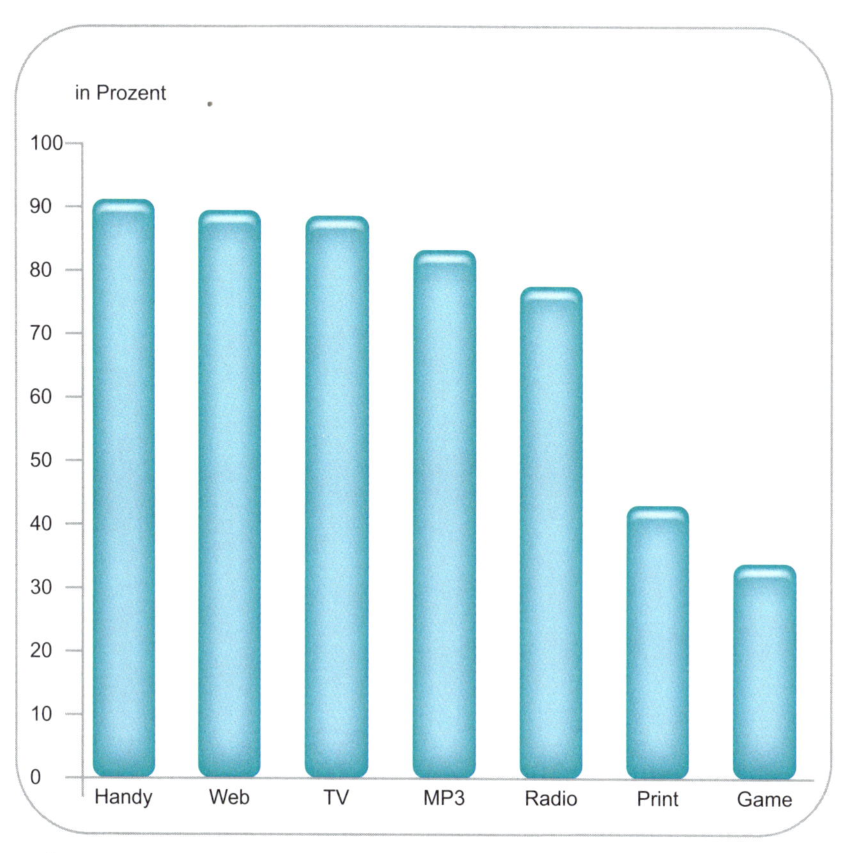

© Sky 2013

Abbildung 3.6 Auswahl täglicher/wöchentlich mehrfacher Medienbeschäftigung 12–19-Jähriger. Deutschland; 2012; die Beschäftigung mit Handy und Radio ist bei Mädchen deutlich, die Beschäftigung mit Games bei Jungen drastisch höher; Quelle: JIM (2012)

Gerade die jüngere Generation hat traditionell immer besonders intensiv zum schnellen Erfolg neuer Kommunikationstechnologien beim Freizeitverhalten beigetragen, ähnlich wie bei Erwachsenen vor allem im Zusammenhang mit den Angeboten der elektronischen Unterhaltungsindustrie. Auch wenn dabei die nationalen Unterschiede so groß sind, dass eine gemeinsame Analyse fast zu wenig differenziert ausfällt, zeigt die Betrachtung der globalen Umsätze innerhalb der verschiedenen Branchen und der Quellen für Einkünfte, wie sich die audiovisuellen Angebote finanzieren. In Europa mögen die Relationen anders ausschauen – im Weltmaßstab werden jedoch immer noch die größten Einnahmen über Kabel und die Pay-TV-Vermarktung generiert. Bei den Globalumsätzen des audiovisuellen Sektors ging man dabei von einem Wert von 570 Milliarden Dollar im Jahr 2009 aus; natürlich noch sehr unvollkommene Hochrechnungen unterstellen für das Jahr 2020 eine Annäherung an die Billionen-Dollar-Grenze (Abb. 3.7.).

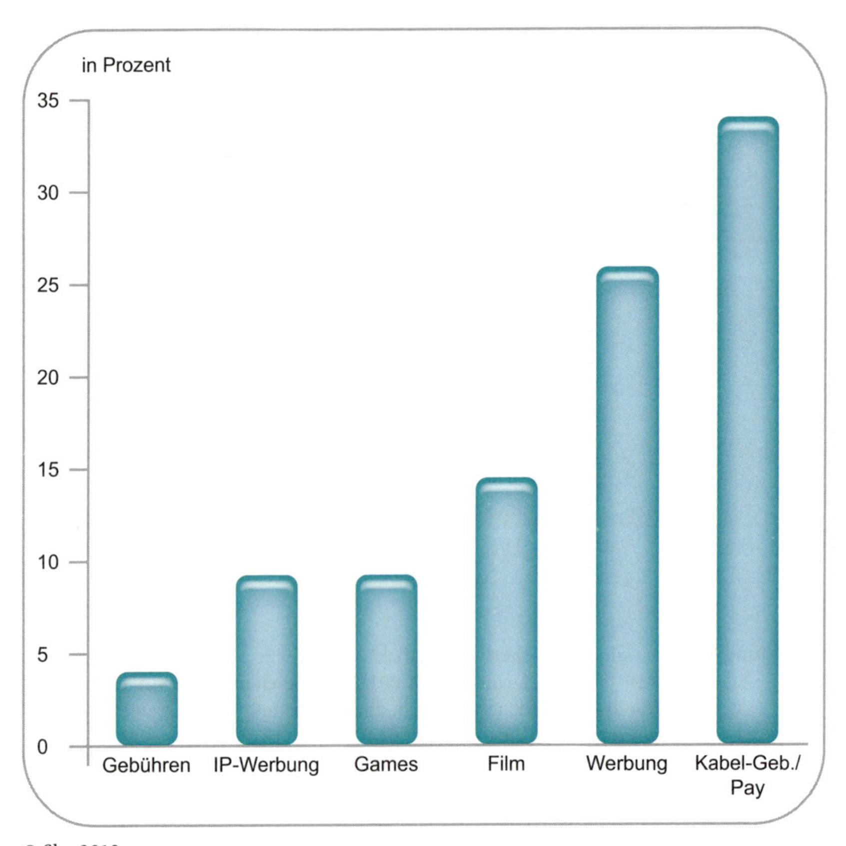

Abbildung 3.7 Globale Prozentanteile der Umsätze des AV-Sektors 2009. Umsatz geschätzt 570 Milliarden $. Projektion 2020: 950 Milliarden $; Quelle: PWC, Global Entertainment and Media Outlook/Alvarez Monzoncillo (2011)

Allerdings sind auch rückläufige Entwicklungen bei der Konsumentenelektronik zu verzeichnen. So haben sich in Deutschland die Umsatzzahlen zunächst verringert. Mehrere Faktoren mögen dabei eine Rolle spielen: Zum einen sind die Käufer in Zeiten der Wirtschaftskrise vorsichtiger geworden. Zum anderen gibt es in einzelnen Bereichen auch einen substanziellen Preisverfall, dies zeigt die Übersicht der Preisentwicklung für Flachbildschirme (Abb. 3.8).

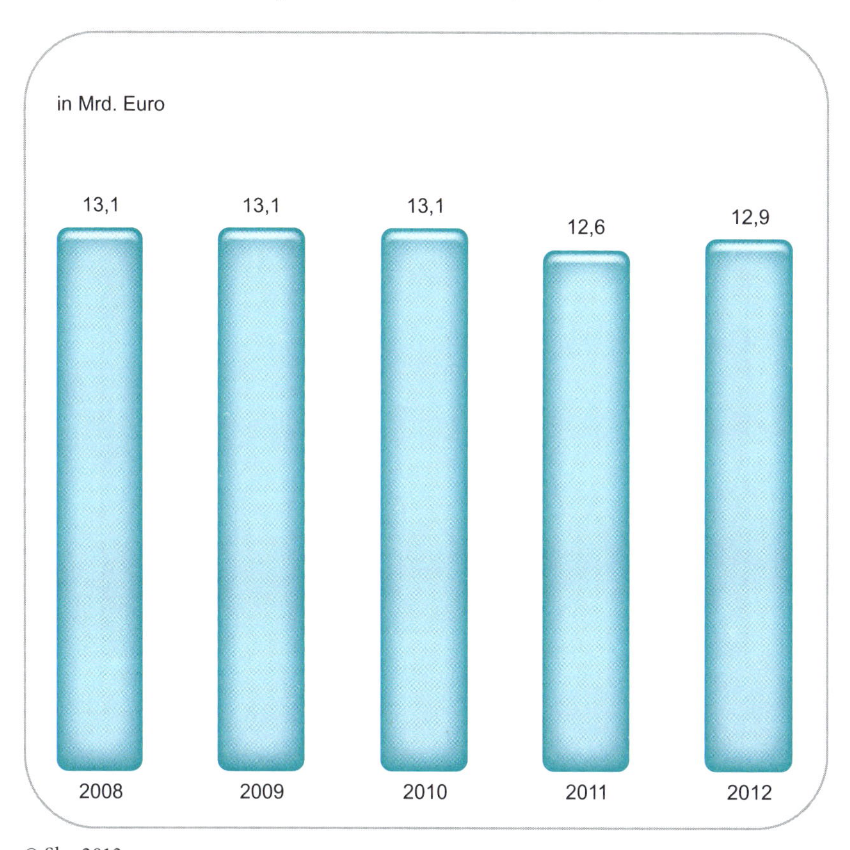

Abbildung 3.8 Umsatzentwicklung Consumer Electronics. Deutschland; 2008–2011; Quelle: BITKOM/Deloitte (2012)

Im Zuge der sehr schnellen Einführung und Verbreitung neuer Bildschirmtechnik, wie LCD, dann LED und parallel dazu Plasma, wurde zügig der herkömmliche Fernsehapparat ersetzt. Die sinkenden Preise haben die Schwelle zum Erwerb eines hochauflösenden Fernsehgerätes, das gleichzeitig auch über Online-Intelligenz verfügt, deutlich herabgesetzt (Abb. 3.9). Innerhalb der Branche gab es sicht-

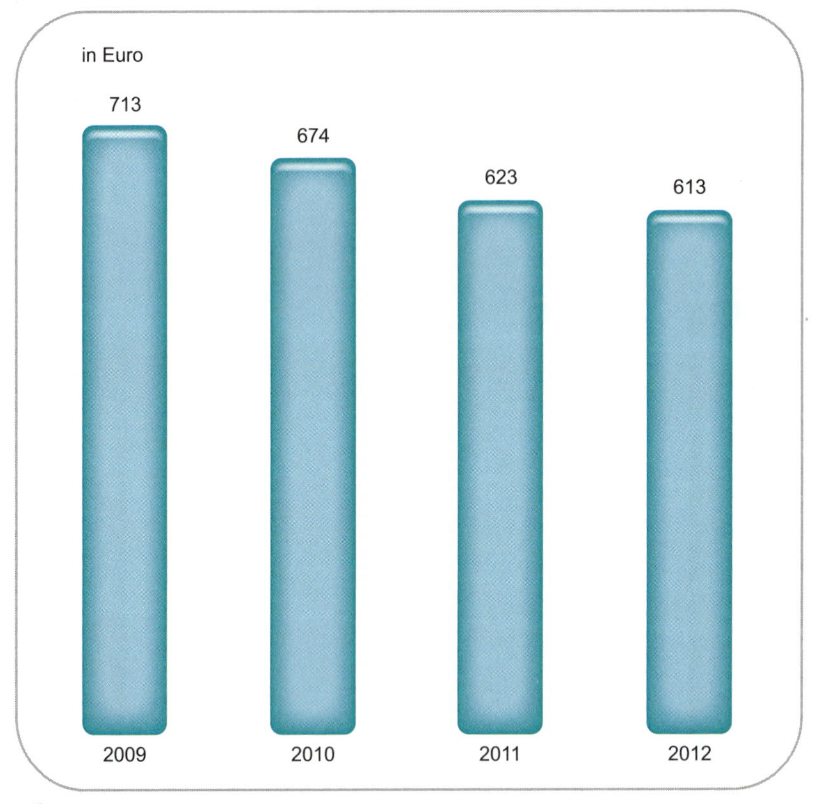

Abbildung 3.9 Preisentwicklung durchschnittlicher TV-Flachbildschirme pro Gerät. Deutschland; 2008-2011; Quelle: BITKOM/Deloitte (2012)

bare Verschiebungen im Wettbewerb, auf die hier allerdings nicht eingegangen werden soll. Ehemals führende Geräteanbieter mögen immer noch erfolgreich sein, doch wird der Maßstab für höchste Qualität in Design und Technologie heute anders definiert als noch vor einem Jahrzehnt. Gerade Apple hat vorexerziert, wie schnell die Mischung aus ansprechender Hardware-Gestaltung, Funktionalität und geschicktem Marketing die Wettbewerbssituation verändern kann.

Ähnlich wie im Bereich von Telekommunikation und portablen Computern gibt es zudem immer auch neue Akteure, die sehr schnell sehr erfolgreich im Markt werden. So wird für Amazon 2014 die Einführung der Kindle Box für den Einstieg ins TV-Geschäft diskutiert. Ebenfalls steht im Jahr 2014 auch das schon seit längerem beschworene Apple-Fernsehgerät neben der existierenden Airplay-Technologie im Fokus der öffentlichen Beachtung. Als besonderes Merkmal wird dabei neben der Vernetzung mit Online-Angeboten nicht zuletzt aus dem eigenen Hause eine Sprach- und Gestensteuerung debattiert, viele bezweifeln allerdings deren Attraktivität für Konsumenten. Sofern Kult, kann jedenfalls TV-Hardware immer noch ein zentrales Verkaufsargument sein.

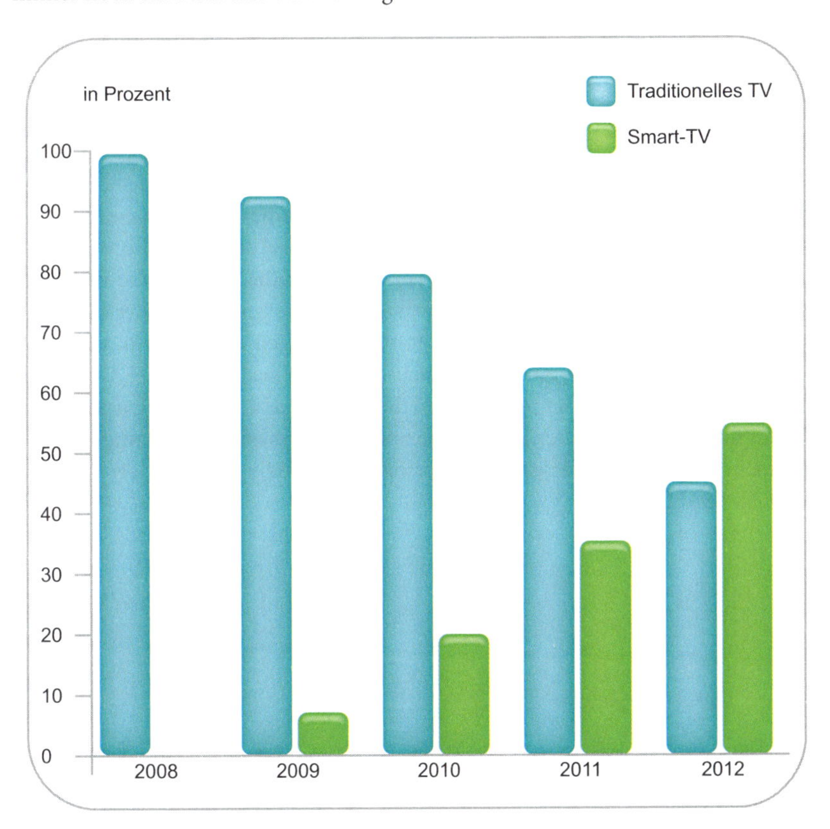

Abbildung 3.10 Traditionelles & Smart-TV. Deutschland; 2008–2012; Quelle: GfK Retail and Technology GmbH (2012)

Wie schnell sich der Markt für Smart-TV entwickelt hat, zeigen die vorhergehenden Darstellungen. Innerhalb von kaum mehr als zwei Jahren überflügelten die Verkäufe intelligenter Fernsehgeräte die der Geräte mit traditioneller Technik, obwohl zu diesem Zeitpunkt bereits die Flachbildschirme dominierten (Abb. 3.10). Während Größe und Wohnzimmerfreundlichkeit der Geräte zunächst im Mittelpunkt standen, im Interesse einer höheren Wiedergabequalität, ist nunmehr die Fähigkeit des Apparats zur Einbettung des TV in ein vernetztes Heim und insbesondere die Möglichkeit des Internetanschlusses Ausgangspunkt für die wahrscheinliche Erweiterung um immer mehr Dienste durch die Konsumenten selbst.

Noch ist zwar vermutlich eine zentrale Antriebsquelle für den Kauf eines Smart-TV der sofort sichtbare Gewinn an Wiedergabequalität und Größe. Was man im Geschäft oder bei Freunden unmittelbar als besonders attraktiv erlebt, schafft den ersten Kaufwunsch. Doch gehört ebenso zu den Kaufargumenten für die Bürger die Option, über Erweiterungsanschlüsse zu verfügen und ein neues Gerät ins Heimnetzwerk integrieren zu können, Stichwörter sind hier „Connected Home" und „Connected Living". Selbstverständlich werden bei den besonders wichtigen Kriterien zum Kauf inzwischen auch immer Umweltfreundlichkeit und Energieersparnis genannt. Eine bemerkenswerte Anzahl von Konsumenten erwartet zudem die Möglichkeit, den Fernseher für die Wiedergabe von Fotos und Videos über Speicherkarten zu öffnen. Bei 3D dagegen, das in aller Munde ist und im Kino schon einige viel beachtete Aufführungen erlebte, ist das Gesamtangebot im TV noch marginal – dennoch wünschen fast ein Fünftel der Nutzer, dass ihr Gerät 3D-fähig sei. All dies spricht dafür, dass auch im Bewusstsein der Käufer der Fernseher seine eindimensionale Existenz verlassen hat und man ihn nunmehr als Zentrale für ganz unterschiedlichen Mehrwert und verschiedene neue Anwendungen sieht (Abb. 3.11).

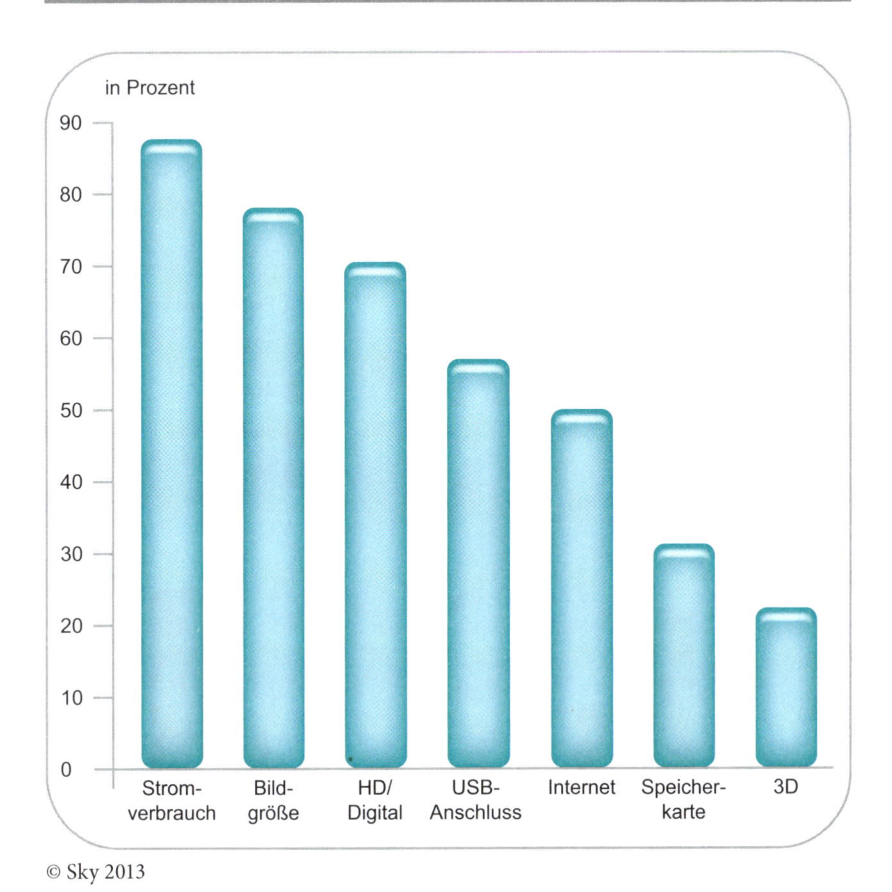

© Sky 2013

Abbildung 3.11 Gründe für die Kaufentscheidung TV-Gerät (Auszug). Mehrfachnennungen möglich. Deutschland; 2011; Quelle: BITKOM/Deloitte (2012)

Eine direkte Korrelation zwischen Bildschirmgröße und Geräte-Intelligenz wird ebenfalls sichtbar (Abb. 3.12). Beim Kauf kleinerer Geräte überwiegt noch das traditionelle Fernsehen; je größer aber der Bildschirm, desto mehr intelligente Optionen gehen beim Kauf damit einher, da kaum noch ein Anbieter das eine ohne das andere im Markt platziert. Insofern ist die sichtbare Wiedergabequalität auch gekoppelt an mehr Apparate-Intelligenz. Damit dürfte die bislang geltende Aufteilung in passiven Konsum über TV-Großbildschirm, das so genannte „lean back", und in die stärkere Interaktion über kleinere Computerdisplays, „lean forward", in absehbarer Zeit hinfällig sein. Noch mag diese Unterscheidung durch lieb gewordene Alltagsgewohnheiten aufrechterhalten werden, doch sollte man keineswegs das Veränderungspotenzial einer einmal vorhandenen Geräteausstattung unterschätzen, die dann irgendwann auch zu deren Ausprobieren und erfolgreicher Anwendung führt. Es wäre zu untersuchen, wie sich die Relation zwischen angebotener Technologie und tatsächlicher Akzeptanz von Seiten der Nutzer über einen längeren Zeitraum entwickelt.

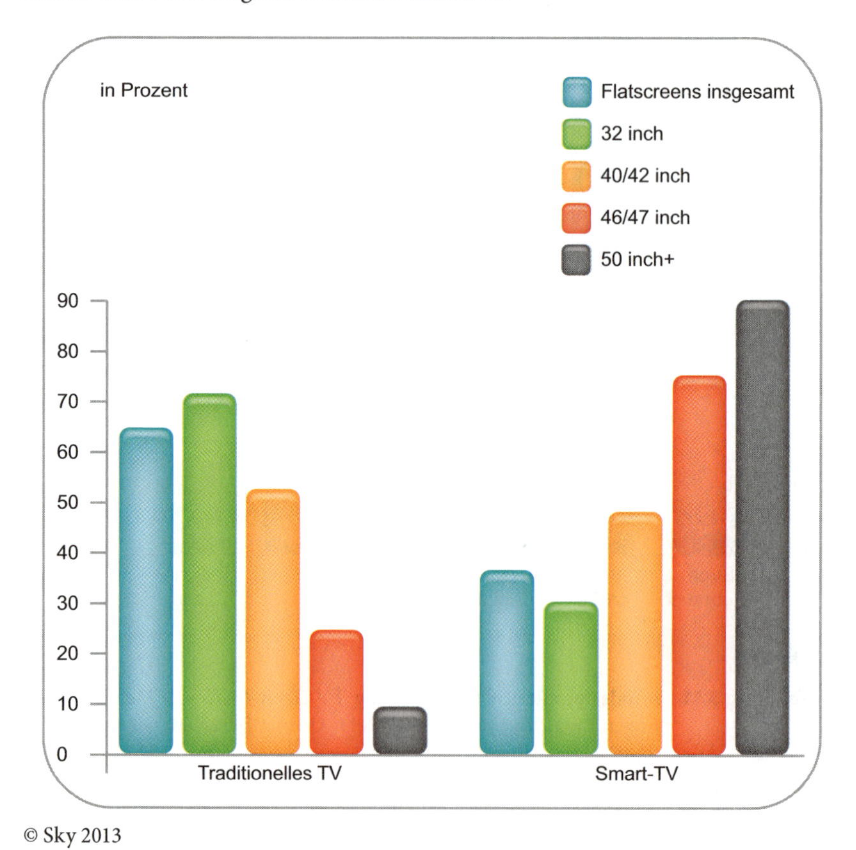

Abbildung 3.12 Anteile Traditions- und Smart-TV/ Bildschirmgröße. Deutschland; 2011; Quelle: GfK Retail and Technology GmbH (2012)

Zwischen dem Bild- und dem Toneindruck herrscht physiologisch eine direkte Beziehung. Bei einem beeindruckenden Film erwartet man auch einen entsprechenden Klang. Nur wenige Flachbildschirme aber bieten ein großes Tonvolumen, eine Folge des fehlenden Corpus für Resonanz. Insofern besteht die logische Ergänzung des Großbildschirms in einer zusätzlichen Audioanlage. Bestehende Stereogeräte mögen hier für Einzelne eine Option sein, doch sind avancierte Haushalte entweder mit sogenannten Soundbars oder gar kompletten Home-Theater-Einrichtungen versehen; inzwischen wird mit entsprechenden Anlagen in Deutschland mehr als 1 Milliarde Euro Umsatz (Abb. 3.13) erreicht. Auch dieser Sektor entwickelt sich zunehmend zu einer intelligenten Tonzentrale. Unterstützt vom Bildschirm mit seiner Menüführung stehen Anschlüsse zu MP3 ebenso zur Verfügung wie zu anspruchsvolleren Wiedergabeoptionen über Festplatten oder den iPod, und das ohne digitalen Klangverlust, siehe Apple Lossless oder WAV-Dateien.

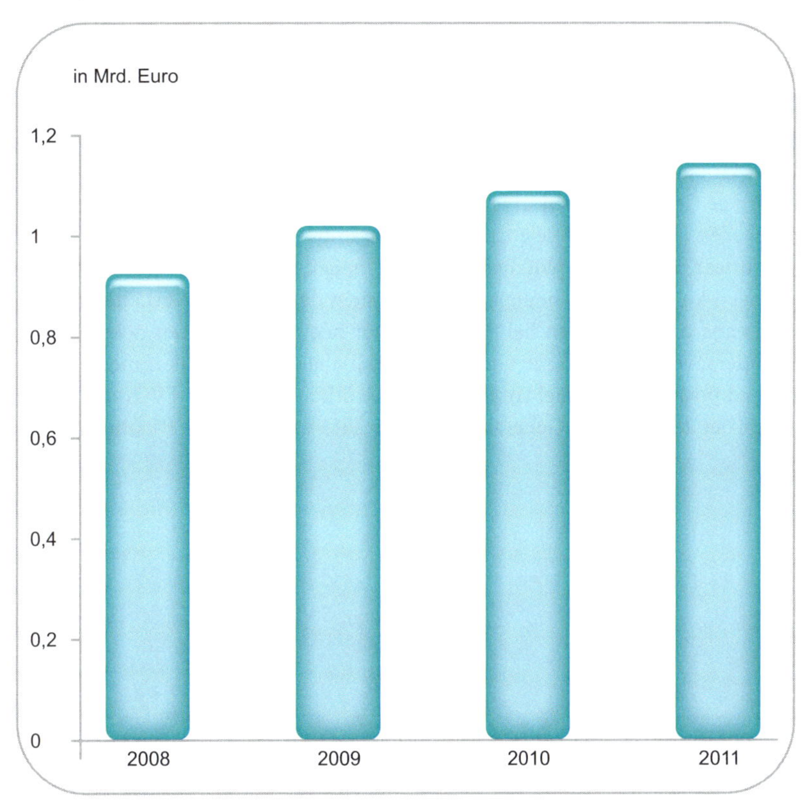

Abbildung 3.13 Umsatz Home-Theater Audio. Deutschland; 2008–2011; Quelle: BITKOM/ Deloitte (2012)

Neben dem Bildschirm mit seiner besten Wiedergabequalität sind viele andere Arten von Geräten ebenfalls fernsehfähig. Es wurde bereits gezeigt, dass mindestens ebenso sehr wie der Fernseher Mobiltelefone und Computer zu den Alltagsmedien Jugendlicher gehören. Da auch diese inzwischen Fernsehempfang ermöglichen, ist eine Zunahme entsprechender Nutzung wahrscheinlich. Das Web als Verbreitungsmöglichkeit für TV ist hier im Vergleich führend. Bereits 2011 hat es die Zehnprozentmarke bei Jugendlichen überschritten. 2012 sind die Werte für Synchron-TV und zeitversetztes Fernsehen allerdings nicht mehr gestiegen (JIM, 2012). Die ARD-ZDF-Onlinestudie (2013) weist allerdings für das Jahr 2013 bei den 14- bis 29-Jährigen, einer im Schnitt also älteren Gruppe, bereits einen Anteil von 27 Prozent mindestens wöchentlichen TV-Konsums über das Internet aus und dabei eine Sehdauer von durchschnittlich 12 Minuten täglich. Das mobile Telefon hat für TV noch keine vergleichbaren Werte, Prognosen gehen hier von zunächst nur allmählichen Zuwachsraten aus. Bei der entsprechenden Analyse, das ist zu berücksichtigen, handelt es sich nur um die Erfassung des herkömmlichen Fernsehangebotes, kurze Clips und neuere Videovarianten wurden nicht einbezogen (Abb. 3.14). Viele technologische Entwicklungen verlaufen allerdings nicht linear. Es kann zu plötzlichen Sprüngen, den so genannten leapfrog-Veränderungen kommen, von heute auf morgen sieht das Nutzungsverhalten deutlich anders aus und es werden bei anderen zuvor notwendige Stufen übersprungen. Besonders, wenn eine kleine Gruppe, Jugendliche oder Technikaffine, mit überzeugend positivem Beispiel vorangeht. Die deutlich gestiegene TV-Nutzung über Tablets bei der jüngeren Generation im Jahr 2013 weist in diese Richtung.

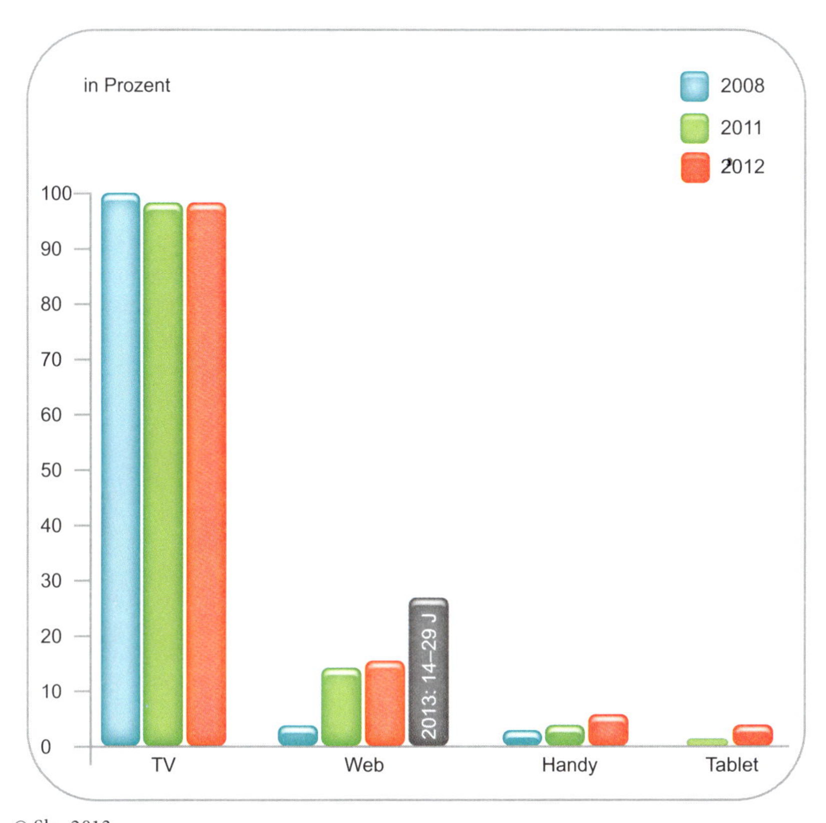

© Sky 2013

Abbildung 3.14 Plattformen der Fernsehnutzung 12–19-Jähriger. Deutschland; 2008 bis 2012; Quelle: JIM (2012)

Eine logische Verbindung zwischen traditionellem TV und neuen Online-Optionen stellt die Möglichkeit zu zeitversetztem Fernsehen dar. Stellvertretend für etliche andere neuere digitale Möglichkeiten zeigt der internationale Vergleich, dass in den USA und auch in Großbritannien aktuelle Fernsehentwicklungen wie zeitversetztes TV einen viel höheren Stellenwert haben als zum Beispiel in Frankreich oder Deutschland. In den USA ist die entsprechende Nutzung mit fast 12 Prozent am gesamten Fernsehkonsum mehr als doppelt so hoch wie in Deutschland (Abb. 3.15). Hier mag die zunehmende Bedeutung sendereigener Medienarchive oder neuer Catch-Up-TV-Anbieter eine bald ähnliche Situation wie in den anderen Ländern schaffen.

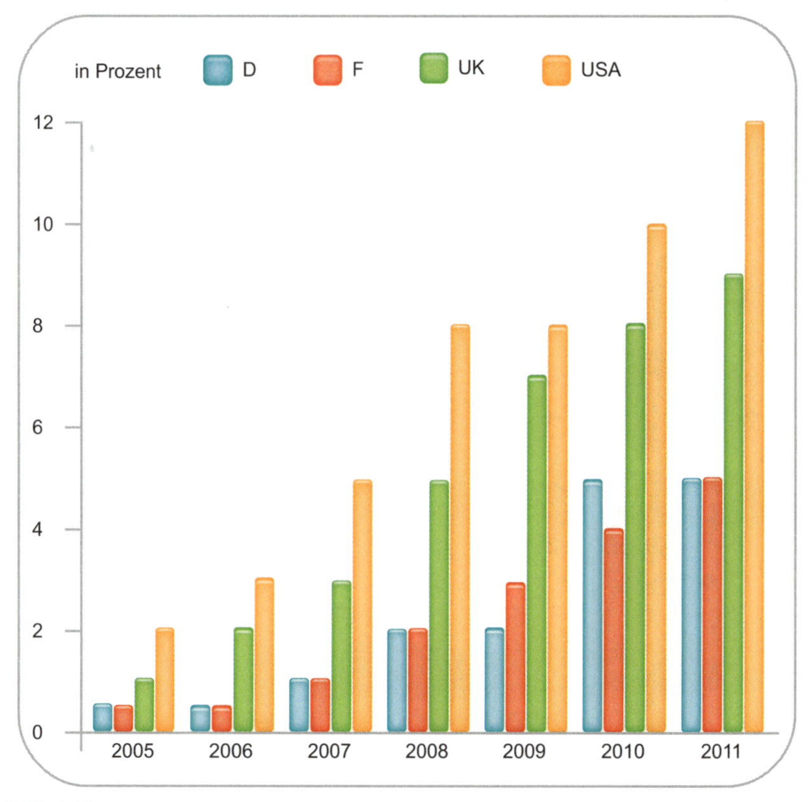

© Sky 2013

Abbildung 3.15 Nutzung zeitlich versetzten Fernsehens in Deutschland (D), Frankreich (F), Großbritannien und Nordirland (UK) sowie den USA. Prozentanteil an der durchschnittlichen Gesamt-TV-Nutzung 2005–2011, Digitalrecorder, Video-on-Demand, Mediatheken etc.; Quelle: Screen Digest (2012)

Dabei zeigt die Screen-Digest-Studie für die USA, dass die zeitlich versetzte Nutzung mit einem rund 10 Prozent höheren TV-Konsum einhergeht. Sie wird zu 90 Prozent für die Hauptsendezeit genutzt, vermutlich, weil hier auch die attraktivsten Programme laufen. Bei werbefinanziertem Programm wird die Technik von 70 Prozent der Rezipienten eingesetzt, um Werbung zu überspringen. Dies belegt, dass offenbar TV-Werbung zwar nach wie vor in Kauf genommen wird, wenn sie unvermeidbar ist. Möglichkeiten, ihr auszuweichen, werden aber gern genutzt. Die Digitalentwicklung mit zeitversetztem Fernsehen könnte aber die

Werbefinanzierung in Frage stellen. Schon seit Jahren wird daher in den USA diskutiert, auf welche Art das „Überspringen" von Werbung technisch verhindert werden kann. Deutsche Nutzer erreichen beim zeitversetzten TV nicht annähernd die amerikanischen Anteile an der gesamten Sehdauer. Zumindest ein Großteil der jüngeren Erwachsenen aber nutzt in Deutschland häufiger Optionen dafür; man gewöhnt sich zunehmend daran, Sendungen online abzurufen (Abb. 3.16).

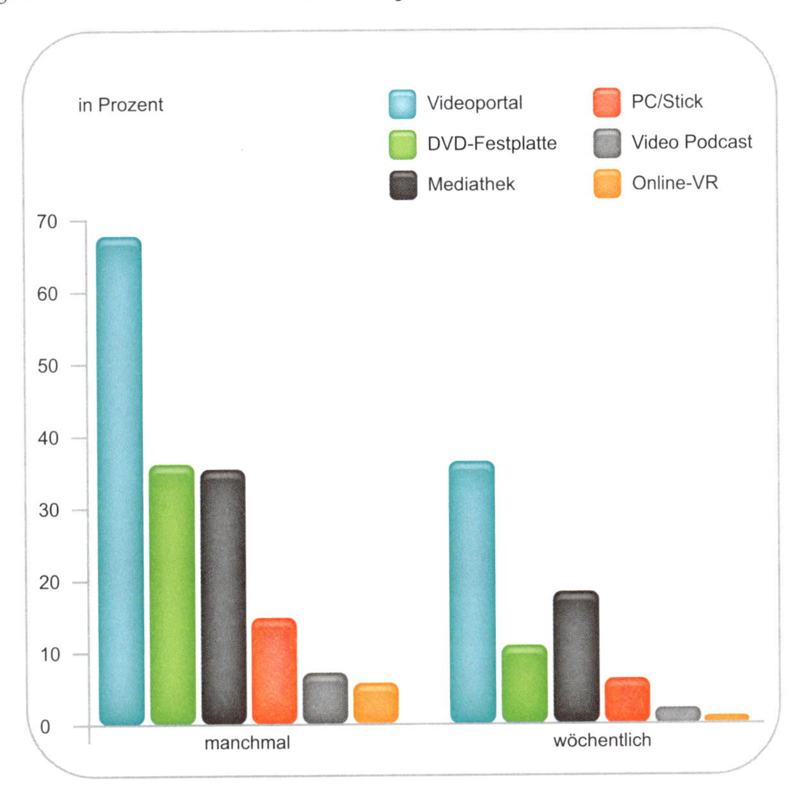

Abbildung 3.16 Anteil 14–29-jähriger Online-Nutzer, die manchmal bzw. wöchentlich zeitversetztes TV nutzen. Deutschland; 2011; Quelle: ARD-ZDF-Online-Studie (2012)

In der Regel treten beim Online-Verhalten einzelne Nutzungspräferenzen nicht isoliert auf. Man kann als kennzeichnend für das neue Fernsehen ansehen, dass gerade die junge Generation je nach Situation dynamisch die Optionen wechselt.

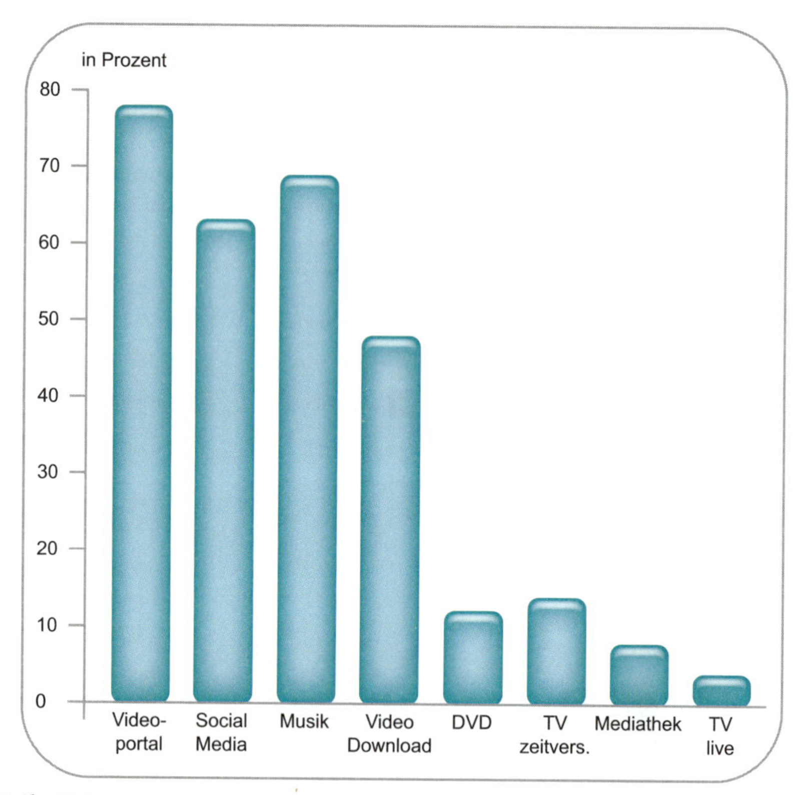

Abbildung 3.17 Intensiv Video nutzende Altersgruppe 14–15-Jährige und ihre Internet-Nutzung. Deutschland; 2011; Quelle: JIM (2012)

Und so stehen Online-Videokonsum, die Kommunikation über soziale Netzwerke und Musikclips mit einem Anteil von jeweils rund Dreiviertel der Aktivitäten intensiver Videonutzer im hier besonders interessierten Alter von 14 und 15 Jahren nahezu gleichwertig nebeneinander (Abb. 3.17). Beim Online-Videokonsum spielt vor allem YouTube eine große Rolle. Aber auch die traditionellen TV-Anbieter haben neben den Mediatheken ihre eigenen Video-Plattformen, so ProSiebenSat.1 „Myvideo.de" oder die RTL-Gruppe „Clipfish.de". Nicht zu vergessen sind in Kombination mit den Musikpräferenzen schließlich Angebote wie tape.tv und andere. Immerhin verweist die junge Altersgruppe massiv steigender Online-Nutzung herkömmlichen TVs darauf, dass das Fernsehen künftig immer mehr ein Teil ganzer Online-Unterhaltungsstrukturen sein wird, bei denen alle Optionen auf allen Plattformen je nach Situation mit allen anderen verbunden werden. Besonders die schon erwähnte Rückkoppelung von TV-Programm und sozialem Netzwerk liegt nahe.

Innerhalb der reinen Online-Videonutzung ist es in der Gruppe jüngerer Erwachsener und Jugendlicher wiederum vor allem die Kurzform, der Clip, die zum Beispiel als YouTube-Angebot dominiert. Wie schon bei anderen Gruppen und aus anderen Analysen ersichtlich, hat mittlerweile jedoch auch die Langform, zum Beispiel aus der Mediathek, ihren recht hohen Stellenwert (Abb. 3.18).

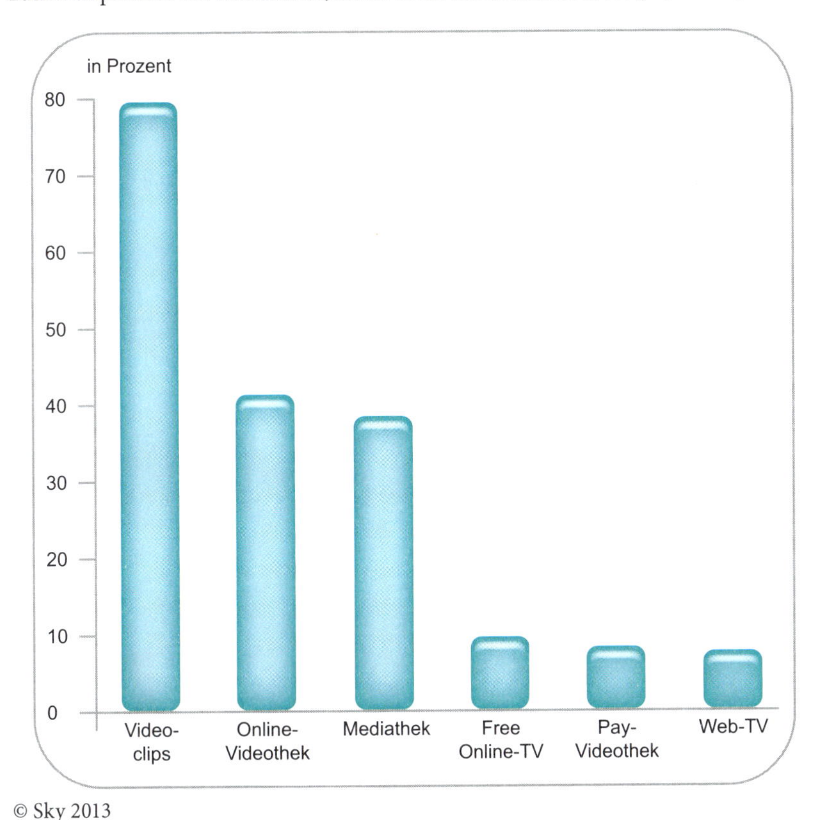

Abbildung 3.18 Videonutzung und jeweils eingesetzte Online-Plattformen in der Altersgruppe 14–29-Jährige. Deutschland; 2011; Quelle: TNS Infratest (2011)

Die haushohe Dominanz eines einzigen Kanals, YouTube, zeigt sich auch im länderübergreifenden (europäischen) Vergleich für Großbritannien, Frankreich,

Italien, Spanien und Deutschland. Auch wenn in Deutschland durch GEMA-Restriktionen viele Clips nicht zu empfangen sind, ändert das am Stellenwert der Plattform wenig – rund 10 Milliarden Stunden Sehdauer entfallen in den sogenannten EU-„Big 5“ auf den entsprechenden Clip-Konsum (Abb. 3.19). Trotz deutlich geringerer Raten sind die anderen Online-Videoformen aber ebenfalls im substanziellen Milliardenbereich angesiedelt.

Früher stand YouTubee vor allem für den Clip oder das höchstens rund 15-minütige Video. Doch sind nur noch selten aufgeteilt in mehrere Abschnitte inzwischen auch längere Sendungen aus dem internationalen Fernsehmarkt, sofern urheberrechtlich verfügbar, abzurufen. Eine TV-Struktur mit einer Aufteilung in Spezialkanäle ist 2013 Realität. Diese zunächst als Plattform für Nutzerangebote entwickelte Sendeweise nähert sich also dem klassischen Fernsehmodell an.

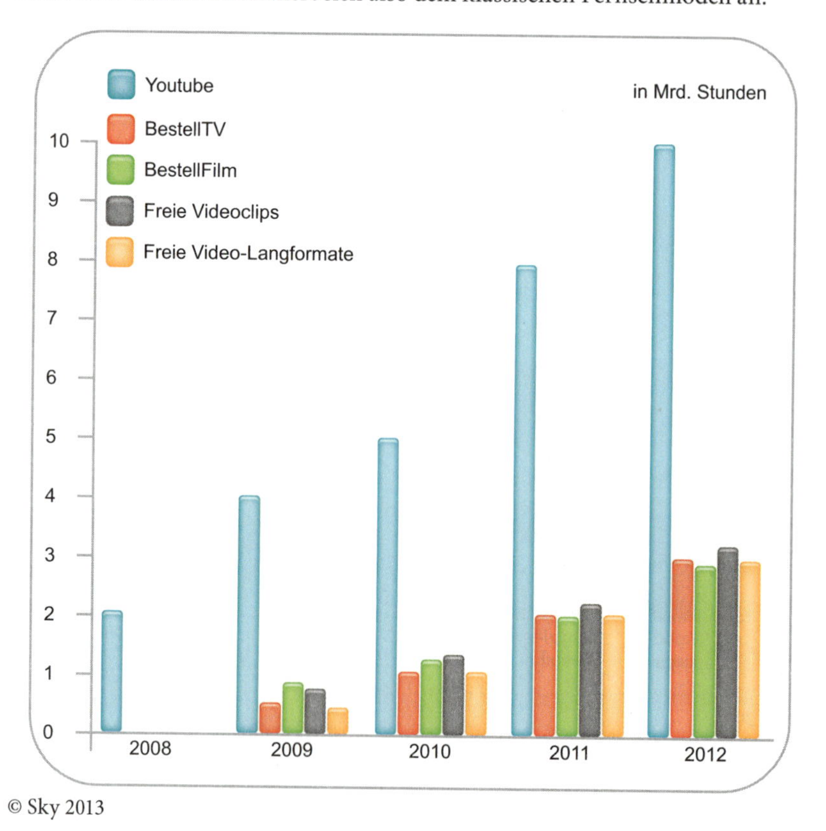

Abbildung 3.19 Online-Video-Sehdauer EU-„Big Five“. 2008–2012; Quelle: Screen Digest (2012)

Eine logische Beziehung ergibt sich für die meisten Nutzungsformen zwischen Kurzclip und mobilen Online-Plattformen. Pad, Tablet oder Touchscreen sind besonders mit ihrem größeren Display bei gleichzeitig immer noch geringem Gewicht besonders naheliegende Videogeräte für unterwegs. Filme und entsprechende Apps sind dementsprechend zentrale Verkaufsargumente von iPad, Galaxy und Co. Für 2012 lagen die Verkaufszahlen bei rund fünf Millionen Stück (Abb. 3.20). Gleichzeitig hat gerade das Beispiel Apple gezeigt, wie sehr ansprechende Hardware wiederum den Verkauf attraktiver (Video-)Inhalte fördern kann. Der nicht zuletzt mit vielen AV-Anwendungen versehene Markt von Apps zeigt hier den Durchbruch bei einer geschickten Kombination aus Design, Geräteintelligenz, intuitiver Benutzung und der Mischung aus professionellen Videoangeboten und nutzergeneriertem Inhalt (User Generated Content, UGC).

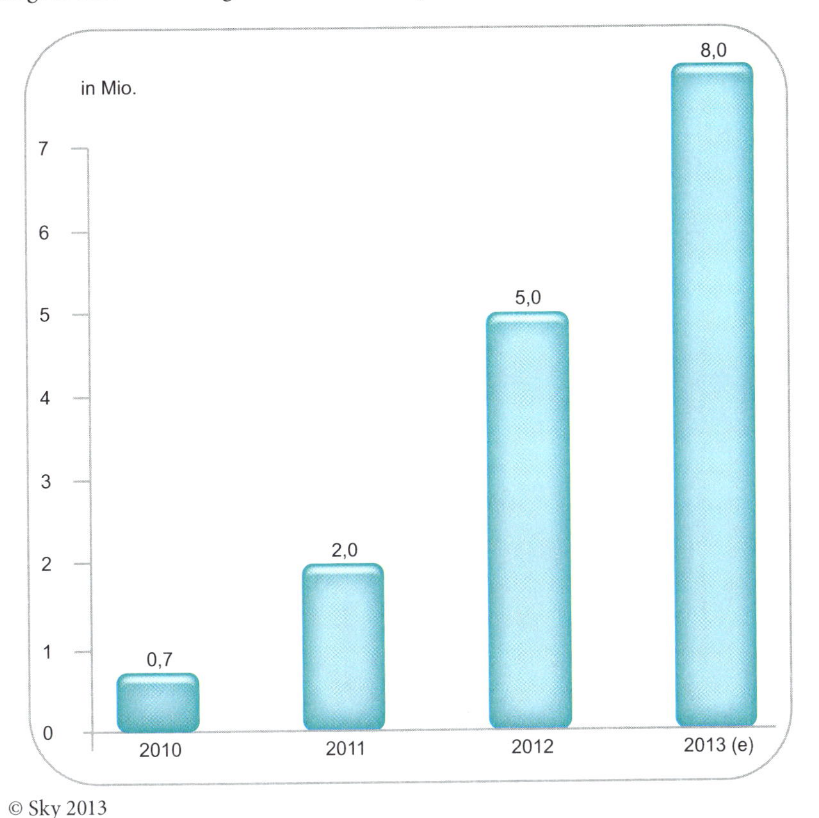

Abbildung 3.20 Anzahl verkaufter Tablets. Deutschland; 2010-2013 (e=Schätzung); Quelle: BITKOM/Deloitte (2013)

In Deutschland dominieren für die schnelle Informationsbeschaffung Angebote traditioneller Verlagshäuser wie bild.de, Spiegel-Online etc. gegenüber reinen AV-Anbietern, doch haben Letztere inzwischen schon längst auch TV- und Clip-Inhalte integriert. Gerade bild.de zum Beispiel bietet neben der Textdarstellung eigene Videos, Nachrichten-TV-Streamings, zum Beispiel von N24, zudem einen immer größeren Anteil von eigenproduzierten TV-Angeboten; ebenso hat sich dieser Akteur im Multimedia-Konzert mit dem Erwerb der Highlight-Clips der Bundesliga-Berichterstattung seit 2013 neben dem Sender Sky, der die Live-Rechte der kompletten Spiele hält, einen weiteren Ausgangspunkt für Online- und besonders Tablet-Nutzung geschaffen, auch wenn zunächst der Versuch bezahlter Abo-Apps gescheitert war, im Sommer 2013 aber wieder auflebte (Abb. 3.21).

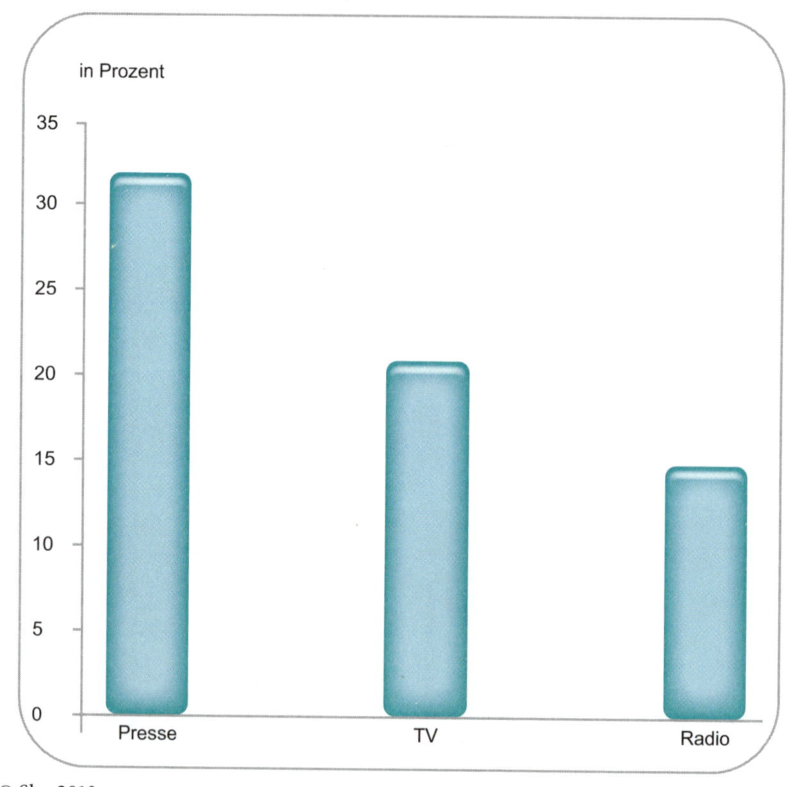

Abbildung 3.21 Beliebteste Medien-Apps aktiver Nutzer von Tablets (Auszug); Deutschland; 2011; Quelle: BITKOM/Deloitte (2012)

Nach dem großen Durchbruch von Smart-TV 2011, 2012 und 2013 liest sich eine Analyse des Interesses an verschiedenen neuen TV-Angeboten aus dem Jahre 2010, siehe die folgende Abbildung 3.22, inzwischen schon fast wie eine Nachricht aus ferner Vergangenheit: „Damals" war das Interesse an avanciertem Fernsehen zwar schon substanziell, aber geringer, als es sich im realen Verhalten darstellte, das zeigen die im letzten Abschnitt referierten Ergebnisse. Auch dies lässt sich als Beleg dafür heranziehen, dass Interessensbekundungen auf noch relativ abstrakter Basis vom tatsächlichen Interesse „überholt" werden, sobald in Geschäften, bei Freunden und Bekannten die realen Geräte konkret anzuschauen sind und demonstriert werden.

Inzwischen werden, wie oben gezeigt (vgl. Abb. 3.10), mehr smarte Großbildschirme verkauft als herkömmliche. Nicht zuletzt die informelle Kommunikation über soziale Netzwerke schafft hier einen weiteren Innovationsschub.

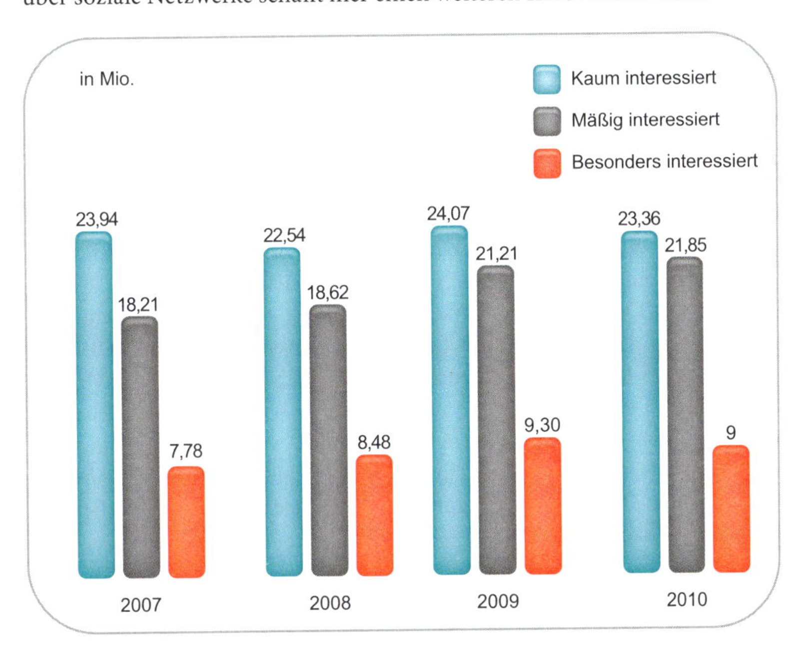

Abbildung 3.22 Bevölkerungsinteresse Smart- und Pay-TV. Rückblick. Deutschland; 2007–2010; Quelle: Sky (2012)

Einen festen Platz in der digitalen Fernsehlandschaft hat sich unabhängig von der Ausstattung der Kerngeräte jedenfalls der Sender Sky erobert. Hier sind mit neuen Sky+ Receivern, die neben einer integrierten Festplatte mit Sky Anytime auch Fernsehen auf Abruf bieten, seit 2012 etliche Möglichkeiten des neuen Fernsehens hinzugekommen: Empfang hochattraktiver amerikanischer Serien, automatisiertes zeitversetztes TV, ausgeklügelte elektronische Programmführung und eine breite Masse an HD-Inhalten.

Auch weitere Anbieter ermöglichen bezahltes Abonnement- und Abruffernsehen, dabei mit jeweils unterschiedlichen Bouquets bzw. als Ergänzung zu den Paketen rund um die herkömmlich empfangbaren Sender, so die deutschen Kabelunternehmen oder T-Home Entertain und Maxdome. Hinzu kommen über das Web zahlreiche neue Akteure mit neuen Inhaltsformen und -paletten (siehe auch Goldmedia, 2012). Nach wie vor sind jedoch die entscheidenden Antriebskräfte für die Bereitschaft zu Pay-TV auf der Basis zum Teil sehr aufwändigen Rechteerwerbs Sport und besonders Fußball sowie aktuellere Spielfilme. Mit der Möglichkeit, aktuelle Spielfilme gegen eine überschaubare Extragebühr abzurufen, werden die Verwertungszeiten zwischen Kinostart und Heimkonsum noch kürzer. Zugleich werden die Grenzen zwischen Filmtheater und Hausanlage durch Großbildschirm, (U)HD und 3D sowie Surround-Audio weiter fließend.

Dass sich durch die Konkurrenz einer in Deutschland besonders hohen Rate frei empfangbarer, in Wirklichkeit gebühren- bzw. werbefinanzierter Filme und Sportereignisse der Pay-Markt viel schwieriger darstellt als in anderen Ländern mit anderen Strukturen, zum Beispiel den USA oder Großbritannien, erklärt die relativ zu diesen Ländern geringeren Erlöse im Vergleich zu den „freien" Anbietern. Abonnenten-TV erzielte in Deutschland im Jahr 2011 einen Erlös von 1,53 Milliarden Euro im Gegensatz zum frei empfangbaren privatwirtschaftlichen Fernsehen mit 6,95 Milliarden und zum öffentlich-rechtlichen mit 5,46 Milliarden. Zugleich kann diese Marktsituation aber auch als wichtiger Impulsgeber für Innovationen und neue, attraktive Programmtrends der Pay-TV-Sender gesehen werden. Bestenfalls befruchten sich dabei die Systeme gegenseitig. Dass Abo-TV inzwischen auch in Deutschland substanzielle Zuwächse erzielt, zeigt das Beispiel des Marktführers Sky (Abb. 3.23).

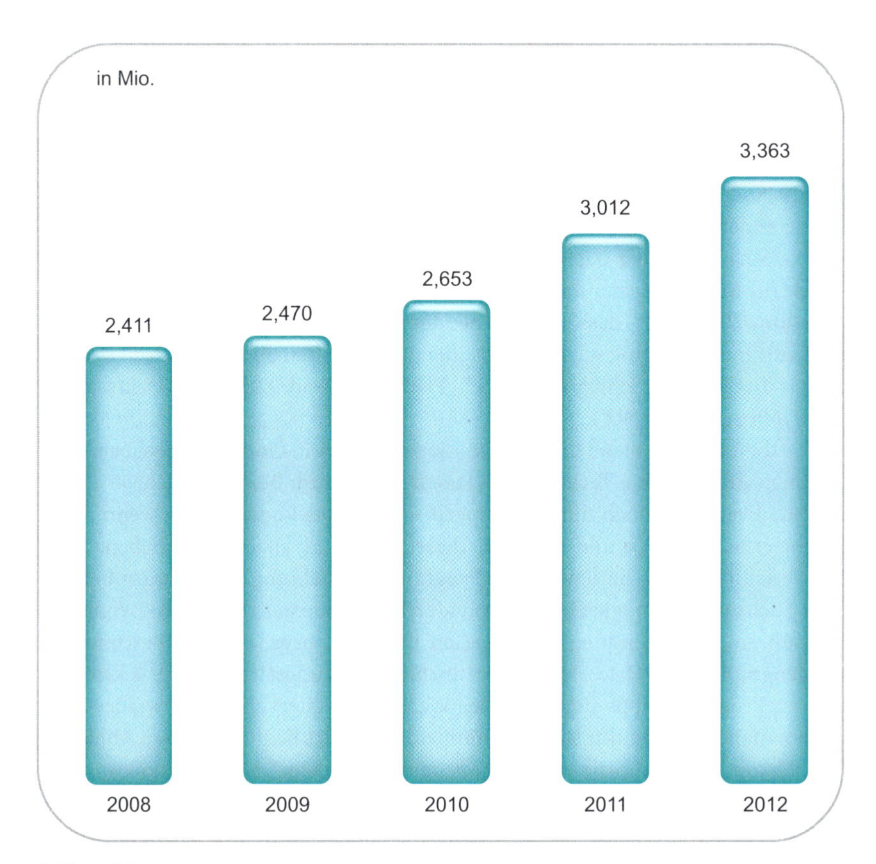

Abbildung 3.23 Abonnentenzahlen Sky. Quelle: Sky (2012)

Im zweiten Jahrzehnt des 21. Jahrhunderts sind neben den schon erwähnten Fernsehinnovationen viele weitere Neuerungen mehr oder weniger weit gediehen und besitzen entsprechende Marktchancen, sofern die Verbindung aus Smart-TV, Online und Mobilität flächendeckend realisiert wird.

Ein roter Knopf auf der Fernbedienung (Red Button) eröffnet den direkten Zugang in die interaktive Online-Welt während des laufenden Programms. Das Fernsehen der Zukunft ist also zugleich ein „Lean Back"-Medium für den passiven Genuss und in Verbindung mit dem aktiv genutzten Web eines des „Lean Forward".

Das „neue“, soziale Medium Fernsehen schafft so vielfältige Varianten der Beteiligung und des Teilens von Programmbewertung und Sendeempfehlung mit anderen. So verarbeitet das amerikanische Flipboard Informationen aus Medien, Blogs und den sozialen Netzwerken der Nutzer wie Twitter und Facebook zu einem „Social Magazine“ weiter. Yap.tv oder Miso lassen den Nutzer per Smartphone anderen gegenüber kommunizieren, was man gerade schaut, und den direkten Austausch über das gerade Gesehene beginnen. Eine Analyse der Hochschule für Musik, Theater und Medien Hannover aus dem Jahr 2012 (Schneider & Buschow, 2012) zeigt, dass einzelne Sendungen und TV-Stars auch über Twitter eine sehr hohe Bindung schaffen, bei einer ausgewählten Stichprobe zum Beispiel 11.000 Tweets für „Schlag den Raab“, ProSieben, und 9.000 für „Deutschland sucht den Superstar“, RTL.

Für die Werbung bietet die Kombination aus TV und Online zielgenauere Platzierung. Mit Targeting-Technologien lassen sich so zum Beispiel synchron ausgestrahlte Events dennoch mit nutzerspezifischen Spots kombinieren, wenn deren Profile erfasst wurden und sofern sie dieser Erfassung zugestimmt haben. Ähnlich verläuft auch die automatisierte Programmempfehlung, bei der zum Beispiel über Suchmaschinen wie Google individuelle Suchmuster zu Sendungsvorschlägen führen. In Verbindung mit Location Based Services, also der Bestimmung des geographischen Ortes, kann dann auch die Nutzungssituation berücksichtigt und zu Programmtipps (und gezielter Werbung) weiterverarbeitet werden. Der Traum mancher Produktplatzierer könnte damit Wirklichkeit werden: Abhängig von Person, Ort und Stimmung schafft man die „ideale“ Kombination aus TV-Angebot und dazu passendem Konsumwunsch.

Ein Traum ist noch von der Marktdurchsetzung entfernt: Bereits seit Jahrzehnten gibt es Szenarien, TV mit virtueller Realität zu verknüpfen. Der Zuschauer steigt dabei selbst in das Geschehen ein und verfolgt es im Sinne einer Wirklichkeitserweiterung (Augmented Reality). Bei Computerspielen ist die entsprechende Technologie inzwischen sehr avanciert. Das Fernsehen ermöglicht immerhin den Einstieg in die dritte Dimension; Geräte, Blu-Rays und erste Programmangebote sind als 3D-HD auf dem Markt.

4 Das neue Fernsehen: Formate

Das Fernsehen bietet eine so überwältigende Menge an neuen Sendungen, dass es kaum möglich ist, alle, die besten oder auch die umstrittensten aktuelleren Formate annähernd zu erfassen. Zu den erfolgreichsten gehörten jedenfalls zu Beginn des 21. Jahrhunderts Casting-Shows, Kochprogramme, Coaching-Sendungen, zum Beispiel zum Thema Schulden oder Erziehung, und die sogenannten Reality-Formate. Viele davon verschwanden aber nach einigen erfolgreichen Jahren wieder. Auch die Genregrenzen sind – und das definiert vermutlich vor allem die inhaltlichen Neuerungen der letzten Jahre – fließend geworden. Neben Hybrid-TV im technischen Sinne kann ebenso von Hybrid-Formaten gesprochen werden. Dokumentation vermählt sich mit Soap in der „Scripted Reality" bei RTL und SAT.1, der Talentwettbewerb mit dem Dokudrama im modernen Casting, die Spieleshow mit „Sex and Crime" in der auf Tabubruch und Skandal abzielenden Unterhaltung, selbst Politik mit Casting oder Wettbewerb wie bei der Kanzlerwahlshow des ZDF oder Stefan Raabs „Absolute Mehrheit".

Nicht wegzudenken aus der Fernsehlandschaft sind die zahlreichen Spartensender, die für zahlreiche später von anderen übernommene Formatinnovationen verantwortlich sind. MTV stand nicht nur für Musik-TV, sondern schuf zum Beispiel mit „The Real World" erste Sendungen mit „Reality"-Charakter und „gebar" Stars, die dann im Vollprogramm oder in anderen Medien weiter reüssierten, wie Ray Cokes, Stefan Raab oder Heike Makatsch. CNN veränderte die Form der Nachrichtenvermittlung mit Trailern, Musikeinsatz und insgesamt einer dem Bereich Show und Fiktion entlehnten Dramaturgie. Viele Spezialsender sind mehr als reine Abspielstationen; sie bieten – manchmal sogar aus Geldmangel – Raum für Experiment und Innovation, so wie RTL seinen Erfolg nicht zuletzt aus Improvisation und anfangs begrenzten Mitteln entwickelte. Deutschland bietet eine Vielzahl frei empfangbarer Spartenprogramme: etwa die Nachrichtensender N24 und n-tv, Shoppingsender wie QVC, Kinder-TV wie KiKa oder Super-RTL, Auslandsangebote wie BBC-World oder TV5, Regionalfernsehen wie tv.berlin oder Sportsender wie Eurosport. Beim Pay-TV sind es vor allem die Sparten Sport, Spielfilm, Serie und Dokumentation, die jeweils auf zahlreichen Kanälen hochwertige Sendungen bieten, unter anderem Bundesliga oder Sportnachrichten wie mit Sky Sport News HD, aktuelle Filmproduktionen und amerikanische Top-Serien in Originalsprache wie auf Sky Atlantic HD. Sie stellen damit ein eigenes Fernsehuniversum dar. Mit den zusätzlichen Online-Plattformen vervielfacht sich diese „Verspartung“ nochmals. So dürfte Musik inzwischen deutlich mehr Video-Konsumenten online haben, zum Beispiel über YouTube oder tape.tv, als über traditionelles Fernsehen. Eine besondere Herausforderung als Zielgruppe stellt besonders für die Öffentlich-Rechtlichen die Jugend dar. Bei ARD und ZDF sind ihre Quoten, anders als zum Beispiel bei ProSieben oder RTL, meist nur noch einstellig. Hier versucht man, sich mit dem Digitalangebot von zum Beispiel ZDFneo diese Gruppe wieder zu erschließen, oder verweist von vornherein auf neue Online-Plattformen, statt ähnlich wie mit KiKa oder den Jugendradiosendern ein junges Breiten-TV-Programm zu schaffen. Einer entsprechenden Realisierung steht neben budgetären Überlegungen zum Teil auch das medienpolitische Argument immer weiterer (umstrittener) Expansion entgegen. Dennoch bleibt das öffentlich-rechtliche Dilemma bestehen: Vom eigenen gesellschaftlichen Auftrag wird eine der wichtigsten Zielgruppen, die Jugend, in ihrer entscheidenden Sozialisationsphase, nicht erreicht. Gesellschaftspolitisch sehen manche mit der Vervielfachung der Spezialsender auch eine Abnahme der Gemeinschaftsplattformen für den Diskurs. Der immer noch große Erfolg einzelner TV-Ereignisse oder der Tagesnachrichten steht diesem Argument entgegen. Zudem binden die Vollprogramme in Deutschland immer noch den größten Teil der Bevölkerung. Allerdings werden nicht mehr mit der gleichen Selbstverständlichkeit wie früher wirklich alle gesellschaftlichen Gruppen erreicht. Nicht nur für den Programmauftrag von ARD und ZDF ein Problem: Generationenübergreifende TV-Nutzung gleicher Angebote findet kaum noch selbstverständlich statt. Die bekannte Debatte über den Verlust der alle bindenden Samstagabendshow steht stellvertretend für den gesamten Trend. In den USA machen Spartensender gar mit mittlerweile mehr als 2000 Kanälen über 50 Prozent des gesamten Zuschaueranteils im Vergleich zu den sogenannten „Majors“ aus.

Bei den Inhaltsformaten soll unabhängig von ihrer Einordnung als Sparte oder Vollprogramm eine Kategorisierung nach verschiedenen TV-Dimensionen versucht werden. Ein Blick auf die Zeit seit 1990 und vor allem auf die Online-TV-Ära vertieft, was im Kapitel zur Fernsehgeschichte schon angesprochen wurde. Die „neueren“ Formate, die sich bis heute weiterentwickelt haben, stehen dabei im Vordergrund – wer allerdings noch zur Jugend zählt, mag sie als immer schon selbstverständlichen Bestandteil seiner Fernsehsozialisation ansehen.

Im Einzelnen besteht für die schon angesprochenen technischen Plattformen eine direkte Wechselbeziehung mit der Dramaturgie des Inhalts. Die Langform dürfte in den meisten Situationen eher auf den Großbildschirm zugeschnitten sein, während die mobile Nutzung, das zeigen die meisten dazu durchgeführten Analysen, eher auf die Kurzform zutrifft. Kleine Bildschirme setzt man nicht primär für Spielfilme ein.

Zu den stabilsten Genres der Fernsehgeschichte gehören Nachrichten und Information. Ihre Verlässlichkeit, ihre Professionalität sind Bestandteile des gesellschaftlichen Zusammenlebens und des aktuellen Wissens, das die nationale und internationale Gemeinschaft prägt. Neuerungen beziehen sich daher vor allem auf unterschiedliche Plattformen, auf deren Kombination besonders in der Online-Welt, dramaturgische Innovationen und schließlich die Möglichkeit für Zuschauer, selbst gestaltend und informationsvermittelnd zu den Nachrichten beizutragen. Eine herausragende Rolle spielen hier Twitter und die sozialen Netzwerke. Diese erfüllen nicht nur die Funktion der Informationsvermittlung, sondern stehen sogar selbst für neue Formen der politischen Veränderung. Ein prominentes Beispiel ist die sogenannte Facebook-Revolution 2011 in Nordafrika, die Ausgangspunkt für radikale politische Umwälzungen in ganz Nahost wurde (Groebel, 2012).

Tabelle 4.1 Formatmatrix neues Fernsehen

	Technik	Kurzform	Langform	Partizipation
Info	Polymedia	Clips	Magazin	Userfeed
Doku	Webcam	Highlight	Live-Reality	Social Media
Sport	HD	Highlight	Live-Spiel	Immersion, Userfeed
Show	Effects	Clips	Großevent	D.I.Y., Casting
Serie	Polymedia	Mobilsoap	Inhalts-innovation	Social Media
Film	3D	Online-Begleitung	Genre-experimente	Starblog

© Groebel 2013

Technisch werden Nachrichtensendungen inzwischen eins zu eins auf verschiedene Plattformen übertragen; als Kurzformen sind sie besonders für mobile Medien geeignet. Ein Beispiel ist das Format „Tagesschau 100 Sekunden". In Mehrfachverwertung wird es im traditionellen Fernsehen als ein Bestandteil der größeren Nachrichtensendung gezeigt, ist als Clip für den mobilen Konsum geeignet und rotiert im ARD-Digitalangebot.

Insgesamt findet gesellschaftliche Kommunikation so intensiv in den sozialen Netzwerken, in Blogs und der gesamten digitalen Welt statt, dass sie zu einer zentralen Quelle für Nachrichtenredaktionen geworden ist, dort idealiter kritisch bewertet, gefiltert und professionell weiterverarbeitet wird. So entsteht eine kontinuierliche Wechselbeziehung. Themen, die von professionellen Journalisten präsentiert werden – regelmäßig auch in eigenen Blogs –, mischen sich mit solchen, die die Netzgemeinde einspeist. Umgekehrt greift diese dann wieder die Inhalte auf und diskutiert und vertieft sie weiter.

Ein ähnliches Prinzip gilt für die Dokumentation. Die große Verbreitung von Digitalkameras und Webcams lässt jeden zum potenziellen Dokumentar werden, auch wenn den meisten Amateuren die Professionalität und das dramaturgische Geschick ausgebildeter Redakteure fehlen dürften. Auf den mobilen Plattformen der Online-Welt sind es inzwischen sehr häufig kurze Höhepunkt-Clips, die einen schnellen Überblick über die gesellschaftliche, wirtschaftliche und politische Realität vermitteln.

Ungeachtet ihrer kulturellen Qualität ist die dokumentarische Langform, die einen Betrachtungszeitraum von vielen Tagen oder gar Wochen umfasst, in den letzten Jahrzehnten zu einem beliebten Genre für die Darstellung des Alltagslebens geworden. Das sogenannte Reality-TV wurde zum festen Begriff. Dabei zeigt die Realitätsdarstellung viele Facetten zwischen angenähert neutraler Abbildung, zugespitzter Auswahl und Dramaturgie und von vorneherein inszenierter Form. Die kulturpessimistische Einschätzung, dass „wertvolle" Dokumentationen immer mehr verdrängt würden, mag für einzelne Sender, Eigenproduktionen, Platzierungen und Budgets zutreffen. Bezogen auf das Gesamtangebot mit zahlreichen spezialisierten Spartensendern wie SPIEGEL-Geschichte und History Channel oder ihren hohen Stellenwert auf Sendern wie Phoenix, arte, 3Sat, n-tv und N24 stimmt sie nicht, aber hier muss selbstverständlich auch die nach wie vor hohe Bindung der Fernsehzuschauer an die bevorzugten Vollprogramme berücksichtigt werden.

Auch der Sport wird zunehmend durch dramaturgische Kniffe des Fernsehens noch interessanter und spannender gemacht. Waren es früher vor allem die Moderatoren und Kommentatoren, die Szenen zuspitzten und Aufregung schufen, so wird die Darstellung heute zusätzlich durch Musikeinsatz, schnelle Schnitte und Spezialeffekte aufgewertet. Die Verträge rund um die Rechte der Bundesliga zeigen zudem, wie lukrativ die Verwertungsketten über verschiedene Plattformen hinweg sein können. Das klassische Live-Spiel, übertragen durch Abonnenten-TV, steht neben den Höhepunkt-orientierten Clips des Online-Anbieters, die Ergebnisse werden dann zeitlich versetzt später wieder im frei empfangbaren Fernsehen in Magazinform zusammengefasst und vertieft.

Technisch dürfte vor allem die hohe Wiedergabequalität mit HDTV, 3D und in Zukunft sogar Ultra-HD den Sport als Fernsehereignis weiter aufwerten. Dass die großen Live-Übertragungen insbesondere von Fußballspielen in Deutschland immer noch Quotenrekorde brechen können, haben die letzten Jahre immer wieder neu bewiesen, so beim Champions-League-Endspiel 2013 mit Quoten von rund 60 Prozent und international rund 500 Millionen Zuschauern. In Verbindung mit den sozialen Netzwerken der Zukunft kommt es hier zu einer weiteren Vertiefung der Nutzer- und Fan-Bindung.

Beim Thema Unterhaltungsshows wurde bereits auf die Entstehung zahlreicher neuer Hybrid-Formate hingewiesen. Quiz vermischt sich mit Reality, Talentwettbewerb mit Soap, Spielshow mit Erotik, bis hin zum vorübergehenden Drama wie bei „Ich bin ein Star, holt mich hier raus"/Dschungelcamp. All dies ist mit einer grundsätzlichen Veränderung im Verhältnis Privatheit und Öffentlichkeit einhergegangen (Weiß & Groebel, 2001). Durchschnittliche Bürger und nicht zuletzt auch Politiker haben sich mit ihrem Privatleben zum Objekt der TV-Darstellung gemacht und damit neue Genres geschaffen. Neben den schon beim Sport erwähnten dramaturgischen Elementen dürfte im gleichen Zusammenhang eine der größeren Neuerungen die direkte Verbindung mit Online-Gemeinschaften und anderen Formen der Online-Kommunikation sein. Durch die Öffentlichkeit des Internets sind Privatheitsgrenzen gefallen – mit weitreichenden Folgen. Gerade bei der Show wird bereits von einer regelrechten Demokratisierung des Fernsehens gesprochen, kann doch über Castings jeder potenziell in den Mittelpunkt großer Massenkommunikation rücken. Auf YouTube ist eines der beliebtesten Kurzelemente der eigene Showauftritt sowie der von Familie, Freunden und Bekannten. Das aus der Kindheit bekannte spielerische Nachahmen hat dank technisch nahezu perfekter Möglichkeiten einer großen Verbreitung über das Internet geradezu Fernsehcharakter gewonnen. Die so entstehenden Clips werden ihrerseits wieder Thema eigener Sendungen im Traditions-TV – fast keine Unterhaltungssendung kommt ohne komische, dramatische, eigenartige Online-Szenen aus. Und manchmal wird der Star eines Web-Clips zum globalen TV-Superstar wie 2012 der südkoreanische Rapper Psy mit „Gangnam Style".

Bei all dem muss jedoch berücksichtigt werden: Traditionelle TV-Shows und vor allem Serie und Film sowie deren Stars bieten zwar Anregungen für Amateure, aber spätestens bei aufwändigen Produktionen klaffen die Ergebnisse eines Normalbürgers und professionelle Arbeiten weit auseinander. Entsprechend sind es nur selten Einzelproduktionen von Nicht-Profis, die als Spielfilme oder auch nur kurze Serien Furore machen. Innovationen im Bereich erzählerischer Fiktion beziehen sich eher auf neue Geschichten, avancierte Darstellungsformen und wiederum die Verbreitung über verschiedene technische Plattformen. Interessant waren und sind die Experimente mit Kurzsoaps für Mobilgeräte, wie sie zum Beispiel Grundy in Deutschland produziert hat.

Die neuen digitalen Möglichkeiten können zudem die Bindung zu Stars und Geschichten erheblich vertiefen. In Kombination mit den bereits mehrfach angesprochenen sozialen Netzwerken rund um Fernsehproduktionen entstehen neue Fan- und Interessengemeinschaften, die das Erlebnis aus Serie und Film in die Online-Welt und in die Kommunikationszirkel hinein verlängern. Ein prominentes Beispiel ist der seit mehr als zwanzig Jahren anhaltende Erfolg von „Gute Zeiten, schlechte Zeiten" (GZSZ, RTL) mit einer Facebook-Seite von mehr als 1 Million Fans. Direkt auf Social Media ausgerichtet war und ist das Jugendprogramm „Berlin – Tag und Nacht" von RTL 2, es kam 2013 bei im Schnitt 1,2 Millionen Zuschauern auf 2,3 Millionen Facebook-Fans, damit der größten entsprechenden Gruppe Europas, und verzeichnete in einer einzigen Durchschnittswoche auf der Plattform Hunderttausende von Aktivitäten wie Kommentare etc. (ALM, 2013).

Nicht alle neuen Formate besitzen langfristige Perspektiven. Das Fernsehen mit seinen vielen aktuellen Facetten bietet in jedem Fall aber eine große Palette neuer Möglichkeiten, erst recht durch die Verbindung mit einer ähnlich langfristigen Infrastruktur, wie es die sozialen Netzwerke darstellen.

Das neue Fernsehen: Strukturen 5

Neues Fernsehen bedeutet auch neue Akteure neben den etablierten Anbietern. Verleger sind mit Online-Videos in den Markt eingestiegen, ursprünglich vor allem Hardware produzierende Unternehmen wie Apple bieten audiovisuelle Inhalte, und andere wie Google und Yahoo kommen aus der Web-Welt. Ganz neue Firmen entwickeln eigene Formate oder wollen bestehende verwerten. All dies hat wirtschaftliche, kulturelle, rechtliche, regulative und politische Konsequenzen. Sie werden nicht zuletzt deutlich im Vergleich des stationären und des mobilen Fernsehens (Tab. 5.1) – gerade hier kommen die angesprochenen Aspekte zum Tragen. Ausgangspunkt ist die Tatsache, dass jeweils ein fundamental unterschiedlicher Vorgang beim Nutzer stattfindet. Beim traditionellen TV mit in der Regel fester Position des Fernsehgeräts begibt sich der Zuschauer gezielt an einen festgelegten Ort. Selbst im Heimnetzwerk gibt es zwar mehrere, aber dennoch immer noch recht fixe Positionen. Diese klassische Fassung des Fernsehens hat unsere Vorstellung von Rezeption geprägt; sie war und ist Basis wirtschaftlichen Kalküls, zum Beispiel in Bezug auf die zeitliche Trennung zwischen Werbespot und physischem Einkauf. Auch im rechtlichen Bereich wird diese Fernsehform weitgehend zugrunde gelegt. So ist unter anderem beim Jugendschutz die Annahme bestimmend, dass zumindest theoretisch der TV-Konsum der Kinder durch die Eltern begleitet wird. All dies gilt bei mobiler TV-Nutzung nicht mehr zwingend. Zudem ist hier zu berücksichtigen, dass der Inhalt den Nutzer in jede vorstellbare Situation hinein begleitet und damit zu einem effektiven Instrument des individuellen Stimmungsmanagements und zahlreicher weiterer Nutzungsfunktionen wird (Groebel, Noam & Feldmann, 2006).

Die Tabelle 5.1 stellt einige Unterschiede zwischen stationärem und mobilem TV heraus. Der bei der Bildschirmgröße dürfte selbstverständlich sein, bedingt aber zugleich einige weitere. So erscheint auf den ersten Blick Mobilfernsehen für den Genuss von Spielfilmen weniger geeignet als für den kurzer Videos. Doch

Bahn- und Flugzeugnutzung schließt sehr wohl auch den Konsum von Langformen ein. Ebenso wird wohl die mobile Synchronnutzung eines ganzen Top-Fußballspiels gegenüber der späteren stationären bevorzugt, wenn es die Situation erfordert. Naturgemäß bindet auch ein Großbildschirm mit Home Theater-Anbindung zunächst mehr Aufmerksamkeit als das traditionelle Gerät. Diese Aufmerksamkeit allerdings wird auch beim Langstreckenreisenden mit Minidisplay sehr hoch sein können, selbst wenn der Ton technisch gesehen trotz guter Kopfhörer seltener das gleiche Volumen erreichen dürfte wie bei der avancierten Heimanlage. Auch 3D ist nur stationär realisiert, Mobilnutzung ist also eher unisensorisch im Vergleich zum multisensorischen Potenzial des stationären Betriebs. Und die Bandbreite der Kommunikationsplattformen ist kapazitätsbedingt beim heimischen Smart-TV oder bei der Einbettung ins vernetzte Haus deutlicher multimodal und (noch) größer als im Mobilbetrieb. Dem steht gegenüber, dass Mobilfernsehen den Nutzer in jeder Situation und jeder Stimmung begleiten kann: Er muss TV nicht mehr aufsuchen. TV kommt zu ihm (Groebel in: Groebel, Noam & Feldmann, 2006).

Tabelle 5.1 Unterschiede stationäres und mobiles Fernsehen (Groebel, 2006).

	Stationäres TV	Mobil-TV
Bildschirm	groß	klein
Aufmerksamkeit	eher hoch	flexibel
Erlebnis	eher multisensorisch	eher unisenso
Dauer	eher Langform	eher Kurzform
Fokus	Person zu Medium	Medium zu Sit
Plattform	multimodal	eher singulär

Bei den technologischen und inhaltlichen Entwicklungen des TV und seinen strukturellen Veränderungen sollen nun einige Einzelaspekte der Fernsehorganisation im Mittelpunkt stehen, besonders die Nutzbarmachung von Kreativität für neue Technologien und Formate, die Finanzierung, der Markt und rechtliche Aspekte, schließlich die Rolle der Politik. All dies tangiert Technik, Inhalt, Anbieter und Publikum gleichermaßen (Tab. 5.2). Die Komplexität des Sujets zum Beispiel in den Auswirkungen auf die Gesetzgebung und Regulierung, aber auch für Finanzierungsmodelle ergibt sich einleuchtend aus der Verzahnung all dieser Bereiche untereinander, der Verbindung herkömmlicher und neuer Ansätze. Es ist davon auszugehen, dass kaum noch einigermaßen stabile Strukturen existieren werden, die langfristige Detailplanungen möglich machen. Die Herausforderung für die Zukunft dürfte somit die Formulierung hinreichend verbindlicher, aber dennoch dynamischer Rahmenbedingungen sein. Das gilt für Unternehmen, das Recht und nicht zuletzt für die Politik.

Tabelle 5.2 Strukturmatrix Kreativität, Wirtschaft, Recht, Politik für neues Fernsehen. Stichworte für Technik, Inhalt, Anbieter, Nutzer

	Technik	Inhalt	Anbieter	Publikum
Kreativität	Labs; Investition	Produktions-Infrastruktur	neue Akteure	User Generated Content (UGC)
Finanzierung	Incubators	Return on Investment, Crowd Funding	Werbung; PAY	Bezahl-Sozialisation
Markt	Risiko	Bezahlmodi	Wettbewerb	kritische Masse
Recht	Patente; Lizenzen	Regulierung; Urheberrecht	Konzentration	Jugendschutz; Verantwortung
Politik	Innovations-Klima; Förderung	Pluralismus	Unabhängigkeit; Rechtssicherheit	Partizipation

© Groebel 2013

Die Kreativität speist sich im Wesentlichen aus zwei Quellen, die sich strukturell unterscheiden. Auf der einen Seite stehen die professionell geführten Abteilungen für die Entwicklung neuer Formate, die von den großen Produktionsfirmen gefördert und finanziert werden. Auf der anderen Seite sind, mit dem Zugang für jeden über digitale Netze, nutzergenerierte Inhalte (User Generated Content, UGC) zu einer weiteren tragenden Säule des neuen Fernsehens geworden, und nicht zuletzt bringen die neuen Akteure aus Verlagen, Hardware- und Web-Industrie ihre eigenen Kreativitätstraditionen und entsprechende Impulse mit. Zwar lebt das TV immer noch vor allem von der professionellen Kreativität seiner organisierten Macher, doch sind zugleich – eines der Kriterien für das neue Fernsehen – die Übergänge fließend geworden. Besonders für die Werbung und ihre Wirkungen dürfte mit dem Einbrechen der Jugend-TV-Einschaltquoten das Traditionsmodell der Sender-zu-Empfänger-Kreativität nicht mehr ausreichen. Selbst Web-Banners folgen noch diesem Modell, doch plausibel ist es in isolierter Form nicht mehr, die Diskussion um den Wert herkömmlich platzierter Werbung beim Börsengang von Facebook zeigte es. Neue Werbeweisen, die die verschiedenen Plattformen verknüpfen, wie „Giro sucht Hero" 2011 oder „Boyalarm" 2013, sind noch die Ausnahme, erst recht bahnbrechende Produktionen im redaktionellen TV.

Im gleichen Zusammenhang steht die Finanzierung der zukünftigen Entwicklungen: Auch hier zeigt sich eine strukturelle Herausforderung bei den Dauerinvestitionen, die erforderlich sind, um das neue Fernsehen weiter auszubauen. Die zahlreichen Optionen verleihen wirtschaftlich starken Unternehmen von vornherein ein größeres Durchsetzungspotenzial als kleineren Firmen, die auf den Erfolg einer einzelnen Investition setzen müssen. Staatliche Förderprogramme, Start-Up-Initiativen mit Incubators und direkte Bankenmodelle stehen für Anfangsfinanzierungen. Zu den entscheidenden Fragen zählt dann, wie diese notwendigen Investitionen entlang der gesamten Hard- und Softwarekette im Einzelnen zu refinanzieren sind. Im Mittelpunkt steht vor allem das langfristige Modell der Gesamtfinanzierung des TV-Systems. Noch basiert das Fernsehmodell international zu einem hohen Teil auf Werbefinanzierung, in Deutschland zudem auf der besonders stark ausgeprägten Gebührenfinanzierung der Öffentlich-Rechtlichen. Zugleich zeigt der internationale Vergleich, dass – im Gegensatz zu Deutschland – in den meisten anderen Industrienationen Pay-TV neben Werbung die Haupteinnahmequelle darstellt.

Allerdings haben auch in Deutschland in der letzten Zeit technische und Programm-Innovationen des Pay-TV zu einer stärkeren Aufmerksamkeit und größeren Umsätzen geführt, nicht zuletzt im Zusammenhang mit dem Erwerb der lukrativen Bundesliga-Live-Rechte ab 2013 durch Sky. Mit attraktiven Inhalten wird ein unmittelbarer Mehrwert erzielt. In der richtigen Mischung und bei überzeugenden Produkten entwickelt sich die Einsicht der Konsumenten, für bezahlbare Inhalte auch entsprechende Summen auszugeben. Es ist eine der großen Aufgaben für Anbieter, Marketing und Werbeindustrie, dies bekannt zu machen.

Weitere bedeutende Aspekte bei der Entwicklung des neuen Fernsehens sind juristische und regulatorische Fragen. Sowohl technisch als auch inhaltlich müssen Patente und Urheberrechte geschützt werden. Der letztgenannte Bereich stellt eine besonders große Herausforderung dar, besonders, da sich über die Online-Strukturen ganz neue Möglichkeiten illegalen Konsums ergeben haben. Schätzungen gehen von einem Milliardenverlust und schweren Beeinträchtigungen aus, sowohl durch Arbeitsplatzverluste als auch durch mangelnde Refinanzierung von Kreativität. War dies zunächst das Problem der Musik-, dann der Filmindustrie, so sind inzwischen die Software-, die Buch-, die Presse-, die Games- und nicht zuletzt die TV-Industrie davon betroffen. Vollständige Fernsehproduktionen werden illegal heruntergeladen oder gestreamt, die Codes von Smart-Cards geknackt. Der Urheberrechtsschutz, der Streit um das „geistige Eigentum", wird eines der großen Themen der Zukunft sein. Während auf der einen Seite die freie Zugänglichkeit von Informationen gefordert wird, erwarten große Teile der Industrie vom Gesetzgeber effektivere Maßnahmen zum Schutz ihrer (auch geistigen) Produkte (Groebel, 2011).

Der Begriff des Fernsehens und die damit verbundene Regulierung sind immer dynamischer geworden. Insofern stellt sich die Frage, inwieweit neben den traditionellen Fernsehanbietern auch die neuen Akteure ähnlichen Regularien zu unterwerfen sind – und vor allem, wie dies effektiv umzusetzen ist, zum Beispiel beim Jugendschutz oder auch bei Lizenzen und der Vorgehensweise bei Monopolen, Kartellen und Konzentrationsprozessen. Gerade deren Behandlung mag allerdings zunehmend obsolet werden, da mit den nahezu unendlichen Digital-Optionen Meinungsmonopole in der Breite jedenfalls immer pluralistisch unterlaufen werden können.

Insgesamt ist der deutsche Fernsehmarkt – und nicht zuletzt auch seine neuen Entwicklungen – ein so großer Wirtschaftsfaktor, dass es auch eine politische Aufgabe ist, diesen Sektor zu fördern und vor unberechtigten Eingriffen zu schützen. Mit diesen Eingriffen sind die schon erwähnten Rechtsverletzungen gemeint. So wird in Deutschland das digital verbreitete geistige Eigentum bei TV-Serien, Musik, Filmen, Software, elektronischen Büchern oder Computerspielen unterhalb der Ebene organisierter Kriminalität nicht in gleicher Weise legislativ und exekutiv geschützt wie in anderen vergleichbaren Ländern. Zugleich darf sich die Politik der Erkenntnis nicht verschließen, dass neue Akteure im Fernsehmarkt diesen eher beleben, ohne zwangsläufig alte oder ältere Industrien mit einer Vielzahl von Mitarbeitern und Arbeitsplätzen zu gefährden. Ein Beispiel ist der Umgang mit technischen Monopolen. Manche Neuerungen lassen sich nur durchsetzen, wenn eine privatwirtschaftliche Investition (zunächst) auch einen erwartbaren Exklusivgewinn zur Folge hat. Je kleiner ein Markt, desto weniger wahrscheinlich wird bei aufwändigen Kosten Pluralismus zu gewährleisten sein (Valcke, Groebel & Bittner, 2014). Inhaltlich ist das in der digitalen Welt mit eingebauter plattformübergreifender Vielfalt ein abnehmendes Problem, das wurde bereits erwähnt. Technisch und damit verbunden beim Kabel- und Netzzugang ist es sehr wohl eines.

Neues Fernsehen ist also insgesamt nicht nur eine Frage von Technologie und Inhalt: Es steht vor allem in einem viel größeren politischen, wirtschaftlichen, juristischen, kulturellen und internationalen Zusammenhang. Die Verknüpfung der deutschen Medienpolitik mit europäischen (Groebel, 2012a) und mit föderalen (Groebel, 2012b) Regelungen ist dafür ein Beispiel. Fernsehen ist heute grenzüberschreitend, die politischen Vorgaben müssen dem trotz der Stärken des traditionellen deutschen Systems Rechnung tragen, siehe auch aktuellere medienpolitische Debatten zum Beispiel im Abschlussbericht der Enquetekommission Internet des Deutschen Bundestags, bei der Kommission ‚Internet und Gesellschaft' des CDU-Wirtschaftsrats und in den Mediengremien der verschiedenen Parteien, nicht zuletzt in Staatskanzleien und Rundfunkanstalten (siehe auch: ‚Bleibt Fernsehen Fernsehen?', Promedia, September 2012). Bislang jedoch gilt: TV bleibt ein, vielleicht das Medium schlechthin für den Diskurs aller gesellschaftlichen Gruppen miteinander. Und dies schließt die europäische, gar globale Perspektive mit ein.

6 Das neue Fernsehen: Verhalten

Bei allen technologisch und inhaltlich überwältigenden Optionen der neuen Fernsehwelt: Der Tag hat nur 24 Stunden, die Woche sieben Tage. Menschen arbeiten, essen, schlafen, sind unterwegs, treffen sich mit anderen und pflegen Hobbys außerhalb des Fernsehens. Nimmt man die weiteren elektronischen Möglichkeiten des Freizeitverhaltens wie Games, Social Media, Musikkonsum und vieles mehr hinzu, erstaunt es fast, dass bei den Bundesbürgern der Fernseher im Schnitt immer noch mehr als drei Stunden an ist. *An* ist, denn das heißt wohlgemerkt nicht, dass auch intensiv und aufmerksam geschaut wird.

Hier zeigt sich ein in der üblichen Quotenmessung viel zu sehr vernachlässigter Verhaltensfaktor, der insbesondere bei der Wirkung von Werbung zum Tragen kommt. Das frei empfangbare Fernsehen ist über weite Strecken ein Nebenbei-Medium geworden. Der Fernseher läuft, während man mit etwas anderem beschäftigt ist, zum Beispiel Hausarbeit, Schulaufgaben, auch Surfen im Internet. Erkenntnisse aus den Neurowissenschaften zeigen, wie stark viele unserer Verhaltensabläufe automatisiert sind und nicht bewusst ablaufen, auch wenn unterschwellig Informationen weiterverarbeitet werden. Zu groß ist der stetige Fluss an Wahrnehmungseindrücken, als dass diese in der komplexen Wechselbeziehung neuronaler Prozesse gleichwertig vom Großhirn aufgenommen und aktiv bewertet werden könnten. Fernsehen als Parallelmedium ist ein typisches Beispiel für eher latente Informationsverarbeitung. Nur wenn ein signifikanter Reiz erscheint, ein auffallendes Geräusch, ein bekannter Name, setzen bewusste Aufmerksamkeit und Hinwendung ein. Dem steht nicht entgegen, dass bestimmte Programmangebote von vornherein mit hoher Beachtung verbunden sind: wichtige Nachrichten, Kultserien, bedeutende Sportereignisse, große Unterhaltungsshows, nicht zuletzt aktuellere Spielfilme, also generell gemeinschaftsbildende Sendungen, über die jeder spricht, sowie vertraute Programme, die man schon immer sah und die den Tag strukturieren. Die Quotenmessung ist aufgrund der mangelnden Differenzierung nach Aufmerksamkeit und Nutzungsintensität eine in dieser Hinsicht unbefriedigende „Währung". Weitere Mängel liegen darin, dass sie jedenfalls bis 2013 viele Nutzungssituationen wie den Mobil- und PC-Konsum noch nicht erfasste, dies wurde allerdings geändert, und mit der „werberelevanten Zielgruppe" der 14- bis 49-Jährigen ein höchst willkürliches, empirisch kaum noch haltbares Kriterium für das Werbe- und Konsuminteresse benutzte. Diese Erkenntnis ist zwar nicht neu und wird viel diskutiert, wurde bislang jedoch, durchaus nachvollziehbar aufgrund der hohen Komplexität und der Probleme bei der Anpassung, nicht in einen neuen, verlässlichen Ansatz umgesetzt. Die weitere TV-Entwicklung mit allen schon genannten Facetten lässt ein solch grundlegendes neues System allerdings unumgänglich erscheinen.

Die Intensität des individuellen Fernsehkonsums ist nur ein Faktor im Verhalten der Fernsehzuschauer. Daneben lassen sich einige grundlegende Konstanten bei den Motiven bestimmen, die die Zuschauer ein bestimmtes Programm, einen bestimmten Sender oder auch das Fernsehen als Freizeitbeschäftigung überhaupt wählen lassen. Sie leiten sich nicht nur aus fundamentalen menschlichen Bedürfnissen ab, sondern sind auch das Produkt von Gewohnheiten und der eigenen Mediensozialisation bzw. der gesamten Medienbiographie. Automatisierte Verhaltensabläufe werden hier häufig unterschätzt, bewusste Entscheidungen überschätzt. Gerade die vielbeschworene Bereitschaft, ständig auf hohem kognitiven Niveau Entscheidungen über ein Programm zu treffen, mag für TV-Großereignisse und gezielt aufgesuchte Spielfilme zutreffen, den Mehrstundenalltag des Normalfernsehers charakterisiert sie nicht zwangsläufig.

Die Motivstrukturen der Zuschauer lassen sich nach mehreren psychologischen und sozialen Dimensionen zwischen körperlichen und gesellschaftlichen Faktoren beschreiben (Groebel, 2012):

Am Anfang und am Ende jedweden Medienkonsums stehen körperlich-physiologische Prozesse. Fernsehen dürfte trotz aller wichtigen informativen und aufklärerischen Funktionen vor allem ein Medium der Anregung und der Unterhaltung sein. Neuere Forschungen haben gezeigt, wie sehr Menschen nur glauben, ständig vernünftige Entscheidungen zu treffen und in ihrem Handeln rationalem Kalkül zu folgen (Kahnemann, 2012). Man geht davon aus, dass wir umgekehrt überhaupt nur deshalb funktionieren können, weil wir nicht ständig zeitaufwändig und bewusst jedes Alltagshandeln planen und einordnen. Der Fernsehzuschauer mag sicher hin und wieder für die langfristige Entscheidung zur Programmzeitschrift greifen oder den elektronischen Programmführer (Electronic Program Guide, EPG) nutzen. Meist geschieht dies jedoch eher aus der Situation heraus. Der Großteil des TV-Konsums wird von Intuition und Stimmungen geprägt.

Der Fernsehzuschauer reagiert auf Bild- und Tonreize, er erhofft sich von den meisten Inhalten irgendeine Art von Entspannung. Dabei ist seine Geduld in der Regel sehr kurz: Was ihm beim Zappen oder Surfen nicht sofort ins Auge fällt, wird ignoriert. Beim traditionellen TV geht der Zuschauer noch mit einem positiven Erfahrungsschatz an ihm gefallende Sender heran, er vertraut auf die angemessene Bedienung seiner Bedürfnisse durch bestimmte Programmfarben, Profile und Images. Von dieser Bindung profitieren die Sender auch im Internet, sie gehören dort zu den erfolgreichsten Medienmarken. Sehr viel schwerer haben es die Millionen Clipangebote ohne einen näheren Profilnamen: Was nicht innerhalb kürzester Zeit auffällt, hat keine Chance auf Aufmerksamkeit. So soll ein zu lange anlaufender Werbeclip für eine Biermarke im Netz keine Chance gehabt haben; laut unveröffentlichter interner Analysen zeigte sich, dass innerhalb von weniger als zwei Sekunden ein Story-Interesse geweckt sein muss, sonst geht der Nutzer zum nächsten Clip. Unabhängig von der wissenschaftlichen Basis: Jedem YouTube-Nutzer wird der Befund sofort einleuchten: Man hat Millionen von Alternativen, warum ohne weitere Motivation auch nur etliche Sekunden warten? Ein gewisses Gegengewicht stellt immerhin die „soziale Ansteckung" dar, bei der die Anzahl der Klicks zum wichtigen Beachtungskriterium wird: Je häufiger ein Video von anderen gewählt wurde, desto höher wird seine Beachtungswahrscheinlichkeit durch weitere Nutzer. Kurzfilme wie die des verneinenden Babys „Charlotte" oder Musikvideos wie die der belgischen Band „Triggerfinger" oder die von „Psy" bringen es auf Millionen von „Zuschauern" und führen häufig zu kommerziellem Erfolg, wenn die Inhalte marktfähig verwertet werden; im Beispiel der belgischen Musiker waren das Massenabrufe des spontan eingespielten Live-Lieds „I'll Follow Rivers" über den dazugehörigen Clip, dann das Aufgreifen in weiteren Radiostationen und Fernsehsendern, schließlich Topverkäufe über CD und Downloads. Noch größeren entsprechenden Erfolg hatten „Gangnam Style" oder „Harlem Shake".

Selbst Nachrichten und Dokumentationen bergen neben dem Wissensaspekt motivierende Elemente. Die Aufregung über politische Ärgernisse wirkt sich ebenso körperlich aus wie das Auftreten gerade weniger geschätzter Personen, der „Lieblingsfeinde". Bei diesem inneren Erregungsniveau, das einen wesentlichen Teil des Motivrasters des Zuschauers bildet, setzt bereits die Daseinsberechtigung für professionell gemachtes traditionelles Fernsehen an. Erst durch eine fundierte Ausbildung und lange Erfahrung wissen Redakteure, Produzenten und Regisseure und nicht zuletzt die Schauspieler, wie sie den Zuschauer an den fundamentalen Reflexen anzusprechen haben. Zwar sind mittlerweile auch die mit dem Fernsehen aufgewachsenen Normalbürger schon recht gut in der Lage, spannende kurze Videos herzustellen, doch bei den großen Formaten wie etwa Spielfilmen sind professionelle Kenntnisse Voraussetzung, z. B. der richtige Umgang mit Spannungsbögen, Filmrhythmen, Bild-Ton-Kompositionen und Besetzungen. Ebenso nutzen die professionellen Fernsehmacher mit den sogenannten Special Effects gezielt das bekannte Prinzip, dass die Zuschauer auf schnelle Veränderungen von visuellen oder auditiven Signalen mit sofortiger Aufmerksamkeit reagieren. Dieses Verhalten entstammt unserem archaischen Erbe, das auf Gefahrenreize mit sofortiger Fluchtbereitschaft reagiert. In der Fernsehsituation ist von der früheren Gefahr lediglich der angenehme Nervenkitzel geblieben, er ist eines der Hauptmotive dafür, dass die Großform der Sendungen auch in Zukunft interessant sein wird. Anders gesprochen: Sich passiv unterhalten zu lassen und etwas erzählt zu bekommen, macht das Fernsehen immer noch aus und sichert seine Bedeutung, ungeachtet der Möglichkeiten des Zuschauers in der interaktiven Welt.

Neben die physiologischen Prozesse treten die emotionalen. So baut der Zuschauer, ähnlich wie bei den Gesprächspartnern in den sozialen Netzwerken, Bindungen zu Moderatoren und Darstellern auf. Auch hier gilt wieder das Professionalitätsprinzip. Der Grad der Identifikation beispielsweise in einem Film hängt, hier mit dem klassischen Theater vergleichbar, nicht zuletzt von der Fähigkeit zum guten Schauspiel ab. Auch wenn derartige Bindungen ebenfalls in nicht-TV-bezogenen Digitalangeboten entstehen, sind doch längere Geschichten das Metier des Fernsehens. Das Fernsehen bleibt der die Gefühle des Zuschauers ansprechende Geschichtenerzähler für den Hausgebrauch.

Eine eigene Forschungstradition befasst sich seit längerem mit dem sogenannten „Mood Management", dem nahezu intuitiven Stimmungsmanagement (Zillmann & Bryant, 1985). Der Zuschauer nutzt Medien und speziell das TV nachvollziehbar „richtig", um vorhandene Stimmungen zu verstärken, auszugleichen oder zu ändern. Die Lust auf den traurigen Liebesfilm, die Komödie, den Krimi führt zu einer emotionalen Balance, die nicht Resultat langwieriger bewusster Entscheidungen ist, sondern spontan erfolgt. Gerade dieser Punkt spricht dafür, sich beim Entwerfen sogenannter „TV-Typologien" sehr viel stärker an situationalen und stimmungsbezogenen Faktoren zu orientieren als an rein demographischen Werten; bei der Programmwahl dürften Emotionen und Momentimpulse eine viel größere Rolle spielen, als dies meist ins Kalkül der Messungen einbezogen wird. In einem Fernsehen der Zukunft mit einer Vielzahl von Optionen gehen die so situational und stimmungsmäßig getroffenen Programmentscheidungen Smart-TV-basiert über in ein immer perfekteres automatisiertes Vorschlagssystem, wie man es jetzt schon aus den Web-Angeboten von Buch-, Film- und Musikunternehmen – und inzwischen auch den ersten Fernsehanbietern wie Sky – als stimmungsbasierte Suche (Mood Based Search) kennt: „Wenn Du am Herbstsonntag um 15:00 Uhr gerne X gesehen hast, magst Du vielleicht heute auch Y schauen …".

In Kombination mit Social TV kann man dann auch seine Stimmungen mit anderen teilen, verstärken oder verändern. Mimik-lesefähige Displays mögen dann bei der Stimmungssteuerung helfen. Ob sich derartige Visionen des Fernsehens der Zukunft durchsetzen werden, muss dahingestellt bleiben.

Fernsehen ist schließlich auch ein, vielleicht das Medium schlechthin für aktuelle Information. Das Ende der herkömmlichen Nachrichtenmedien, wie TV oder Zeitungen, wurde immer wieder vorhergesagt – sie würden zunehmend ersetzt durch die sozialen Netzwerke wie Facebook oder Twitter. Zwar ist in der Tat mit diesen Plattformen zusammen mit mobilen Geräten eine flächendeckende Infrastruktur der Berichterstattung von jedem und für jeden entstanden, doch wird die größere Authentizität mit einer potenziell geringeren Verantwortbarkeit erkauft. Bei den ganz großen Themen von Politik und Gesellschaft fokussieren und definieren die Massenmedien und eben besonders das Fernsehen nach wie vor den öffentlichen Diskurs. Das Vertrauen in professionelle Information ist dabei ein Leitmotiv, machen doch insbesondere die Web-Bilder aus Kriegsgebieten immer wieder das Dilemma deutlich: Was ist echt, was ist manipuliert? Hier spielt für den Nutzer der Fernsehjournalist alter Schule die Rolle des glaubwürdigen „Gatekeepers". Mit seiner professionellen Ausbildung, seinem Berufsethos und seiner Identifizierbarkeit gewährleistet er (oder sie) im Idealfall verlässliche Information. Allerdings verrauschen viele TV-vermittelte Fakten wieder oder werden eher informell gelernt; so mag der manchmal vorgebrachte Einwand entstanden sein, das Fernsehen hinterlasse oft das Gefühl des Unfertigen, Unvollendeten. Hier schafft die Verbindung mit dem Internet die Möglichkeit, gesuchtes Wissen gezielt zu vertiefen. Das Fernsehen kann so zunächst die Informationsaufnahme stimulieren, das Internet ihr dann eine weitere Richtung geben.

Das Fernsehen bleibt trotz teilweise vereinzelt sinkender Quoten und der immer höheren Anzahl konkurrierender Angebote anders als die meisten anderen Digitalformen ein echtes Massenmedium und erfüllt damit eine zentrale soziale Funktion. Es trifft auf das Bedürfnis des Menschen nach Orientierung in der Gruppe, in der Gemeinschaft und Gesellschaft. Zwar greift es Themen und Trends aus dem Internet auf, die Wirkung aber entfaltet sich flächendeckend, zusammen mit anderen Massenmedien wie Presse und Radio, erst durch die synchrone Ausstrahlung für ein Millionenpublikum. Große Sportereignisse, Tagesaktuelles, Stars definieren vermittelt durch das Fernsehen, was Menschen interessiert und womit sie sich beschäftigen: Diese sogenannte Thematisierungsfunktion des Fernsehens ist dabei noch entscheidender als eine Veränderung vorhandener Einstellungen. Die Skandale wie die Diskussionen rund um zu Guttenberg oder Wulff mögen einen hohen Anteil an Web-Diskussion gehabt haben, oftmals differenzieren die sozialen Netzwerke die durch das Fernsehen geschaffenen Gemeinschaftsthemen im Diskurs weiter aus, doch Zeitungen und besonders das Fernsehen haben schließlich das große Publikumsinteresse bis hin zum jeweiligen Rücktritt geprägt.

Neben Gemeinschaftsbildung und Diskurs besteht ein wesentliches soziales Motiv darin, sich Vorbilder und virtuelle Beziehungspersonen im Fernsehen zu suchen. Die Stars und Identifikationsfiguren des Bildschirms sind auch 60 Jahre nach Beginn des breiten TV-Zeitalters immer noch Personen, die Schlagzeilen schaffen, Bestsellerlisten beherrschen, Bewunderung oder Neid der Bürger hervorrufen. Und die Talkshows des Fernsehens dienen nicht zuletzt dazu, Politiker bekannt und greifbar zu machen, unabhängig davon, wie echt ihre Auftritte sind. Derartige parasoziale Interaktionen, der Aufbau sozialer Beziehungen zu Personen, die die Zuschauer weder persönlich kennen noch mit denen sie sich wirklich austauschen, sind intensiv untersucht worden (Rubin & McHugh, 1987; u. v. a.): Sie fungieren, so ein Ergebnis, als Freunde, Erotikobjekte und Vertrauensgaranten. Sobald sie sich wiederum in Blogs oder in digitalen sozialen Netzwerken persönlich positionieren, stärken sie potenziell ihren Status und kommen ihren Bewunderern emotional näher. Nicht zuletzt wird durch die Veränderungen der Fernsehinhalte widergespiegelt, welche Normen und Werte die Gesellschaft zusammenhalten. Es waren und sind Filme, Shows und Serien, die mitreflektierend aufgreifen, welchen Orientierungen die Menschen folgen. Auch hier kann man zwar keine Trennung zwischen den informellen Abläufen im Internet und den redaktionell bearbeiteten Angeboten vornehmen, doch greifen die von vielen, ja nahezu allen diskutierten Inhalte und Lebensformen, die im Fernsehen präsentiert werden, zunehmend, wie beim genannten Beispiel „What's Trending" von CBS und zahlreichen deutschen Talks und Magazinen, Internetdiskussionen auf, verstärken sie und schaffen auch so die Verbindung zwischen partizipativem und passivem TV-Konsum. Zugleich verschwindet die Trennung zwischen dem „Lean back"-Medium und der „Lean forward"-Nutzung. In den Worten des Münchner Kreises (2011): Die „Killer-App" des Fernsehens ist immer noch das Fernsehen selbst, also das Genießen von Geschichten und Attraktionen. Mit Second Screen und Social TV wird aber zugleich eine neue Ära des gemeinschaftsbildenden Fernsehens eingeläutet.

Mitmach-Fernsehen gibt es ungefähr so lange, wie das Medium existiert, in der Frühzeit über Zuschriften oder zum Beispiel beim Quiz, später durch Telefonabstimmungen und -beteiligungen, sogenannten „Call-ins". Das TV regt in vieler Hinsicht zum Handeln an, ja, ein Großteil der Logik von Programmanbietern dürfte darauf abzielen: am offensichtlichsten bei der Hoffnung, Werbeplatzierung würde letztlich zum Kauf führen, aber auch im klassischen Programmauftrag des öffentlich-rechtlichen Fernsehens, wenn es um Lernen und politische Partizipation geht. Heute ist das Beteiligungsfernsehen ein wichtiges Mittel der Zuschauerbindung. Die Casting-Shows sprechen potenzielle Kandidaten an, ebenso aber auch das Publikum, das sich mit diesen Kandidaten wieder befasst und für oder gegen sie abstimmt. Auch hier bietet die Vernetzung ganz neue Möglichkeiten noch effektiverer und direkterer Teilnahme und weiteren Handelns. Selbst die Hoffnung, eines Tages aus einem Film oder einem Sportereignis heraus direkte Kaufimpulse und Bestellungen zu schaffen, rückt in realisierbare Nähe. In Reinform ist dies schon längst verwirklicht in den Shopping-Kanälen, Sendern mit Milliardenumsätzen, in anderer Form aber auch, wenn die Nachrichten über Facebook-Partys oder Flashmobs berichten und deren Zulauf vervielfachen. Schließlich sind die Übergänge zwischen professionellem und „Do it yourself"-TV fließender geworden. Waren die schon in den 1990er Jahren eingeführten Bürgerkanäle häufig noch eher amateurhaft-bieder gemacht, eröffnen Preisverfall, Qualität und Handhabbarkeit digitaler Aufnahmetechnik und der Wegfall des Distributionszugangs jedem mit und ohne Kreativpotenzial, wenngleich vorrangig mit kurzen Formaten, Sendemöglichkeiten, die auch zum Beispiel auf YouTube genutzt werden und schon etliche Medienkarrieren begründeten, nicht zuletzt, wie etwa im Fall der „Arctic Monkeys", durch Musikvideos. Aus dem klassischen, vermutlich schon immer zu einfachen Wirkungsmodell der Massenkommunikation von wenigen Sendern an viele Empfänger ist ein Wechselsystem geworden, bei dem zwar immer noch, wie erwähnt, die Profis zum großen Teil ein attraktives Programm definieren, aber bei dem ebenso die durch die Digitaltechnik durchlässig gewordenen Grenzen jeden Einzelnen zum Sender an viele werden lassen können, in den Netzwerken mitunter durch rasend schnelle Multiplikation. Die TV-Profis stellen meist immer noch die „Gatekeeper" dar, müssen sich allerdings verstärkt auf direkte Formen des Feedbacks über soziale Netzwerke, Blogs etc. einstellen. Zudem haben sich die früheren „Rezipienten" in ihrer Medienbiographie nicht nur einiges von der audiovisuellen „Sprache" professioneller Produktionen abgeschaut, sie wissen auch um die (vermeintlich?) mehrheitsfähigen Formate und Stile. Umgekehrt übernehmen die Profis von den Amateuren die (ebenfalls vermeintlich?) höhere Authentizität bei „unvollkommener" Form. Wackelnde Kameras und ein undeutlicher Ton sind so Merkmale echt wirkender Fiktion geworden, wie Laien die Tricks der Profis einsetzen.

Die unterschiedlichen Motivdimensionen der früheren „Rezipienten", jetzt aktiven TV-Teilnehmer und sogenannten Prosumenten, lassen sich im Vergleich von traditionellem und Smart-TV eingrenzen (Tab. 6.1). Die verschiedenen Modi von der Physiologie bis hin zur Transaktion sind dabei miteinander verwoben. Greifen auch außerhalb des Medienverhaltens ständig körperliche, emotionale, kognitive, soziale und Handlungsprozesse ineinander über, so geschieht dies erst recht bei den verdichteten Stimmungen und Erlebnissen, die das Fernsehen bietet. Selbst der vermeintliche Passivkonsum war schon immer von innerer Aktivität begleitet, das belegt seit langem die Medienpsychologie.

Tabelle 6.1 Psychologische und soziale Motive bei traditionellem und intelligentem Fernsehen

	Traditionelles TV	Smart-TV
Physiologie	One-Spot-Anregung	Rundumanregung
Emotion	Zufallsangebot	Stimmungsmanagement durch gezielte Wahl
Kognition	zentrale Vermittlung der Information	zentrale & wechselseitige Infovermittlung
Soziales	vor allem Einweg-Orientierung; altes Gemeinschaftserlebnis	Verbindung mit Social Media; neues Gemeinschaftserlebnis
Gesellschaft	echte Massenkommunikation	zunehmende Teil-Gemeinschaften
Transaktion	begrenzt durch herkömmliche Kommunikationswege	Einbettung in Transaktionsnetze

© Groebel 2013

Eine Bewertung im Sinne eines pauschalen „besser“ oder „schlechter“ des traditionellen und des neuen Fernsehens ist nicht möglich. Bei Ersterem bemängeln Fortschrittsinteressierte die mangelnden Wahlmöglichkeiten, beim Smart-TV Traditionalisten Überforderung und Reizüberflutung; allerdings vergessen diese dabei, dass auch das neue Fernsehen noch immer alle Optionen des alten miteinschließt und damit der Entscheidung des Nutzers überlässt. Im Gegenteil zeigt die Vervielfachung der Programme in der Vergangenheit, dass sich allemal auf spezialisierten Sendern auch die Anzahl qualitätsvoller und etwa auch „ruhiger“ Angebote vervielfacht.

Das neue Fernsehen entsteht im Dreiklang aus grundlegenden Motivmustern der Nutzer, persönlichem Programmzuschnitt und den neuen sozialen Gemeinschaften. Im Mittelpunkt steht immer noch das Verhalten der Zuschauer. Wurden früher ihre demographischen Merkmale in den Vordergrund der Analyse gestellt, so wird es in Zukunft vor allem um Situationen und Stimmungen gehen. Das TV brachte gerade Menschen ganz unterschiedlicher Herkunft in und zu bestimmten Stimmungen zusammen: Freude, Spannung, Romantik, Aufregung. Gerade das machte das Gemeinschaftserlebnis der meisten Zuschauer vor dem Bildschirm aus. Mit den digitalen Optionen und der Möglichkeit, den TV-Eindruck und die Gemütslage sofort mit anderen zu teilen, hat das Fernsehen eine neue Ära eingeläutet. Es wird zum Katalysator, gar Kern der „Mood Communities", der Stimmungsgemeinschaften. Fangruppen gab es schon immer, der Austausch zwischen ihnen fand aber *nach* dem Erlebnis statt. Jetzt kommt die Kommunikation zwischen den Beteiligten *im* Erlebnis selbst zustande. Der relativ inaktive Rezipient wird mit anderen zusammen zum Partizipienten.

Einfacher ausgedrückt: Der Zuschauer ist in Zukunft ein stetig zwischen passivem Konsum und aktiver Teilnahme, zwischen Konzentration auf die eigene Stimmung und sie anderen vermittelndem Verhalten, zwischen dem statischen Heimgerät und den mobilen Möglichkeiten wechselnder Nutzer des Fernsehens – in Anlehnung an das Hin-und-her-Wippen vor dem Bildschirm zwischen „Lean back" und „Lean forward" entsteht eine neue Art von TV-Konsum: Der Zuschauer wird ein „Rocking Recipient". Im Wechselspiel zwischen dem traditionellen TV und der Online-Welt nutzt der Rocking Recipient die Angebote des neuen Fernsehens und bewegt sich ständig zwischen diesen zwei Welten. Der Begriff Rocking Recipient definiert und charakterisiert den Zuschauer des neuen Fernsehens.

Die empirische Studie: Methode 7

Zur Erfassung von Verhaltens- und Einstellungsindikatoren rund um das neue Fernsehen führte TNS Infratest im Auftrag von Sky Deutschland im Herbst 2011 mit einer repräsentativen Stichprobe 1000 Deutscher im Alter ab 14 Jahren computerunterstützte Telefoninterviews (Computer Assisted Telephone Interviewing, CATI) zu zentralen Bereichen des Themas durch. Die Fragen waren zuvor auf Basis früherer Studien zum Fernsehen sowie vor allem nach zahlreichen Expertenrunden mit den Vertretern der Marktforschung von Sky, von TNS Infratest und dem Autor der Studie formuliert worden. Unter Berücksichtigung der demographischen Verteilung von Geschlecht, Alter, Bildung, Haushaltseinkommen sowie regionaler Kriterien bei einer Population von 68,299 Millionen deutschsprachigen Bürgern über 14 Jahren mit Fernsehbesitz bestand die Stichprobe aus 850 innerhalb dieser Dimensionen zufallsausgewählter Teilnehmer. Zudem wurde eine „Spezialstichprobe" von 150 Haushaltsmitgliedern mit Sky-Abonnement befragt, um die besondere Pay-TV-Nutzung statistisch verwertbar erfassen zu können. Da die letztgenannte Gruppe in der Gesamtstichprobe überproportional vertreten war, wurde sie entsprechend der Normalverteilung wieder demographisch gewichtet und ging damit ohne Verzerrung der Auswertungen in die Ergebnisberechnungen ein.

Um 2013 die Ergebnisse auf ihre Aktualität hin zu überprüfen, wurden die 2011 in dieser Studie festgestellten Ausstattungsmerkmale der Fernsehhaushalte mit jüngsten Umfrageergebnissen aus den verschiedenen Quellen, die im ersten Teil dieser Studie erläutert wurden, unter anderem bezüglich des Erwerbs von Flachbildschirmen oder bei den Präferenzen der jüngeren Generation (siehe zum Beispiel JIM, 2012) verglichen. Es gab keine wesentlichen Unterschiede, die über die normalen Schwankungen zwischen der horizontalen Erfassung in verschiedenen Analysen hinausgegangen wären. Zudem war es ein zentrales Ziel der Studie, eine neue, längerfristig gültige Zuschauertypologie zu erstellen. Auch hier belegen die Ergebnisse die relative Zeitunabhängigkeit der Befunde auf Basis der Verhaltens- und Einstellungsmerkmale, wie in den folgenden Kapiteln dargestellt.

Um die verschiedenen Typen von Fernsehnutzern auch im Detail außerhalb des rein quantitativen Ansatzes erfassen zu können, wurden unter Anleitung des Autors zahlreiche offene Einzelinterviews jeweils mit Vertretern der gefundenen Typen durchgeführt, die ebenfalls im Ergebnisteil abgedruckt sind; als Vorgaben der Auswahl der Befragten galten die signifikanten Merkmalskombinationen, die sich bei der quantitativen Analyse herausgestellt hatten. Die Interviews wurden im Jahr 2012 durchgeführt und bestätigten ebenfalls die Ergebnisse der Befragung von 2011.

Ein zentrales Instrument zur Bestimmung sogenannter überzufälliger Merkmalskombinationen ist die Faktorenanalyse. Sie stellt statistisch Häufungen einzelner Antwortverbindungen mit jeweils signifikanten Korrelationen fest, zum Beispiel die Kombination aus Geschlecht, Programmpräferenz, Fernsehmenge etc. Auf dieser Basis können dann quantitativ relevante Gruppierungen bzw. Nutzungstypen bestimmt werden, die ein untereinander vergleichsweise homogenes Verhalten aufweisen. Im vorliegenden Fall wurde aus der großen Menge von Einzelvariablen (Fragen) über eine explorative Faktorenanalyse eine nach inhaltlichen und statistischen Kriterien relevante Vorauswahl getroffen, die dann in die endgültige Analyse einging.

Eine auf dieser Basis erstellte Typologie bringt demographische und nutzungsbezogene Faktoren zusammen und ermöglicht so eine genauere Beschreibung aktuellen Fernsehverhaltens. Besonderes Interesse galt dabei der Konstellation zwischen traditionellem Fernsehkonsum, neuen TV-Technologien und dem Internet sowie mobilen Geräten für den Alltag. Nicht zuletzt wurde erfasst, inwieweit sich lineares und nicht-lineares Fernsehen, zum Beispiel zeitlich versetztes TV, ergänzen oder in Konkurrenz zueinander stehen.

Die Ergebnisse mit fünf inhaltlich und statistisch relevanten, sprich trennscharfen Gruppen werden in Kapitel 8 vorgestellt und erläutert.

Die folgenden Tabellen 7.1 bis 7.4 und die Abbildung 7.1 zeigen zusammenfassend zunächst die demographische Verteilung der Stichprobe sowie anschließend die im Ergebnisteil nur noch im Zusammenhang mit dem Medienkonsum besprochenen Freizeitpräferenzen der Befragten.

Tabelle 7.1 Verteilung Männer und Frauen, Gesamtstichprobe. n = 1000; Deutschland; 2011

Geschlecht	ungewichtet	gewichtet	Gesamtbevölkerung 68,299 Mio.
Männer	493	476	32,532 Mio.
Frauen	507	524	35,767 Mio.

© Groebel 2013

Geschlecht und Alter gehören zu den wichtigsten die Medienvorlieben bestimmenden Variablen. Während Bildungsunterschiede durch einen veränderten Umgang mit der Populärkultur in den letzten Jahren nicht mehr zwingend als zentral für den TV-Geschmack angesehen werden können, haben offenbar Männer meist immer noch andere TV-Interessen als Frauen, und auch das Fernsehverhalten Jüngerer sieht, nicht zuletzt in Verbindung mit neuen Technologien, anders aus als das der älteren Generation. Zugleich zeigt die Verteilung in der Gesamtbevölkerung, dass diese letzte Gruppe, hier unter Vernachlässigung des umstrittenen Kriteriums der Werberelevanz, den Großteil der erwachsenen TV-Nutzer ausmacht. Die Diskussion, inwieweit die Generation, zum Beispiel die der „Babyboomers", entscheidender für den Konsum ist als das reine Alter, soll hier nicht geführt werden. Immerhin ist für die Ergebnisse wichtig, inwieweit Alter und Kaufkraft in Wechselbeziehung oder getrennt voneinander Offenheit und Interesse gegenüber dem neuen Fernsehen mitbestimmen.

Tabelle 7.2 Altersverteilung, Gesamtstichprobe. n = 1000; Deutschland; 2011

Altersgruppe	ungewichtet	gewichtet	Gesamtbevölkerung
14–29	113	194	13,224 Mio.
30–49	326	345	23,536 Mio.
50plus	556	456	31,125 Mio.

© Groebel 2013

Beim Haushaltseinkommen sind die Hürden für die Bezahlbarkeit neuer Technologie jedenfalls gesunken. Es wurde bereits gezeigt (vgl. Abb. 3.9), dass die Preise etwa für Flachbildschirme rapide fallen, jedenfalls schneller, als sich ein möglicher Kaufkraftverlust ergibt. Der Markterfolg hängt gerade im Bereich Elektronik von der Erschwinglichkeit für viele ab.

Tabelle 7.3 Verteilung nach Bildungsabschluss, Gesamtstichprobe. n = 1000; Deutschland; 2011

Bildung	ungewichtet	gewichtet	Gesamtbevölkerung
Maximal Hauptschule	239	419	28,593 Mio.
Mittlerer Abschluss	371	317	21,645 Mio.
(Fach-)Abitur	383	255	17,419 Mio.

© Groebel 2013

Tabelle 7.4 Verteilung nach monatlichem Haushaltsnettoeinkommen, Gesamtstichprobe n = 1000; Deutschland; 2011

Haushaltseinkommen netto/ Monat in Euro, Durchschnitt	ungewichtet	gewichtet	Gesamtbevölkerung
bis 1500	207	251	17,111 Mio.
1500–3000	366	371	25,328 Mio.
3000–4000	109	96	6,582 Mio.
4000 und mehr	134	84	5,745 Mio.

© Groebel 2013

Einen ersten Hinweis auf die relative Bedeutung von Fernsehen allgemein gibt der Vergleich verschiedener Freizeitaktivitäten untereinander; gefragt wurde nach der Häufigkeit vorgegebener Tätigkeiten. In der Stichprobe wurden nur Personen in Fernsehhaushalten erfasst. Auch in dieser weit über 90 Prozent der deutschen Bürger bzw. Familien ausmachenden Bevölkerungsgruppe spielt das TV eine selbstverständliche, aber bei weitem nicht die wichtigste Rolle. In Bezug auf andere Freizeitbeschäftigungen rangiert es an siebter (Durchschnitt aller und Frauen) bzw. sechster Stelle (Männer). Eher kümmert man sich um das eigene Heim, pflegt soziale Kontakte, hört Musik und liest Zeitungen sowie Zeitschriften. Frauen gehen auch noch etwas lieber spazieren als fernzusehen, das schätzen wiederum Männer etwas mehr. Traditionelles Fernsehen, das bleibt festzuhalten, ist im Alltag Normalität.

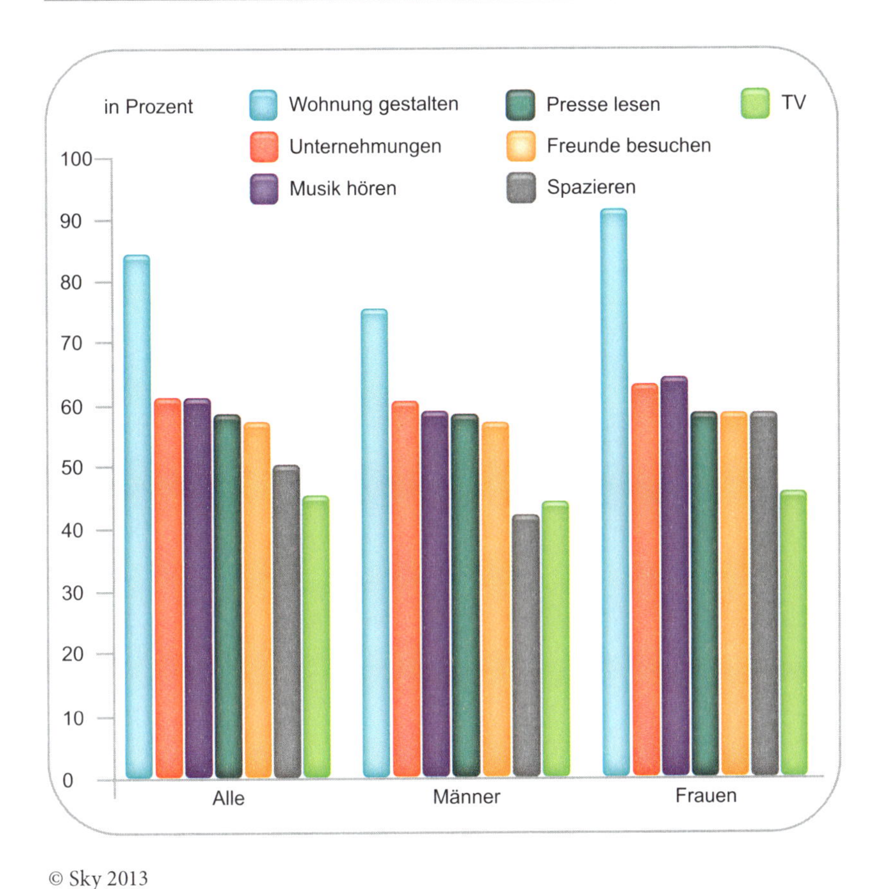

Abbildung 7.1 Freizeitaktivitäten in Deutschland. Insgesamt (n = 1000), Männer (n = 493), Frauen (n = 507); 2011

Die empirische Studie: Ergebnisse 8

8.1 Nutzungs- und Motivmuster

Der Fernseher ist auch unter Berücksichtigung der wenigen Haushalte, die kein Gerät besitzen, immer noch das am meisten genutzte audiovisuelle Medium. Daran hat auch die Digitalisierung der Familien mit PC, Laptop, Smartphone, Tablets etc. nichts geändert. Die vorliegende Studie bezieht daher mit der Zielrichtung der Konstellation zwischen traditionellem und neuem TV sowie der Web-Welt nur Fernsehhaushalte ein; auf dieser Basis entsprechen die folgenden Ergebnisse nicht allen Deutschen, sondern nur denen mit TV-Anschluss. Noch ist die Ausstattung von Haushalten mit fernsehfähigem Computer(-Empfang), aber ohne Fernsehgerät statistisch zu vernachlässigen. Doch die Ergebnisse verweisen darauf, dass sich hier, wenn auch nur allmählich, eine Loslösung des TV-Empfangs von einem entsprechenden Fernsehapparat herkömmlicher Bauart vollziehen könnte.

Setzt man die Fernsehhaushalte also gleich hundert, zeigt sich immer noch die Dominanz des herkömmlichen Heimgeräts – wenn auch neuer Intelligenz, zum Beispiel als Smart-TV – gegenüber jeder anderen audiovisuellen Möglichkeit (Abb. 8.1). Der Computer in all seinen Varianten, ob stationärer PC oder mobiles Netbook, sowie der Internetanschluss sind zwar inzwischen in den meisten deutschen Haushalten verfügbar, doch mit rund einem Dreiviertel Verbreitung 2012/2013 ist das im Vergleich zu anderen Ländern wie Skandinavien, Großbritannien oder den USA noch weit von einer Flächendeckung entfernt – und das, obwohl diese Ausstattung seit mehr als zwanzig Jahren für das private Leben nutzbar und bezahlbar geworden ist.

Immerhin ist inzwischen fast jeder Deutsche mit den digitalen Möglichkeiten vertraut. Zum einen besitzt die Mehrzahl in irgendeiner Form intelligente Technik, zum anderen sind bei mehr als der Hälfte der Haushalte aber auch periphere Geräte rund um das traditionelle Fernsehgerät vertreten. Beides verweist darauf, dass man sowohl die zeitliche Verfügbarkeit von Sendungen zum Beispiel über Festplattenrecorder schätzt und zugleich durchaus Wert legt auf eine möglichst hohe Wiedergabequalität bis hin zum Rundum-Klang. Nicht mehr nur Trend, sondern Realität für sehr viele, nämlich inzwischen Millionen von Haushalten, ist die Nutzung von mobilen intelligenten Geräten. Dabei weisen für die gesamte Bevölkerung Tablets wie das iPad oder Galaxy gut zweistellige Werte auf; waren sie in der Studie 2011 noch mit sieben Prozent beziffert, verzeichneten sie 2013 einen riesigen Zuwachs. Inwieweit sich bei der Wiedergabe auch der Beamer langfristig gegenüber herkömmlichen Bildschirmen behaupten kann, sei dahingestellt, hier sind drei Prozent Nutzung zu vermelden. Die Abspielmöglichkeit dreidimensionaler Software zum Beispiel über Blu-ray ist mit zwei Prozent bislang als eher noch marginal zu bezeichnen.

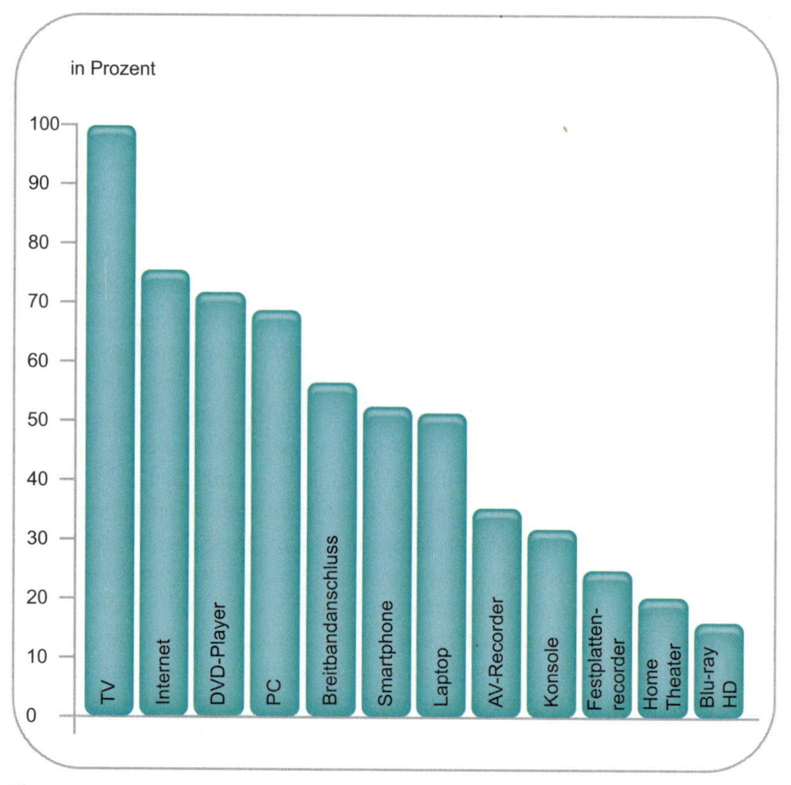

© Sky 2013

Abbildung 8.1 AV-Medien in deutschen Haushalten Mehrfachauswahl, hier Werte über 10 Prozent; n = 1000; 2011

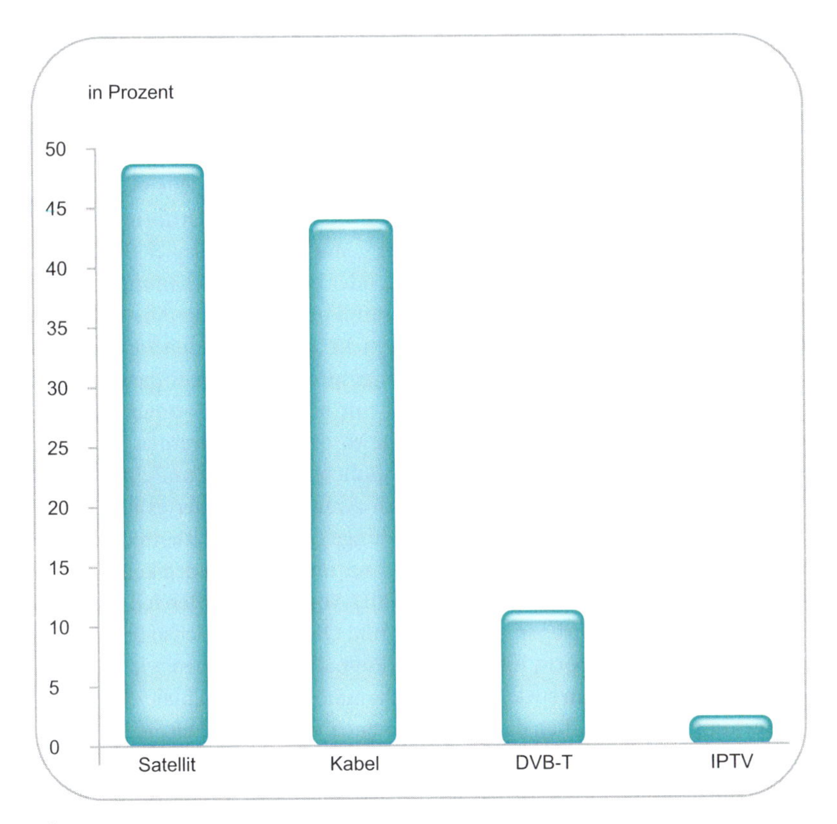

© Sky 2013

Abbildung 8.2 Art des TV-Empfangs in deutschen Haushalten. n = 1000; 2011

Bei den Empfangsmöglichkeiten teilen sich die Klassiker Kabel und Satellit den weitaus größten Teil des Kuchens (Abb. 8.2). Terrestrischer digitaler Empfang liegt bei rund zehn Prozent, das Internet als Hauptkanal für TV-Programme liegt unter drei Prozent der Nutzung allerdings mit steigender Tendenz. Mit der Abschaltung des analogen Satelliten-Empfangs und dessen konsequenter Digitalisierung im Frühjahr 2012 bleibt in Deutschland nur noch vereinzelt der analoge Empfang als Quelle, möglich nur noch über Kabel. Aber auch hier hat die digitale Verbreitung inzwischen den größten Teil der Haushalte erreicht.

Bezogen auf die gesamte Bevölkerung wird das Internet als Hauptverbreitungsform für traditionellen Fernsehempfang noch vergleichsweise wenig genutzt. Dies, das werden die Ergebnisse dieser Studie später zeigen, sieht bei der jüngeren Gruppe inzwischen anders aus. Zwar bevorzugt auch sie noch Kabel und Satellit für das TV, doch ist hier eine größere Flexibilität im Sinne der Nutzung beider Quellen, Kabel oder Satellit einerseits und Internet andererseits, zu finden. Die durchschnittliche Sehdauer hat in Deutschland nicht drastisch abgenommen, auch wenn mehr audiovisuelle Möglichkeiten bestehen – im Gegenteil. Insofern wird das Fernsehen nicht durch andere Kommunikationsplattformen ersetzt; vielmehr werden Medien entweder parallel genutzt, zum Beispiel das Internet während des laufenden Fernsehprogramms, oder beide, Fernsehen und Internet, addieren sich zu noch deutlich höherem Gesamtkonsum auf. Die Auswertung ergab, dass die größte Gruppe, fast ein Drittel, mehr als drei Stunden vor dem Gerät sitzt (Abb. 8.3). Es war allerdings bereits angesprochen worden, dass laufendes Fernsehprogramm nicht gleichzusetzen ist mit hoch-aufmerksamem Konsum; Fernsehen ist in Teilen ein Begleitmedium geworden. Gezielt werden Sendungen zumeist nur in ganz bestimmten Konstellationen geschaut. Zum einen bezieht sich dies auf die Hauptsendezeit, meist nach zwanzig Uhr, oder es handelt sich um gezielt aufgesuchte oder abgerufene Sendungen über Festplattenrecorder, Mediatheken oder Abonnenten-TV. Diese Durchschnittsregeln finden keine Anwendung bei Ereignissen, wie sie sich im Jahr 2012 vor allem im Bereich des Sports gehäuft haben, Fußballeuropameisterschaft und Olympiade, ebenso bei den jährlich wiederkehrenden Sport-, insbesondere Fußballwettbewerben wie Pokalspielen oder zum Beispiel dem spektakulären Champions League-Finale 2013.

Insgesamt ist auch zeitlich das Fernsehen nach wie vor das Leitmedium. Nach Arbeiten, Schlafen und etlichen weiteren Freizeitaktivitäten, wie sie bereits beschrieben wurden (vgl. Abb. 7.1), gehört fernzusehen zu den Hauptbeschäftigungen deutscher Bürger. Dabei sind die Sehzeiten am Wochenende naturgemäß noch einmal höher als an Werktagen. Dies zeigen die Ergebnisse der kontinuierlichen Fernsehforschung der AGF, und dies belegen auch die Ergebnisse dieser Analyse.

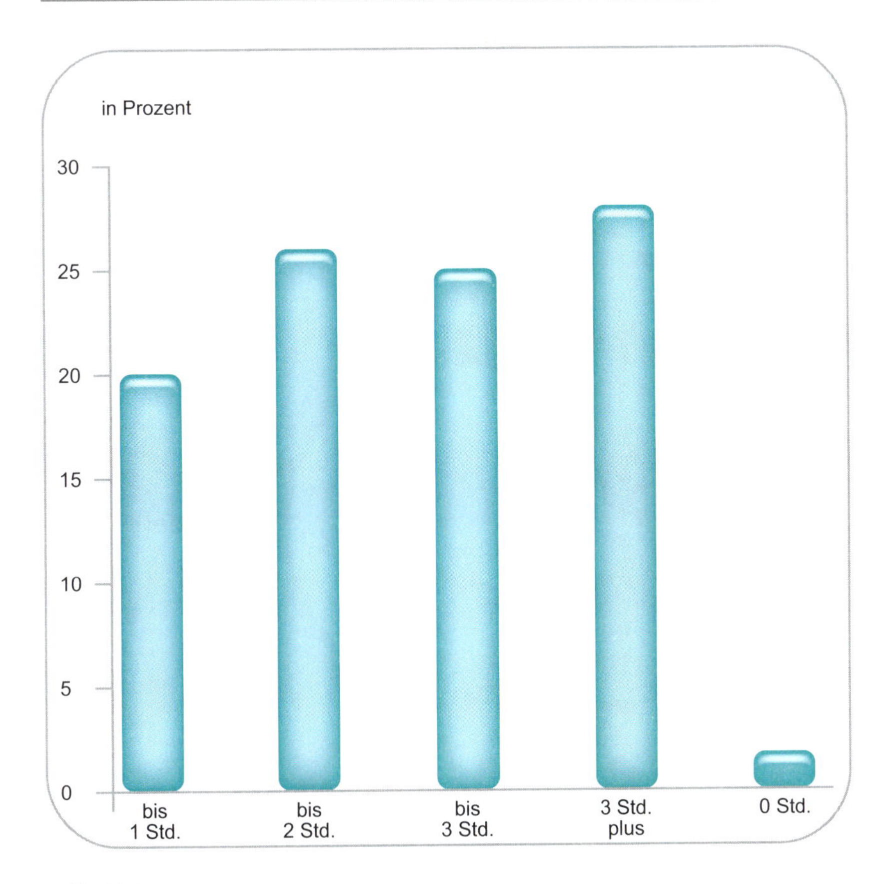

© Sky 2013

Abbildung 8.3 Tägliche TV-Sehdauer an Wochentagen. Deutsche; n = 1000; 2011

Einen regelrechten Boom erlebte die neue TV-Technologie in den Jahren 2011 und 2012. Zum ersten Mal hatte die Verbreitung von Flachbildschirmen die von traditionellen Geräten bei weitem übertroffen (Abb. 8.4). Für das Jahr 2012 näherten sich die Verkaufszahlen der Zehnmillionen-Grenze an.

Privatwirtschaftliches Abonnenten-TV, durch hochkarätige Sportausstrahlungen, Spielfilme und Serien ein Motor für hohe Wiedergabequalität, steht in vielen Ländern außerhalb Deutschlands für einen Großteil der TV-Umsätze. In den USA ist nahezu jeder Haushalt mit entsprechenden Angeboten versehen, bekanntes Beispiel ist HBO. Großbritannien bietet über das dortige Pay-TV-Angebot BSkyB Spielfilme, Sport und Nachrichten. Auch Frankreich und zahlreiche weitere haben einen vergleichsweise hohen Pay-TV-Anteil.

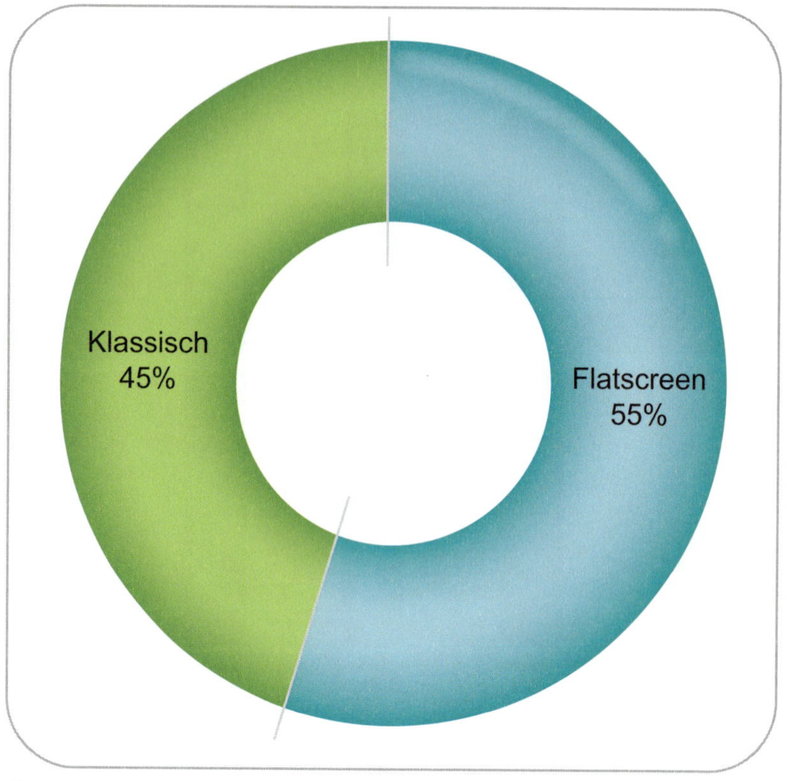

Abbildung 8.4 Verbreitung von Flachbildschirmen in Deutschland. In Prozent; n = 1000; 2011; Gesamtverkauf TV-Geräte 2012: 10 Mio. lt. Schätzung des Einzelhandelsverbands

Der deutsche Markt ist demgegenüber etwas schwieriger für das Abonnementfernsehen. Gründe sind unter anderem eine große Palette gebührenbezahlter öffentlich-rechtlicher Programme, damit verbunden ein großes Angebot „frei" empfangbarer Sender, schließlich eine besonders ausgeprägte Gratissozialisation bei Medieninhalten. Dem gegenüber steht der von Premiumanbietern mit entsprechenden Rechten betonte Mehrwert der vollständigen Live-Berichterstattung großer Sportereignisse entlang der gesamten Palette, wie zum Beispiel der

Bundesliga, der großen Bandbreite von Spartensendern für Dokumentationen, Krimis, Romantik etc. und schließlich der immer schneller nach dem Kino-Start ausgestrahlten Erfolgstitel. Nicht zuletzt sind HD und in der neuesten Generation der Fernsehgeräte und Receiver umfangreiche Möglichkeiten zeitversetzten TVs Argumente der Pay-TV-Unternehmen. Insofern sehen sie sich auch und gerade in Deutschland als Brückenbauer zwischen dem klassischen „Passivfernsehen" und den neuen Varianten von hoher Qualität und nicht-linearem Zugang.

Immerhin lag bereits 2011 der Prozentsatz von Pay-TV-Nutzern bei rund zwölf Prozent aller Zuschauer; davon entfielen im gleichen Jahr auf den Marktführer Sky neun Prozent, die restlichen drei Prozent teilten sich Kabelanbieter und, eher marginal, die Telekom mit T-Home (Abb. 8.5).

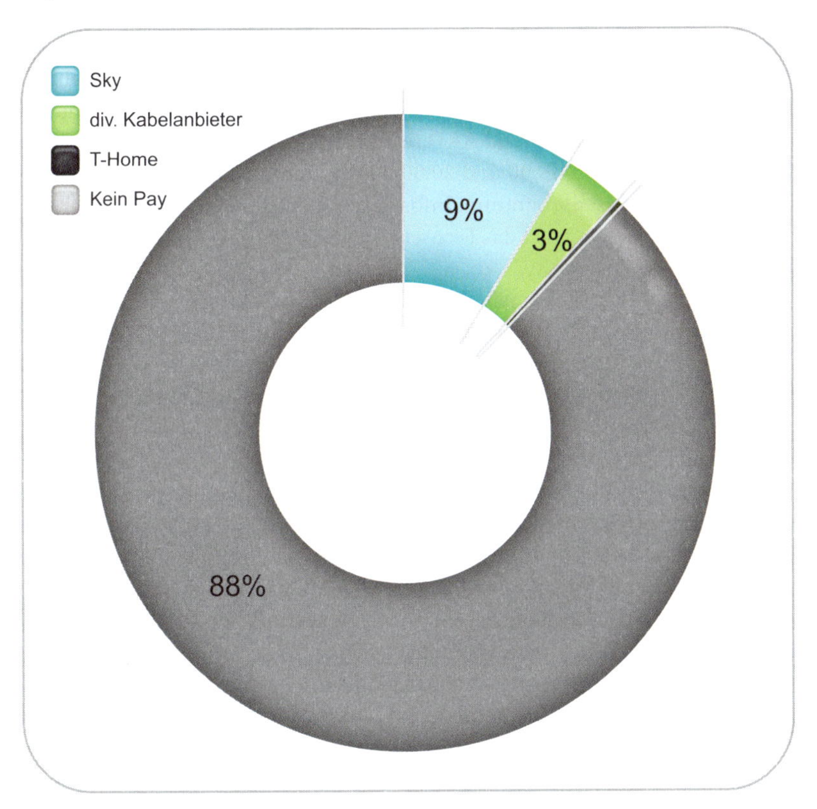

Abbildung 8.5 Verbreitung von Pay-TV in Deutschland. n = 1000; 2011

In der demographischen Aufschlüsselung ist wiederum Sky bei höher Gebildeten mit über zehn Prozent vertreten, in Kombination mit höherem Einkommen über 4000,– Euro pro Monat mit fünfzehn Prozent der jeweiligen Gesamtzuschauer.

Damit ergibt sich ein erster Hinweis auf den Trend, dass sich neben dem eher traditionellen Zuschauer mit klassisch öffentlich-rechtlicher Präferenz und dem jüngeren, den Konsum vorwiegend privatwirtschaftlich angebotener, werbefinanzierter Programme bevorzugenden Publikum eine weitere Nutzergruppe verfestigt. Einhergehend mit einem höheren Anspruch, ist sie für privatwirtschaftliche Unterhaltung zu zahlen bereit.

Befragt man Fernsehzuschauer direkt nach ihren Vorlieben, rangieren im Durchschnitt immer Informationssendungen wie Nachrichten und Dokumentationen weit vorn (Abb. 8.6). Nicht immer spiegeln sich diese Aussagen auch in den Quoten wider – offenbar spielt die soziale Erwünschtheit beim TV-Konsum eine Rolle. Immerhin holen auch faktisch die Nachrichtensendungen der Öffentlich-Rechtlichen und der Privaten schon als „Tagesstrukturierer" hohe und höchste Werte, besonders RTL, ZDF und ARD setzen mit den jeweiligen Hauptnachrichtensendungen um 18:45, 19:00 und 20:00 Uhr fast unumstößliche Markierungen für das gesamte Fernsehprogramm. Information steht also in der Zuschauergunst tatsächlich weit oben, hier ist das Fernsehen zum Dreh- und Angelpunkt des Alltagslebens geworden.

Bei Aussagen über Dokumentationen und Kultursendungen sind die Genregrenzen allerdings weiter zu fassen. Sie schließen Produktionen bildungsbürgerlichen Zuschnitts mit ein, aber auch eher unterhaltsam gestaltete Realitäts-, besser „Reality"-Formate treten mit dem Anspruch der Dokumentation an. Ebenso lässt sich unter Kultur schließlich auch die Populärkultur des Massengeschmacks fassen. Insofern mag die, sich auch 2011 wieder zeigende, Vorliebe der Durchschnittsbürger für Informationssendungen und Dokumentationen eine Mischung aus tatsächlichem Verhalten, sozialer Erwünschtheit und breiter gefassten Genres widerspiegeln. Dass darüber hinaus entspannende und spannende Formate wie Krimis, (deutsche) Filme und nicht zuletzt Live-Fußball zu den Tophits gehören, bestätigt die an anderer Stelle beschriebene Hauptfunktion des Fernsehens als Motor für Emotion und Stimmungsmanagement.

Auch zeitlich teilen sich die Programmkategorien. Den Tagesablauf strukturierenden Sendungen wie Nachrichten und zeitlich synchron ausgestrahlten Live-Ereignissen wie Fußball stehen die zeitunabhängigen abrufbaren Stimmungsmacher wie Spielfilme gegenüber. Auf Krimis trifft beides zu: Ein „Tatort" gehört auch zum Sonntagsritus, andere Filme des Genres werden eher nicht-linear konsumiert.

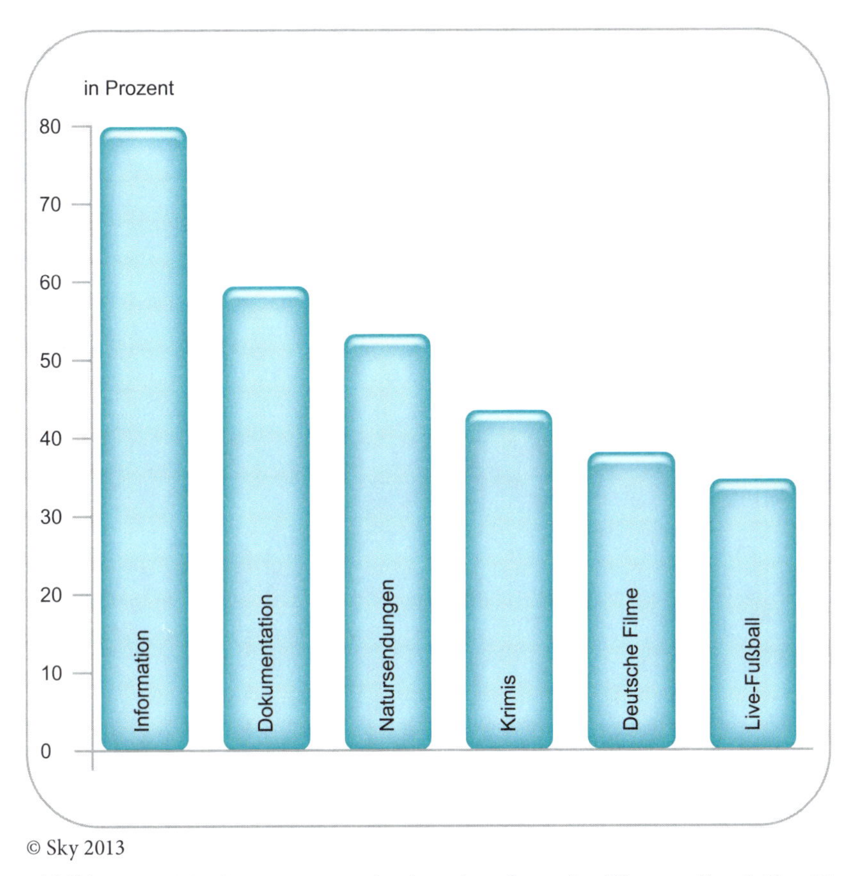

© Sky 2013

Abbildung 8.6 TV-Genreinteressen der deutschen Gesamtbevölkerung. Top 6, über 35 Prozent; n = 1000; 2011

Bei aller Angleichung der Geschlechter ist das Fernsehprogramm noch immer auch ein Indikator für die unterschiedlichen Interessen von Männern und Frauen, besonders deutlich nach wie vor beim Sport und besonders beim Fußball. Er bleibt eine Domäne der Männer (Abb. 8.7). Es gab im Markt tatsächlich die Vorstellung, man könne einerseits das Gesamtpublikum für Frauenfußball begeistern und insbesondere eben auch die Zielgruppe der Frauen. Das hat sich allerdings nur in Maßen bewahrheitet. Dass Männer auch Comedy besonders schätzen, muss nicht nur mit einer großen Zahl von Unterhaltern zu tun haben, die, wie etwa Mario Barth, vermeintlich komische weibliche Verhaltensweisen karikieren. Auch die erst mit dem Privatfernsehen entstandene TV-Tradition der „Stand-up“-

Comedy wie seinerzeit „Samstag Nacht" auf RTL oder „Quatsch Comedy Club" auf Premiere wird inzwischen verstärkt von Männern gesehen.

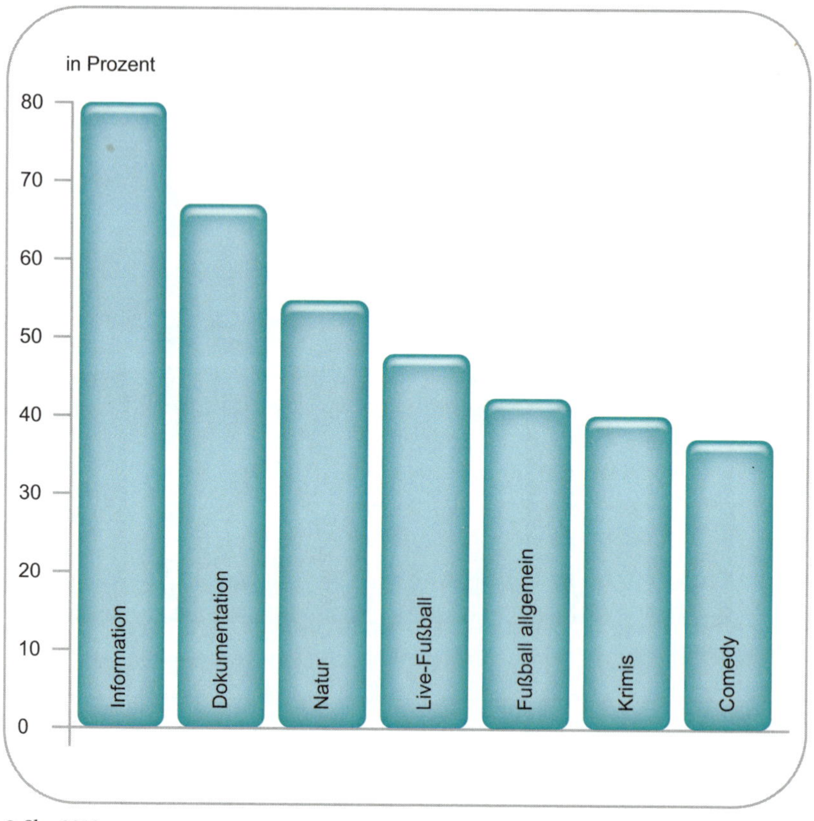

© Sky 2013

Abbildung 8.7 TV-Genreinteressen deutscher Männer. Top 7, über 35 Prozent; n = 493; 2011

Frauen bevorzugen demgegenüber immer noch mehr den anderen „sozialen" Inhalt, Spielfilme, Musiksendungen, Kultur im weiteren Sinne (Abb. 8.8). Dass sie inzwischen Krimis noch mehr schätzen als Männer, kann auch auf den Wandel des Genres zurückgeführt werden. Bis in die 1990er Jahre hinein war dies eine klassische Männerdomäne neben Action, Horror, Western und Science Fiction. Doch hier haben sich die Frauen selbst geändert, möglicherweise im Zusammenhang mit einer selbstbewussteren, „stärkeren“ Rolle in der Gesellschaft. Nicht zuletzt sind im 21. Jahrhundert weibliche Kommissare (und Täter) eine Selbstverständlichkeit geworden und manchmal schon die dominante Form der Krimidramaturgie, wie etwa beim „Tatort“ oder in skandinavischen Produktionen. Schließlich sind die Krimis selbst häufig psychologischer, damit sozial interessanter geworden, und besonders die Forensik-Thriller thematisieren zudem medizinisch-wissenschaftliche Aspekte, auch dies frauenaffin. Selbst wenn über die Gründe letztlich nur spekuliert werden kann – bei der Präferenz für Krimis sind die Männer deutlich von den Frauen überholt worden.

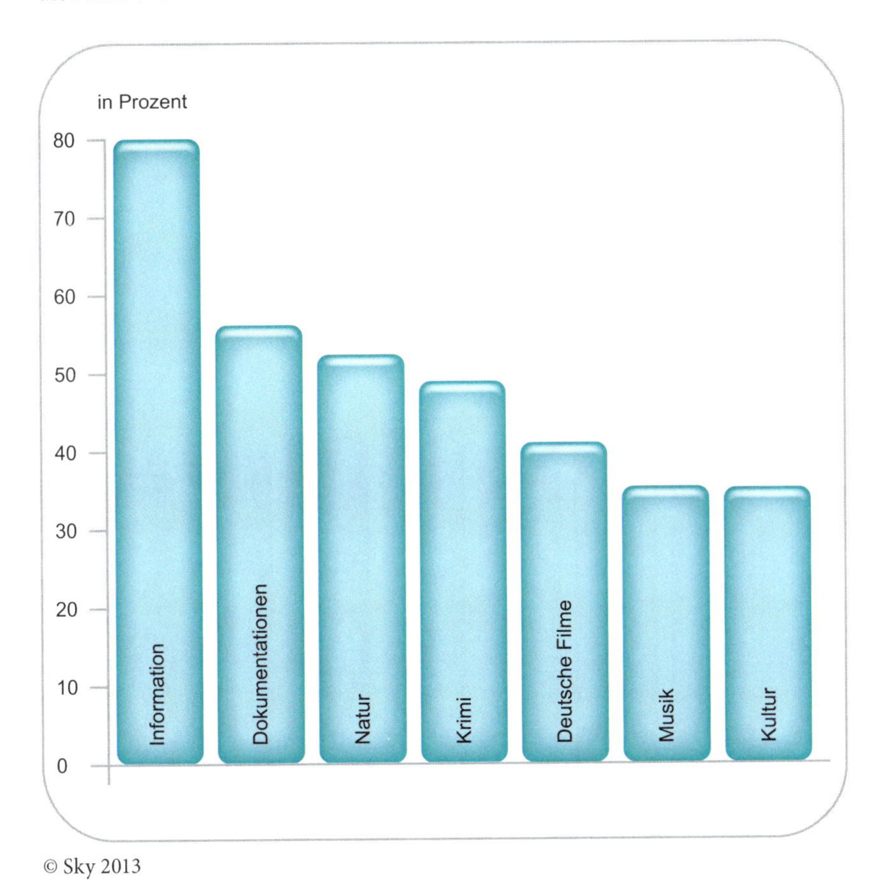

Abbildung 8.8 TV-Genreinteressen deutscher Frauen. Top 7, über 35 Prozent; n = 507; 2011

Zu den zumindest von den öffentlich-rechtlichen Sendern vernachlässigten Gruppen, das zeigen deren meist einstelligen Quoten, gehören die jüngeren Zuschauer. Zugleich stehen gerade sie für die „neue" Mediensozialisation. Aufgewachsen mit dem seit den 1980er Jahren viel größeren Spektrum an TV-Programmen, vertraut mit PC, Computerspielen und moderner Kommunikationstechnologie, ist Fernsehen, wie bereits zuvor ausgeführt, für sie eine Alltagsangelegenheit ohne jede Besonderheit.

Information ist auch für die 14- bis 29-Jährigen immer noch die wichtigste TV-Funktion (Abb. 8.9). Doch dann folgen abweichend vom großen Durchschnitt bereits vor allem unterhaltsame Angebote, nicht zuletzt wieder Comedy, deutsche Filme mit ihrem hohen Anteil von Komödien und amerikanische Serien vom Zuschnitt „Dr. House", „CSI" oder „Game of Thrones".

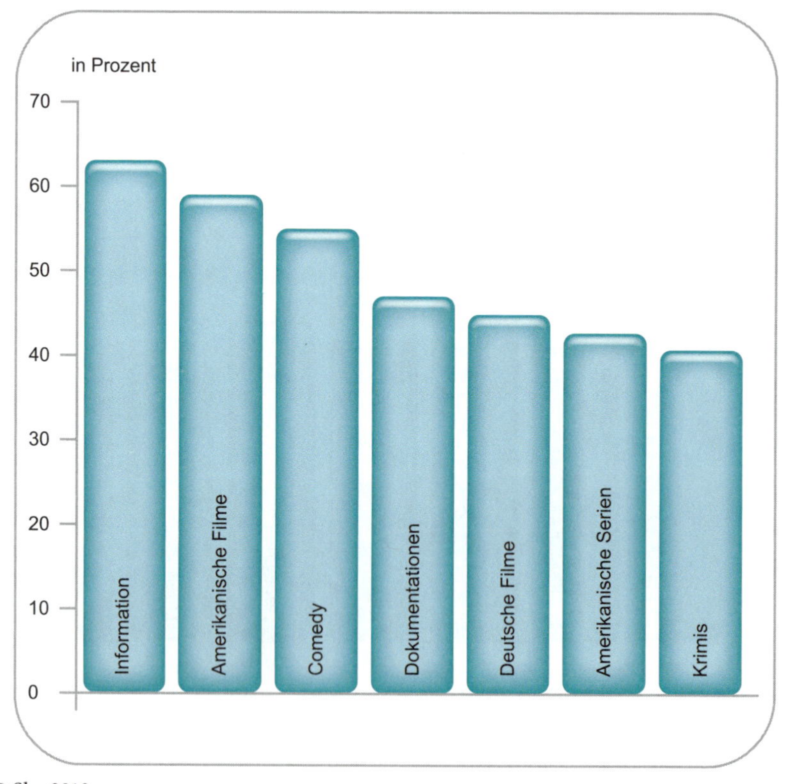

Abbildung 8.9 TV-Genreinteressen der 14- bis 29-Jährigen in Deutschland. Top 7, über 35 Prozent; n = 113; 2011

In der Ära des öffentlich-rechtlichen Fernsehens war das TV den gebildeten Bevölkerungsgruppen häufig verpönt, auch wenn das Programm einen deutlich bildungsbürgerlichen Akzent trug. Später wurde das Privatfernsehen als (angebliches) soziales Unterscheidungsmerkmal „erst recht" für den angenommenen kulturellen Verfall der Gesellschaft verantwortlich gemacht. Auch wenn in manchem Feuilleton diese Tendenz weiter fortlebt, so ist in anderen im Sinne eines „Trash-Schick" manches Erzeugnis der Massenunterhaltung zum Kult geworden und hat gar wie der „Eurovision Song Contest" öffentlich-rechtliche und private Sender vorübergehend vermählt. Der Fernsehgeschmack lässt insgesamt keine Rückschlüsse mehr zu auf den Bildungshintergrund, zumindest nicht bei der jüngeren Generation. „Ich bin ein Star, holt mich hier raus" hat in absoluten Zahlen mehr gebildete Zuschauer als kulturell „wertvolle" Sendungen zum Beispiel auf 3Sat, arte oder Phoenix. Auch die Ergebnisse dieser Studie zeigen: Höhergebildete schätzen nach wie vor Informationssendungen und Dokumentationen besonders. Aber Krimis, Spielfilme und Live-Fußball rangieren höher oder nahezu gleichauf mit Kultur (Abb. 8.10). Das neue Fernsehen hat sich von Bildungsvorbehalten gelöst.

Recht kritisch dagegen ist bei allen Gruppen die Bewertung von Werbung. Sie wird bei der Frage nach Aussagen über das Fernsehen eher negativ eingeschätzt (Abb. 8.11). An die siebzig Prozent meinen, dass es zu viel davon gibt, auch wenn sie ihnen das „freie" Privatfernsehen beschert und Dreh- und Angelpunkt aller Quotenüberlegungen und damit der redaktionellen Planung ist – bis hin zum Ausschluss von mehr als der Hälfte der deutschen Bevölkerung als nicht mehr „werberelevante" Zielgruppe. Die Jungen danken es den Strategen nicht. Sie finden mit fast achtzig Prozent TV-Werbung noch negativer als die Älteren, vielleicht aufgrund zu einfallsloser und zu wenig jugendaffiner Spots – trotz des jugendlichen Anstrichs. Nicht gerade beruhigend bei einem, laut SPIEGEL, TV-Werbevolumen von vier Milliarden Euro für 2012 (Müller, 2013). Deutlich besser fällt jedenfalls das Urteil über das TV insgesamt aus. Der deutsche Durchschnitt findet zu über fünfzig Prozent das Programm „ganz o. k.", die Jungen sogar zu sechzig Prozent (Abb. 8.13).

Insgesamt sind die TV-Aussagen bei den meisten demographischen Gruppen wieder recht ähnlich. Interessant ist dabei eine genauere Betrachtung, wo sich die Urteile über das Fernsehen vor allem bei Männern und Frauen doch unterscheiden (Abb. 8.12). Die Präferenzurteile für Genres setzen sich hier fort. Mehr als doppelt so viele Männer wie Frauen finden, dass das deutsche Fernsehen (im freien Fernsehen) zu wenig Sport bzw. zu wenig Fußball zeigt. Ebenso fühlen sich – mit jeweils noch deutlich höheren Prozentzahlen – mehr als doppelt so viele Männer mit der TV-Technik, auch der avancierten, vertraut. Zugleich schauen

Männer im Vergleich zu Frauen lieber mit anderen zusammen; diese dagegen nutzen das TV eher nebenbei als die männlichen Zuschauer. Auch wenn damit nicht zwingend das oft beschworene „Bügel-Fernsehen“ verknüpft wird, ist der Parallelkonsum kennzeichnender für Frauen als für Männer.

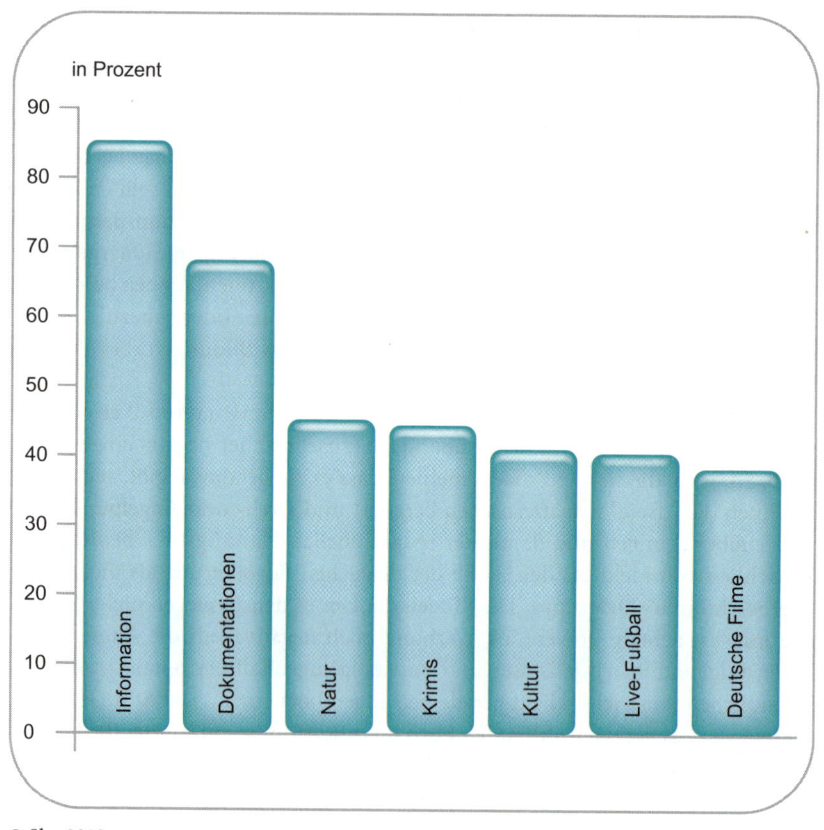

Abbildung 8.10 TV-Genreinteressen Höhergebildeter in Deutschland Top 7, über 35 Prozent; n = 383; 2011

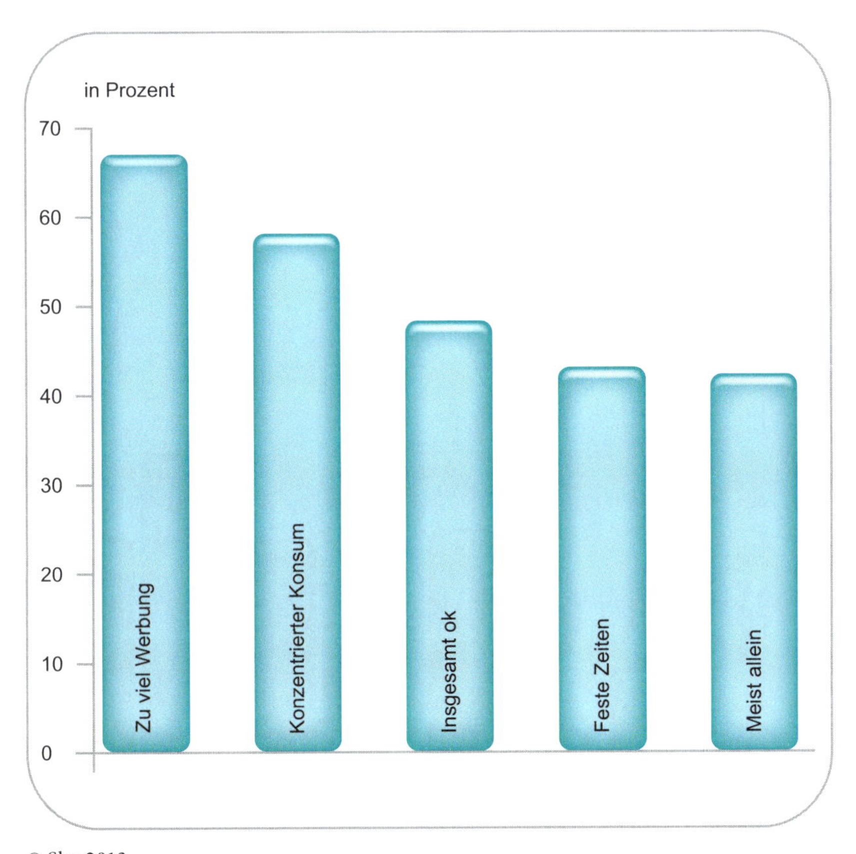

Abbildung 8.11 Urteil über Medienkonsum allgemein, über 35 Prozent; n = 1000; 2011

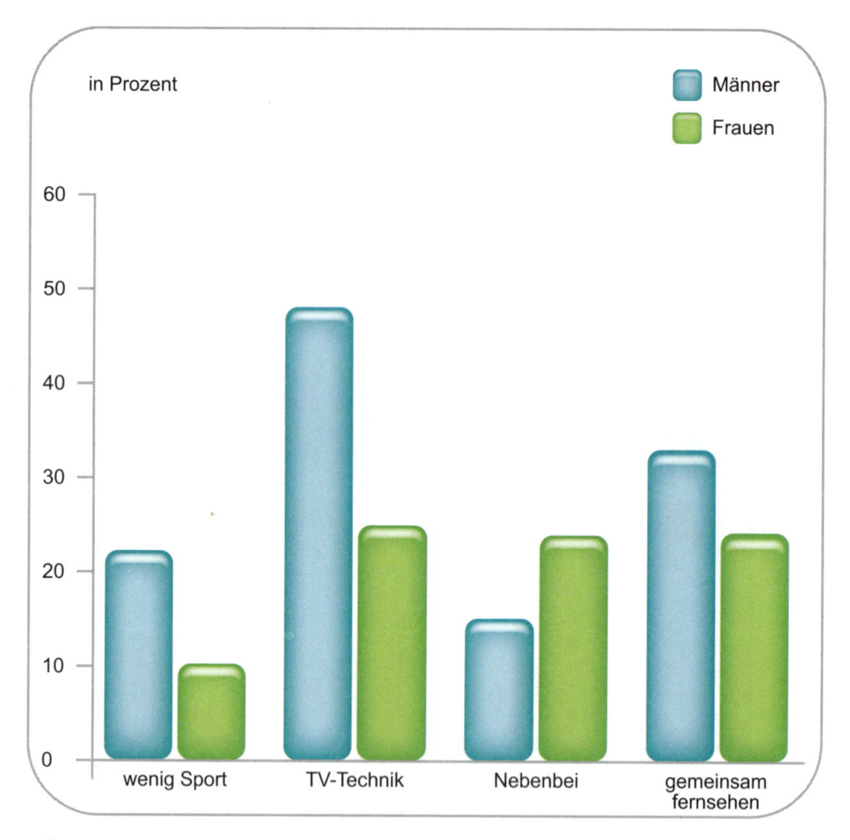

© Sky 2013

Abbildung 8.12 Urteile über das Fernsehen unterschieden nach Männern und Frauen Top 7, über 35 Prozent; n = 1000; 2011

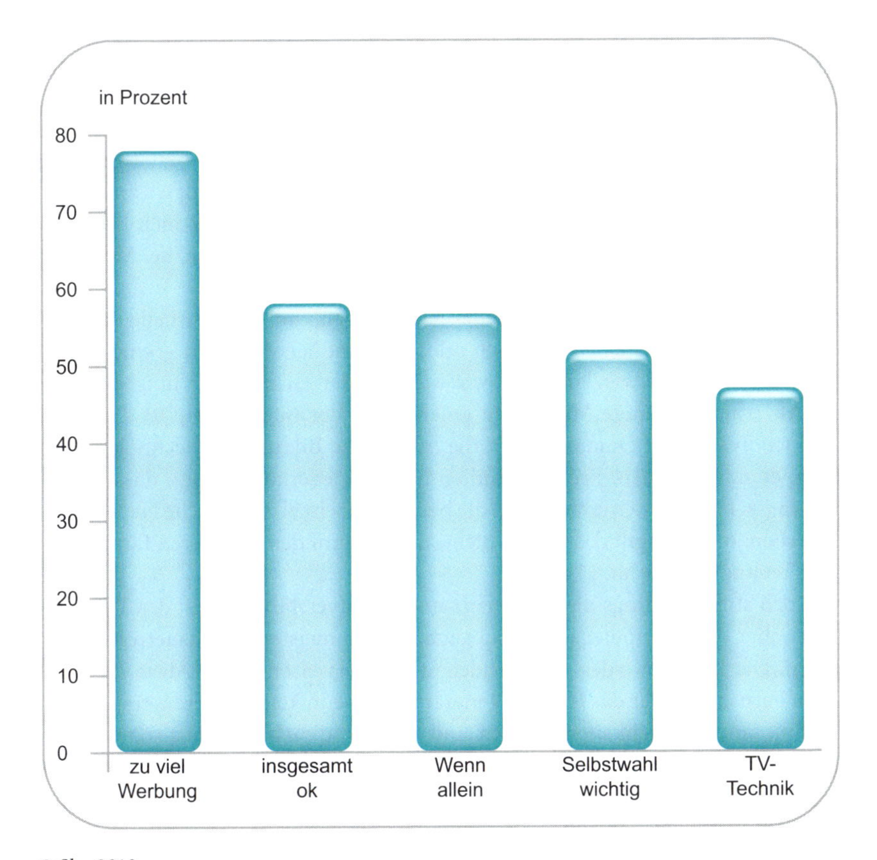

Abbildung 8.13 TV-Gesamturteil der 14- bis 29-Jährigen in Deutschland. Top 7, über 35 Prozent; n = 113; 2011

Die letzten Abschnitte haben die Veränderungen des Mediums bei Inhaltsvorlieben und Nutzungsmustern gezeigt. Neu am Fernsehen sind aber nicht zuletzt die technischen Möglichkeiten digitaler Plattformen, insbesondere die Verbindung zwischen Internet, Mobilgeräten und Fernsehempfang.

Knapp der Hälfte aller Deutschen ist die Möglichkeit bekannt, Fernsehen über das Internet zu empfangen. Schon tatsächlich genutzt hat diese Option etwas über ein Fünftel der Befragten (Abb. 8.14); diese Zahl entspricht auch dem Ergebnis der ARD-ZDF-Online-Studie 2011. Deutlich höher fallen die Prozentzahlen bei jüngeren Nutzern aus und vor allem bei solchen mit höherer Bildung. Von den

14- bis 29-Jährigen sind mehr als ein Drittel vertraut mit TV über das Internet und haben solche Angebote bereits wahrgenommen (Abb. 8.15). Fast 40 Prozent beträgt der entsprechende Wert sogar bei den Höhergebildeten, etwa mit Abitur und einem anschließenden Studium (Abb. 8.16). Die Ergebnisse bestätigen, dass größere Flexibilität und Kompetenz im Einsatz digitaler Technologien zum einen das Terrain der Jugend sind und zum anderen, möglicherweise auch berufsbedingt und/oder durch ein breiter gefächertes Interessenspektrum, bei Menschen mit besserer Ausbildung vorliegen.

Langfristig wird also der internetbasierte Umgang mit audiovisuellen Medien bis hin zum traditionellen TV noch selbstverständlicher werden – eine einmal begonnene Nutzungssozialisation wie hier bei der Gruppe der Jüngeren setzt die Akzente für spätere Muster. Im Querschnitt der Bevölkerung ist diese Option schon jetzt die Domäne derer, die inhaltliche Bildung mit technologischer Kompetenz verbinden. Frühere Studien hatten wiederholt gezeigt, dass es eher bildungsschwächere Gruppen sind, die besonders schnell technische Neuerungen erwerben; offenbar gilt das jedoch nicht, wenn es um den flexibleren Einsatz solcher Technologien geht.

Noch sind allerdings die Dominanz und Selbstverständlichkeit des TV-Empfangs über den Computer im Alltag auch bei den meisten Zuschauern nicht gegeben. Die Interviews der vorliegenden Studie verweisen darauf, dass vor allem dann Fernsehen über das Internet genutzt wird, wenn keine anderen, traditionellen Empfangsmöglichkeiten gegeben sind. Die Situation bestimmt also, wann der Computer in seinen verschiedenen Varianten wie PC oder Laptop und Netbook beim Fernsehen zum Einsatz kommt. Es handelt sich um eine Ergänzung, (noch) nicht um primären Konsum.

Dieser Befund stellt zugleich eine erste Grundlage für die Forderung dar, die jeweils bevorzugten TV-Plattformen viel deutlicher über die jeweiligen Nutzungssituationen zu erfassen. Die Demographie, das zeigen unsere Ergebnisse, ist eine Basis, um Unterschiede in der Plattformwahrscheinlichkeit zu definieren. In dem Maße aber, in dem technologisch dynamische Kanäle immer selbstverständlicher werden und den Rezipienten zur Verfügung stehen, werden die im Verhaltenskapitel beschriebenen Stimmungs- und Funktionsfaktoren zum Tragen kommen. Ein Beispiel ist die Parallelnutzung von Internet und TV. Zwar ist sie über nur einen Bildschirm möglich, doch faktisch werden schon aus sensorischen Gründen zwei verschiedene Geräte parallel eingesetzt. Der größere Bildschirm des Fernsehers schafft eine allgemeinere Kulisse, sofern es sich nicht um Hochaufmerksamkeits-Programme handelt. Sie bildet den audiovisuellen atmosphärischen Hintergrund oder auch das vage Gefühl, nicht alleine zu sein. Die Aufmerksamkeit dagegen ist dem kleineren Web-Bildschirm und der Interaktion beim Surfen gewidmet.

Dieses Phänomen wurde bereits mehrfach beschrieben; Ansatzpunkte waren die Nähe (PC) oder Ferne (TV) des Nutzers zum Bildschirm bzw. die Passivität (TV) und Aktivität (PC). Gerade dieser Aspekt von „passiv" und „aktiv" macht die Parallelnutzung überhaupt erst möglich. Empirisch hat sie sich schon in früheren Studien (u. a. Groebel, Noam & Feldmann, 2006) belegen lassen.

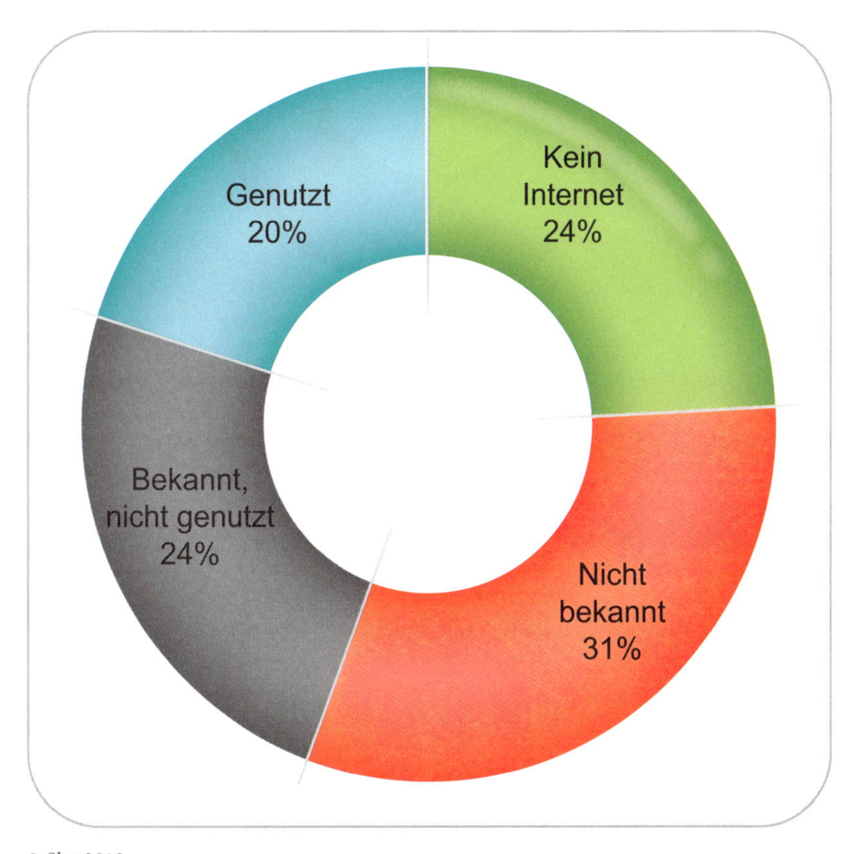

Abbildung 8.14 TV-Nutzung über das Internet, Deutsche insgesamt. n = 1000; 2011

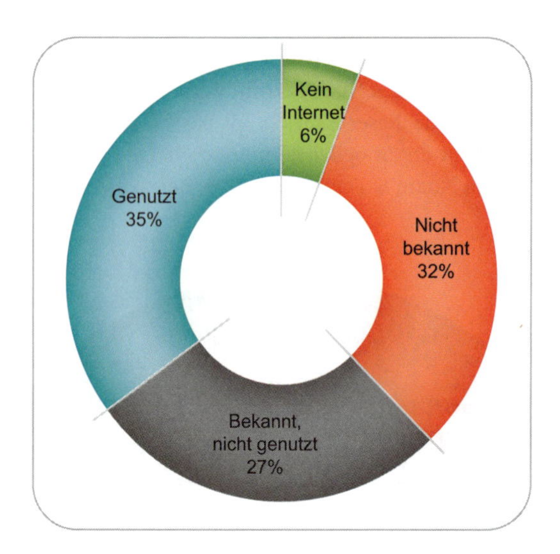

© Sky 2013

Abbildung 8.15 TV-Nutzung über Computer/Internet, 14–29-Jährige. n = 113; Deutschland; 2011

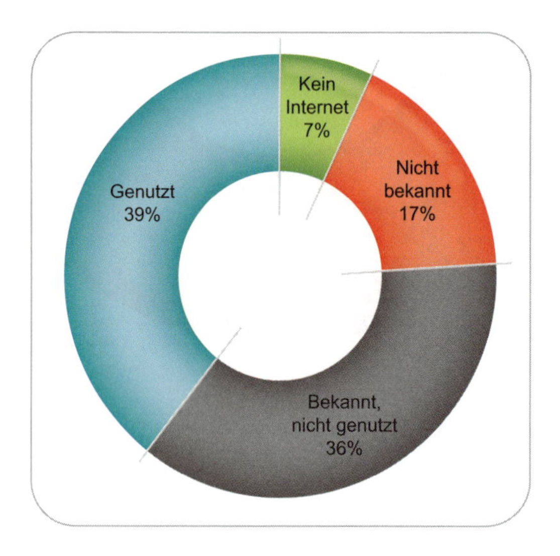

© Sky 2013

Abbildung 8.16 TV-Nutzung über Computer/Internet, Deutsche mit hohem Bildungsabschluss. n = 383; 2011

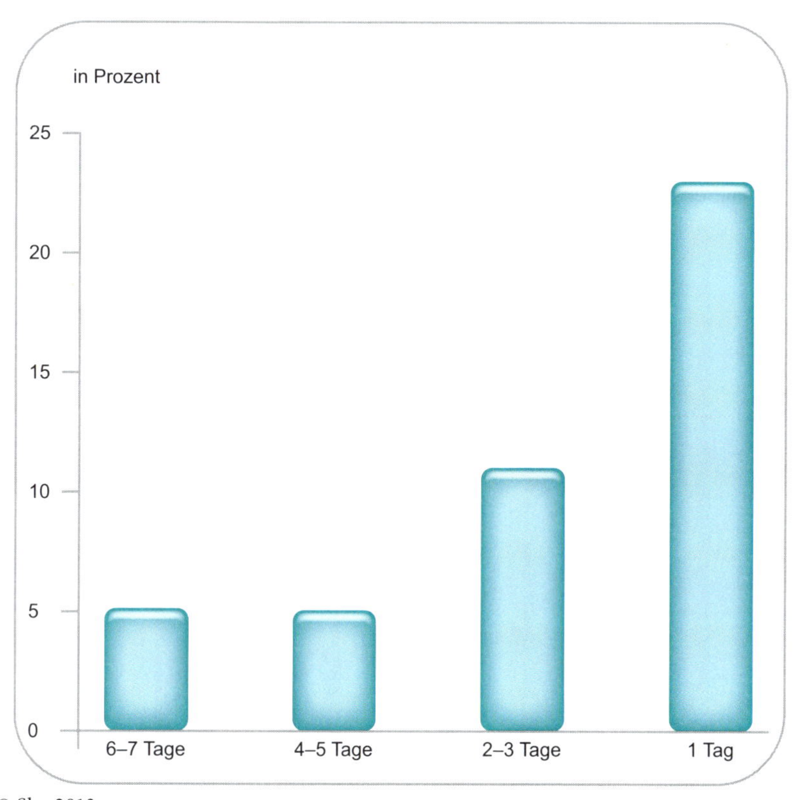

Abbildung 8.17 Durchschnittliche Anzahl Tage/Woche bei TV-Nutzung über Computer/Internet, Deutsche insgesamt. n = 219; 2011

Dass die Fernsehnutzung über das Internet (noch) nicht selbstverständlich ist, sondern eher gelegentlich geschieht, erweist sich auch beim durchschnittlichen Einsatz auf Tage umgerechnet (Abb. 8.17). Selbst wenn der Computer eine genutzte Plattform für den Fernsehempfang ist oder das Fernsehgerät an das Internet angeschlossen ist und dem entsprechenden Empfang dienen kann, kommt nur knapp ein Viertel der entsprechenden Nutzer auf einen Tag pro Woche; die meisten liegen sogar noch darunter. Fast die Hälfte derer, die entsprechende Programme sehen, tut dies nicht einmal wöchentlich, sondern seltener.

Die Genreinteressen der Zuschauer, die das TV über die Verbindung aus Computer und Internet nutzen, spiegeln die demographische Struktur dieser Gruppe wider. Wie bei der Gesamtbevölkerung wird auch hier angegeben, dass man vor allem Informationssendungen und Dokumentationen schätzt. Zugleich rangieren Kultur- und Musiksendungen, Krimis und der Bereich Comedy ebenfalls sehr hoch (Abb. 8.18).

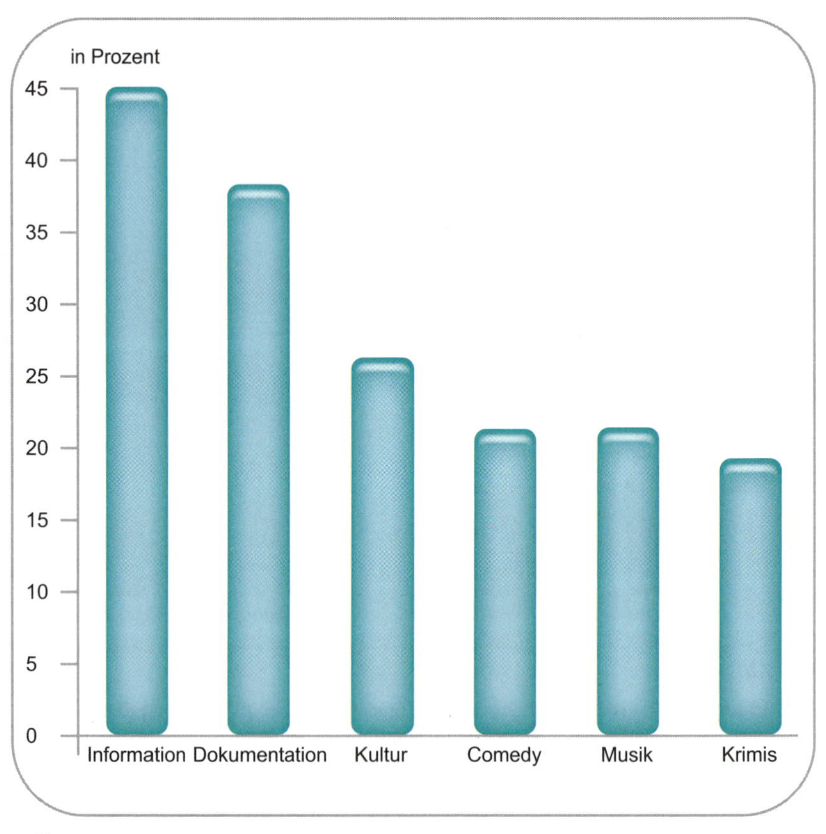

Abbildung 8.18 Genreinteressen der TV-Nutzer über Computer/Internet. Top 6, über 15 Prozent; n = 219; Deutschland; 2011

Offenbar ist es bei der PC-, Tablet- oder Computernutzung nicht in erster Linie der große Spielfilm oder das Sportereignis, das man bevorzugt. Dass hierbei die vergleichsweise geringere Größe des Bildschirms eine Rolle spielt, ist naheliegend – für längeren passiven Konsum mit hoher Aufmerksamkeit eignet sich offenbar der Computerbildschirm nicht. Aufmerksame Interaktion dagegen funktioniert sehr wohl auch bei kleineren Displays über längere Phasen. Neuere Anwendungen wie Sky Go sehen die Möglichkeiten des kleineren Bildschirms zum einen in der Fortsetzung des an einem größeren, stationären Gerät begonnenen Programmkonsums, zum anderen in der Option, gewünschte TV-Inhalte ortsunabhängig abzurufen und zu genießen. Ein Beispiel ist hier der mobile Einsatz von Tablets wie dem iPad oder Galaxy im Zug oder anderen Transportmitteln. Für die physiologische Resonanz sind die entsprechenden Displays schon groß genug, um Details zu erkennen; zumal es beim zusätzlichen Einsatz von Kopfhörern möglich ist, einen ganzen Film zu verfolgen. Kleinere Displays, zum Beispiel von Smartphones, sind dagegen offenbar eher die Domäne für Kurzclips oder Live-Events, um auch unterwegs nichts zu verpassen.

Eine zentrale Frage künftiger TV-Nutzung ist die nach der Zahlungsbereitschaft. Diese wird für das computer- und internetvermittelte TV-Angebot zu rund neunzig Prozent verneint (Abb. 8.19). Man ruft meist Angebote ab, die gratis zur Verfügung gestellt werden. Nicht explizit erfasst wurde naturgemäß in der Studie, welche Rolle dabei illegal abgerufene Inhalte haben; immerhin ist beim Fernsehen diese Wahrscheinlichkeit geringer, da es sich vorwiegend um Musik-Downloads oder um neu in die Kinos gekommene Spielfilme handelt, nicht aber um ein herkömmliches Fernsehangebot. Allerdings verweisen bei aktuellen, zum Teil in Deutschland noch gar nicht ausgestrahlten US-Serien Branchenschätzungen darauf, dass der illegale Konsum auch im TV-Bereich ein zunehmendes Problem wird.

Wird für legal erworbene Angebote gezahlt, so scheint für die meisten Befragten eine Summe zwischen zwei und fünf Euro pro Abruf realistisch und angemessen zu sein. Sogenannte Micropayments im Cent-Bereich werden beim internetbasierten Fernsehen per Computer selten angeboten und wurden vermutlich aus diesem Grund kaum genannt. Ob und inwieweit die Nutzungsschwellen bei niedrigeren Preisen überhaupt gesenkt werden könnten, muss offenbleiben. Die Gruppen mit Zahlungsbereitschaft sind, so die Ergebnisse, dann offenbar auch willens, einige Euro bis zu maximal fünf zu bezahlen. Welchen Einfluss Flatrates beim internetbasierten TV über Computer haben, wurde an dieser Stelle mangels Angebot nicht erfragt.

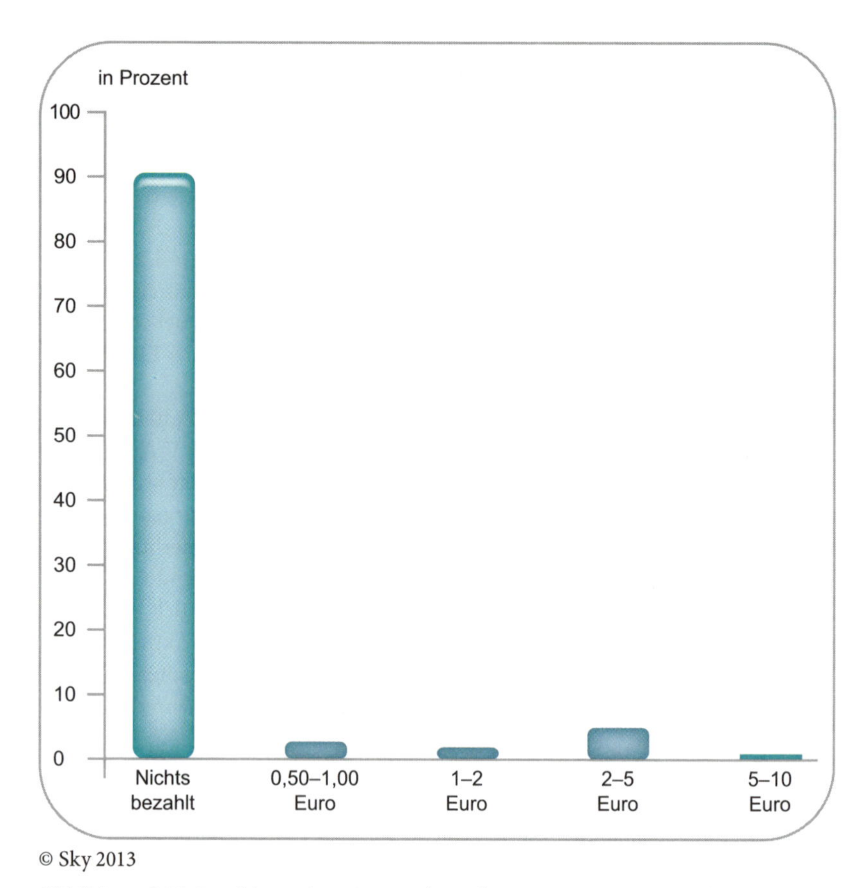

© Sky 2013

Abbildung 8.19 Bezahlung für TV-Angebot über Computer/Internet durch Nutzer. n = 219; Deutschland; 2011

Während immerhin fast ein Viertel der Bürger schon einmal TV-Sendungen über das Internet abgerufen haben und dabei den Computer nutzten, fällt der Abruf von internetvermittelten TV-Programmen über den Fernsehapparat deutlich geringer aus. Hier liegt der Wert bei rund acht Prozent. Ein Grund ist vor allem darin zu sehen, dass immerhin drei Viertel der Deutschen in irgendeiner Weise digital über einen Computer oder mobil mit dem Internet verbunden sind, während die Anzahl der internetfähigen Fernsehgeräte bislang deutlich darunter lag (vgl. Abb. 3.10).

Immerhin stellen sich die Genreinteressen der TV-Internetnutzer über ein Fernsehgerät entsprechend den bereits genannten Resultaten anders dar (Abb.

8.20). Hier rücken auch Spielfilme in den Fokus des Interesses. Sie rangieren bei dieser Nutzergruppe unter den Top 5. Es bestätigen sich die schon genannten plausiblen Annahmen: Der Computerbildschirm dient eher der kürzeren Form, der Information, dem Videoclip, allenfalls noch Serien. Der Großbildschirm klassischer TV-Provenienz ist die Domäne des Spielfilms und nach wie vor auch des selbstverständlichen Alltagskonsums von Informationssendungen und Dokumentationen.

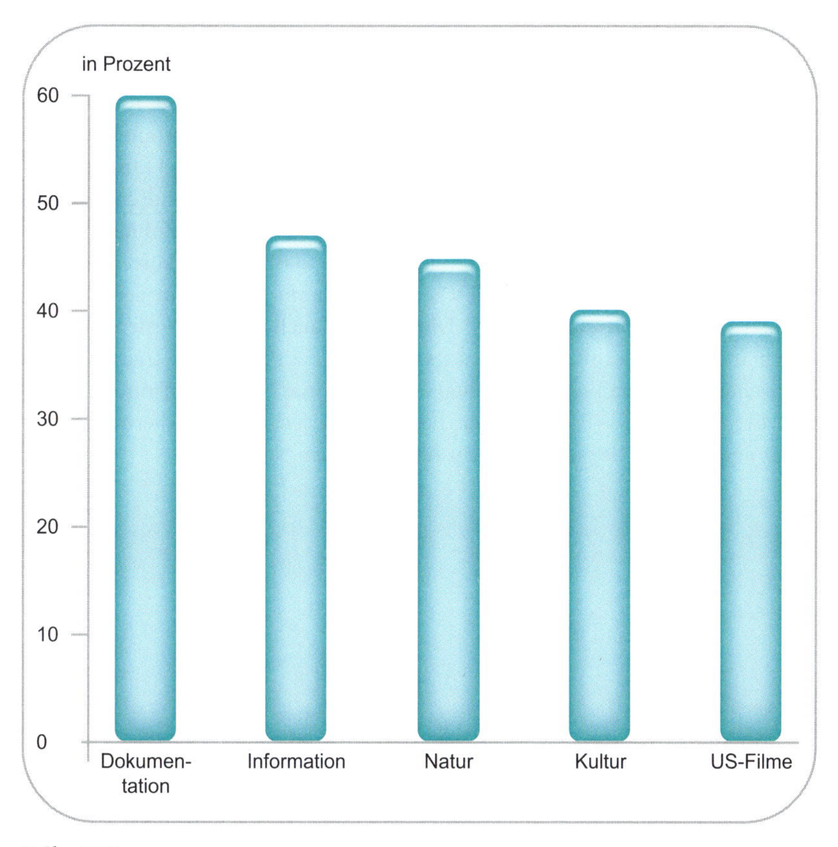

Abbildung 8.20 Genreinteressen der TV-Nutzer über TV-Gerät/Internet. Top 5, über 35 Prozent; n = 83; Deutschland; 2011

Bisher war die Internetverbindung beim Fernsehgerät nicht einmal gleichberechtigt neben den digital-terrestrischen Empfang getreten. Satellit und Kabel sind zwar internetfähig, werden jedoch zunächst kaum über diese Plattform zum TV-Konsum genutzt. Allerdings nimmt der Anteil entsprechend passender Empfangsapparate rapide zu (vgl. Abb. 3.10). Smart-TV bietet auch hier alle Optionen. Ein weiterer Nutzungsschritt sind Fernbedienungen, bei denen nahtlos zwischen traditionellem und internetvermitteltem Empfang hin- und hergeschaltet werden kann.

Bemerkenswert ist bei internetvermittelten TV-Programmen über das Fernsehgerät die höhere Zahlungsbereitschaft. Auch wenn die Zahl der Nutzer (noch) gering ist, so liegt doch der Prozentsatz derer, die kostenpflichtige Angebote in Anspruch genommen haben, deutlich höher als bei der Computernutzung (Abb. 8.21). Immerhin fünfzehn Prozent haben schon zwischen zwei und fünf Euro gezahlt. Die Wertigkeit der Wiedergabe auf der entsprechenden Bildschirmgröße dürfte das entscheidende Argument sein, warum eine höhere Zahlungsbereitschaft besteht. Die Großbildschirmnutzung über das Internet korrespondiert, Stichwort unter anderem „Cloud-TV", vermutlich am ehesten mit der Nutzung von DVD und inzwischen Blu-ray. Dies dürften auch die wichtigsten Konkurrenzmärkte der Zukunft sein: einerseits der Wettbewerb zwischen traditionellem Fernsehen und bezahltem Individualabruf einzelner Sendungen und andererseits der zwischen TV-Produktionen, besonders Serien, über Speichermedien wie DVD und Blu-ray(-Boxsets) und dem Abruf aus dem Netz.

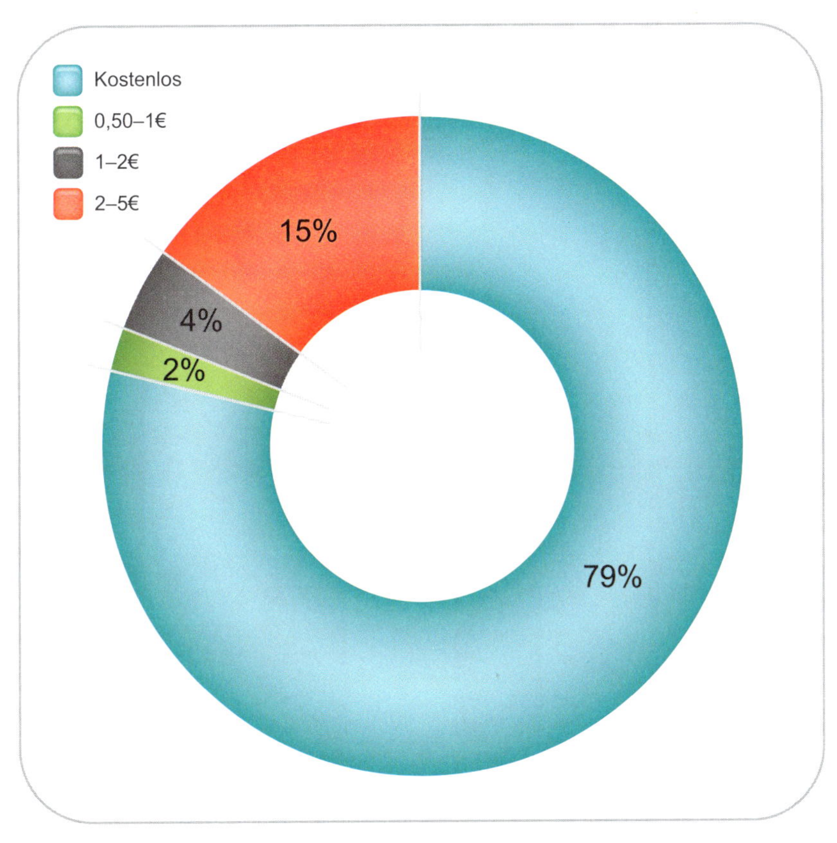

© Sky 2013

Abbildung 8.21 Bezahlung für TV-Angebot über Fernsehgerät/Internet durch Nutzer. n = 83; Deutschland; 2011

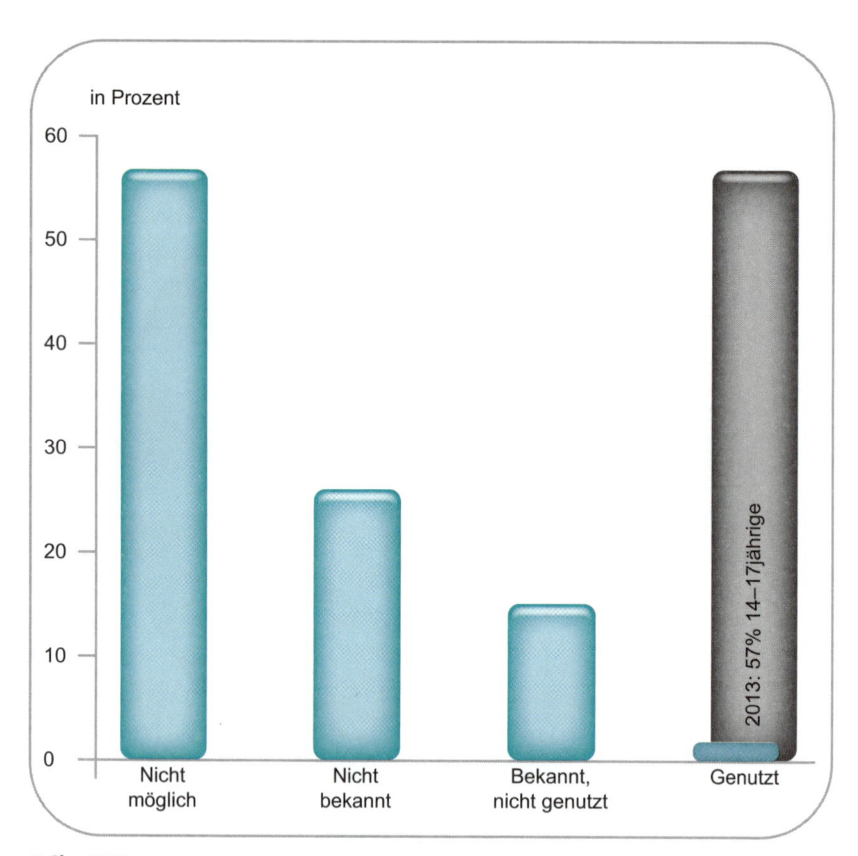

© Sky 2013

Abbildung 8.22 Zeitunabhängige internetbasierte TV-Nutzung über Mobilgerät, Deutsche insgesamt. n = 1000; 2011. Wert für 2013: Quelle: ARD-ZDF-Onlinestudie (2013)

Marginal war bis vor Kurzem die internetbasierte TV-Nutzung über Mobilgeräte. Sie fand im statistisch vernachlässigbaren Bereich statt (Abb. 8.22). Hier muss allerdings angemerkt werden, dass es sehr häufig den sogenannten Leap-Frog-Effekt gibt, d. h., eine Technologie wird über einen gewissen Zeitraum gar nicht zur Kenntnis genommen, kann dann aber plötzlich durch neue Trends und hochinteressante Anwendungen sehr schnell sehr hohe Akzeptanzraten erreichen.

Genau dies zeigt sich 2013 bei der TV-Nutzung über Tablets. Bereits 57 Prozent der 14- bis 17-Jährigen nennen jetzt einen entsprechenden Einsatz des Mobilgeräts (ARD-ZDF-Onlinestudie, 2013). Und auch der Riesenerfolgs der Apps allgemein hatte es demonstriert.. Noch vor wenigen Jahren so gut wie unbekannt, stellen sie heute einen zentralen Marktfaktor dar. Gerade Apps sind es auch, die im Bereich von Tablets wie dem iPad Fernsehempfang über das Internet ermöglichen.

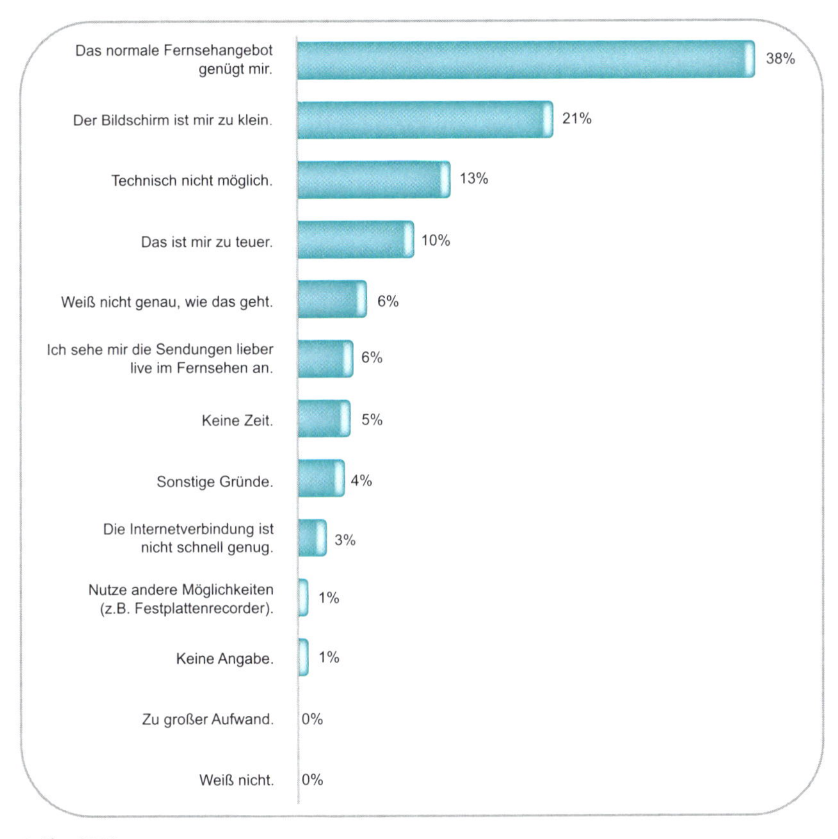

© Sky 2013

Abbildung 8.23 Gründe für die Nicht-Nutzung für internetbasiertes Mobil-TV. n = 1000; Deutschland; 2011

Da das internetbasierte Fernsehen über Mobilgeräte trotz der durchaus verbreiteten Möglichkeit dazu bis vor kurzem nur wenig Akzeptanz fand, ist nach den Gründen für die Nicht-Nutzung zu fragen. Hier sind die Resultate eindeutig (Abb. 8.23). Den meisten Befragten reicht der Empfang zu Hause, das heißt, dass Fernsehkonsum vor allem immer noch mit dem traditionellen Bildschirm in der eigenen Wohnung verbunden wird, unabhängig davon, ob das Programm über Kabel, Satellit, digital-terrestrisch oder über das Internet verbreitet wird. Neben dieser „Gewohnheits"-Begründung, die nicht zwingend für die Zukunft tragfähig sein muss, ist auch hier wieder der Verweis auf den kleinen Bildschirm für die Befragten das zentrale Argument; dabei ist zu berücksichtigen, dass in der Studie nach traditionellen Fernsehsendungen gefragt wurde, also nicht nach den kurzen Clips zum Beispiel aus YouTube, bei der sich die mobile Nutzung anders darstellt. Im Minutenbereich wird sehr wohl ein Kleindisplay eingesetzt und zum Beispiel auf dem Schulhof auch im Sinne von „Guck mal!" gemeinsam genutzt. Hier sind meist nicht mehr als höchstens zwei bis drei Minuten Aufmerksamkeit erforderlich.

Für den Durchschnitt der Fernsehzuschauer gilt: TV-Innovationen werden noch vor allem auf größere Bildschirme mit immer besserer Wiedergabequalität und einer intelligenten Ausstattung bezogen. Deren Möglichkeiten sind zwar durchaus bekannt, genutzt werden sie allerdings noch nicht konsequent. Der Fähigkeit von Computern, TV über das Internet zu empfangen, steht zunehmend der Internetanschluss des Fernsehgeräts gegenüber. Diese Variante scheint zugleich für Filme und größere Produktionen die wahrscheinlichere Nutzungsform zu werden. Audiovisuelle Kurzclips sind bei PC, Laptop und Tablet schon längst etabliert, doch beim Erwerb und der Nutzung der TV-Langform über das intelligente Großgerät zu Hause bahnt sich nunmehr ebenfalls ein Erfolg des Internets an. Wer diese Kombination nutzt, bringt sogar eine höhere Zahlungsbereitschaft dafür mit.

8.2 Die neuen TV-Typen

Die bisherigen Ausführungen hatten die Durchschnittsbevölkerung im Fokus. Hier waren auf der Basis demographischer Eingrenzungen teils massive Unterschiede bei der Einstellung gegenüber Innovationen und bei der Nutzung traditionellen und neuen Fernsehens deutlich geworden. Verkürzt formuliert und nicht überraschend sind es die Jüngeren und Höhergebildeten, die dem neuen Fernsehen gegenüber offen sind.

Moderne Typologien bleiben jedoch nicht bei der Demographie stehen. Präziser sind Aussagen, die nicht nur die feststehenden Grobmerkmale Geschlecht, Alter, Bildung und Einkommen als Ausgangspunkt nehmen, sondern in einer Art Fine-Tuning Situationen und das Verhalten selbst in die Analyse mit einbeziehen. Zu den avancierteren Typologien der Vergangenheit gehörten dabei die SINUS-Milieus. Die bereits vorgestellten Ergebnisse aber zeigten bereits, dass soziale Milieus zunehmend weniger die Richtung des TV-Konsums leiten. Das oft karikierte „Unterschichtfernsehen" zieht sich bei den Quoten durch alle Milieus und wird eher vom Angebotsinhalt als von den Rezipientengruppen her definiert. Anders gesprochen: Die Art des Fernsehkonsums ist kein Indikator mehr für Schichtzugehörigkeit.

Daher gilt es, neue Typologien für TV-Verhalten zu entwickeln. Ein Klassiker ist spätestens seit den 1980er Jahren die Einteilung der Fernsehzuschauer in Viel- und Wenig-Seher. War dieses Muster schon für herkömmliches TV zu grob, so erfordern endgültig die Optionen des neuen Fernsehens mit ihren unzähligen Merkmalskombinationen einen neuen Ansatz. Demographische Faktoren spielen auch dabei wieder mit hinein, doch entscheidender sind die faktische Nutzung, die Zukunftseinstellungen und die Kompetenz im Umgang mit den technologischen Möglichkeiten von TV, Internet und Mobilgeräten. TNS Infratest hatte dazu in früheren eigenen Studien mit dem Konzept der „Future Shapers", also der Zukunftsgestalter, eine Ausgangsbasis für empirische Forschung geschaffen. In der hier vorgestellten Studie wurde dieses Konzept aufgegriffen und mit erfasst. Zentrales Anliegen war es aber, eine Typologie für das neue Fernsehen zu entwickeln, die auch den Stellenwert traditioneller TV-Orientierungen analysierte.

Dazu wurden mithilfe komplexer statistischer Korrelationsverfahren die in der Befragung überzufällig zusammen auftretenden Antwortmuster gruppiert und auf inhaltliche Aussagefähigkeit hin überprüft; die Details der dazu verwendeten explorativen und Hypothesen-testenden Faktorenanalyse wurden im Methodenkapitel angesprochen. Im Folgenden werden kurz die Ladungen für die wichtigsten, das heißt statistisch signifikanten Ausgangsgruppierungen aus der Erhebung wiedergegeben (Abb. 8.24). Sie stellten die Grundlage für die aus der Auswertung und der Verhaltensbewertung resultierende neue Typologie der Fernsehnutzer dar.

A	B	C	D	E
UNT 0,03	0,22	-0,02	0,20	-0,28
INF 1,52	0,38	-0,60	-0,32	-0,46
MEI 0,33	-0,02	0,71	-0,35	-0,42
RAT -0,01	-0,08	0,33	-0,30	-0,30
SEL 0,05	0,18	0,59	-0,50	-0,57
NBEI -0,60	1,81	-0,06	-0,43	-0,22
PAR 0,05	-0,27	0,75	-0,12	-0,22
ETH 0,01	0,02	0,01	0,29	-0,77
ZUFR0,36	-0,12	-0,07	-0,22	0,12
GEM 0,12	0,34	-0,18	0,18	0,05
BEW -0,19	-0,42	-0,19	-0,26	0,49
TEC 0,23	0,23	-0,07	-0,19	0,12
ZAH-0,08	0,23	-0,05	-0,44	-0,02
KVR 0,20	-0,02	0,08	-0,47	0,42
DEF 0,10	0,20	-0,20	-0,05	0,10
IOV 0,12	0,23	-0,38	0,28	-0,08

Abbildung 8.24 Ladungen der Ausgangsgruppierungen. Die Werte bezeichnen die so genannten Faktorengewichte der einzelnen Variablengruppen, d.h. deren jeweiligen Beitrag zu einem der fünf Faktoren. Studie 2011

Legende:
UNT: TV als Unterhaltung , INF: Internet als Infoquelle zum TV
MEI: TV-Meinungsführer , RAT: TV als Rat-/Ideengeber
SEL: Selektive TV-Nutzung , NBEI: Nebenbei-Fernsehen
PAR: Parasoziale Interaktion, ETH: Ethikerwägungen
ZUFR: Zufrieden mit TV-Angebot , GEM: TV-Gemeinschaftserlebnis
BEW: Bewusst-kritisches Kaufverhalten, TEC: Spaß an Technik
ZAH: Zahlungsbereitschaft für Inhalte , KVR: Kontrollverlust
DEF: Gefühlte Defizite , IOV: Information Overload im TV

Unter Berücksichtigung der Faktorenladungen, der inhaltlichen Gruppierungen und der Bezugnahme auf frühere Studien und Resultate ergab sich im Sinne der neuen Typologie mit signifikant unterschiedlichen Faktoren A bis E aus den Antwortkombinationen der befragten Personen die folgende Konstellation.

Die neuen TV-Typen lassen sich nach fünf Merkmalsgruppen statistisch eindeutig getrennt einteilen, die Buchstabenkürzel stehen dabei für den inhaltlichen Schwerpunkt. Zunächst erfolgt eine zusammenfassende Erläuterung des jeweiligen Typus; in den darauffolgenden Abschnitten werden dann die entsprechenden Verhaltenstendenzen vertiefend beschrieben.

TYP T (Techniknahe): Die mit einem Durchschnittsalter von 31,6 Jahren jüngste Gruppe hat die höchste Technik- und Internet-Affinität. TV-Konsum findet häufig statt, aber oftmals nebenbei, zum Beispiel während des Surfens im Internet. Fernsehen wird als unterhaltsam erlebt, es vertreibt die Zeit, macht Spaß und wird zusammen mit anderen, auch über zum Beispiel Facebook virtuell Anwesenden, bevorzugt. Das TV-Gerät läuft aus Gewohnheit eigentlich immer, ohne dass ihm ständig Aufmerksamkeit geschenkt wird. Der Typ T schätzt nicht unbedingt die populären Sender und vermisst im Besonderen einen noch höheren Anteil an Live-Sport, als er im Normalprogramm vorkommt. Er kennt die neuen Möglichkeiten, die das Fernsehen heute bietet, und besitzt auf der Basis dieses Wissens großes Interesse an zeitunabhängiger und mobiler Nutzung. Das Parallel-Surfen im Internet während der TV-Nutzung geschieht auch gezielt zur Information und Begleitung der laufenden Sendung, sofern diese interessiert; dazu gehört die aktive Beteiligung an Foren und Blogs, um über solche Sendungen zu kommunizieren. Trotz auch hier hoher Werte findet das TV als Informationsquelle vergleichsweise geringere Zustimmung als bei den anderen Gruppen; dem Typ T liegt das Internet für Aktuelles näher. Die Internet-Technik ist ihm „selbstverständlich" geworden. Für Technologiebedenken, Details bei zum Beispiel Web-Nutzungsbedingungen und ökologische Belange ist er weniger empfänglich. Der Typ T schätzt die schnelle Medienwahl und den schnellen Zugriff auf den gewünschten Inhalt. Er greift noch am ehesten auf reinen Online-Empfang von TV zu.

TYP S (Selektivseher): Der Typus mit dem Durchschnittsalter 43,3 Jahre ist ein informierter, entspannungsorientierter Zuschauer mit einem selektiven Fernsehkonsum. Das TV wird sehr bewusst zum Stimmungsmanagement (Mood Management) im dem Sinne eingesetzt, wie es in den Ausführungen über „Verhalten" beschrieben wurde (Kapitel 6). Typ S schaut bestimmte Sendungen bewusst mit dem Ziel der Entspannung und Inspiration. Mit dem individuell verfügbaren Fernsehprogramm ist er zufrieden, offenbar auch deshalb, weil seine hohen Ansprüche mit einer überdurchschnittlich großen Bereitschaft einhergehen, für unverwechselbares Fernsehen Geld auszugeben. Der Typ S fühlt sich bestens informiert: über die technischen Möglichkeiten, die das Fernsehen heute bietet, ebenso wie über die Inhalte; er freut sich über Newsletter, informiert sich aktiv im Internet, liest Kleingedrucktes. Typ S Ist durchaus anspruchsvoll und wird von anderen als informiert wahrgenommen, nicht zuletzt als Meinungsführer und Ratgeber. Dreh- und Angelpunkt ist für ihn ein Smart-TV, durchaus auch für Web-Zugang.

TYP F (TV-Ferne): Dieser Typus mit dem Durchschnittsalter von 46,5 Jahren zählt eher zur Gruppe TV-ferner Intellektueller. Er sieht fern, um sich zu informieren und um zu entspannen, dies aber in vergleichsweise geringen Dosen. Der Mangel an technischem TV-Interesse führt schnell zum Gefühl der Überforderung, bezogen auf die neuen „intelligenten" und interaktiven sowie hochauflösenden technischen Möglichkeiten, die Werbung, die Anzahl der Sender. Der Fernseher läuft nicht nebenher und wird auch vergleichsweise seltener gezielt eingeschaltet – „gefühlt" kommt meist nichts Passendes. Ethische Kriterien haben Einfluss auf die Auswahl der Sendungen. Fernsehen ist insgesamt kein Gesprächsthema: Es wird nicht gebraucht, um mitreden zu können, man muss anderen nichts darüber erzählen. Lieber widmet man sich und seine Zeit anderen Dingen und Interessen.

TYP K (kritisch Sehende): Das Durchschnittsalter dieses Typus liegt bei 50,3 Jahren. Es handelt sich bei ihm um einen kritisch wählenden, individualistischen TV-Skeptiker. Wenn überhaupt, sieht er fern, um sich zu informieren. Typ K neigt zum Gefühl, insgesamt zu wenig Zeit für die wichtigen Dinge zu haben, Leben, Arbeit und Gesellschaft werden als immer hektischer wahrgenommen. Fernsehen gehört nicht zentral zum Alltag dazu, weder zum Spaßhaben oder zur Unterhaltung noch zur Entspannung. Im gesamten Lebenskonzept ist auch das Fernsehen gefühlt – zumindest tendenziell – Zeitverschwendung. Mit dem TV-Programm insgesamt eher unzufrieden, und dies recht durchgängig, hat Typ K wenige Lieblingssendungen: Nur wenige aus dieser Gruppe freuen sich überhaupt auf bestimmte Sendungen. Andere Dinge sind wichtiger: So macht man sich etwa Gedanken über die Umwelt, kauft gerne auf dem Markt und in kleinen Fachgeschäften ein. Käufe finden bewusst und kritisch statt; dies schließt durchaus gezielt erworbene Technikneuerungen ein, um noch kritischer auswählen zu können, auch im Rahmen von TV-Konsum. Diese Gruppe neigt zudem besonders zu expliziten Negativurteilen über Sendungen, denen andere gleichgültig oder unwissend gegenüberstehen, zum Beispiel beim Genre „Scripted Reality" oder bei Castings.

TYP V (Vielseher): Die im Durchschnitt 60,7-jährigen Vertreter dieses Typs sind gewohnheitsmäßige Vielseher. Fernsehen gehört schon immer dazu, man ist damit groß geworden, hat es früher auch noch als etwas Besonderes erlebt und findet es meist durchaus attraktiv. Bei der Programmwahl kommt in der Wahrnehmung eigentlich auch immer etwas Passendes, und die Lieblingssendung darf gar auf keinen Fall verpasst werden. Fernsehen spielt eine wichtige Rolle, es strukturiert den Tag, man kennt die Programme und TV-Persönlichkeiten; entsprechend ist der Fernseher kein nur atmosphärisch genutztes Nebenbei-Medium für andere Aktivitäten. Das TV ist Leitmedium auch im Alltag, es leistet Gesellschaft, gibt Denkanstöße, ermöglicht Beteiligung, befähigt zum Mitreden, liefert Gesprächsstoff. Die Wahl fällt oft auf Sender, die einen gesellschaftlichen Auftrag haben, also eher die Öffentlich-Rechtlichen. Dennoch bleibt die ganz große Begeisterung aus – wirklich sehr zufrieden mit ihren Fernsehprogrammen sind vergleichsweise wenige aus dieser Gruppe. Frühere Forschungen haben dieses vermeintlich paradoxe Phänomen näher beschrieben. Die gewohnheitsmäßigen Vielseher können kaum ohne Fernseher sein, schalten ihn ständig auch gezielt ein, sind letztlich aber auch gelangweilt, ohne etwas „Besseres" an Aktivitäten ernsthaft zu erwägen.

In der Gesamtbetrachtung zeigen sich, besonders zwischen dem ersten Typ T und dem letzten Typ V, im Schnitt große Altersunterschiede, aber dennoch stellt die Typologie keine reine Generationeneinteilung dar. In jeder Altersgruppe finden sich auch substanzielle Anteile der jeweils anderen Gruppen. Allerdings zeigt sich letztlich auch eine systematisch unterschiedliche TV-Sozialisation: von den Baby-Boomern des Typus V, für die Fernsehen immer noch eine große Ausstrahlung besitzt, über die selektiv, gleichgültig oder kritisch mit dem Medium umgehenden Vertreter der mittleren Generation bis hin zu den techniknahen jüngeren Nutzern, für die das TV Teil der Umgebung geworden ist, während sie vor allem das Internet und andere digitale Möglichkeiten nutzen.

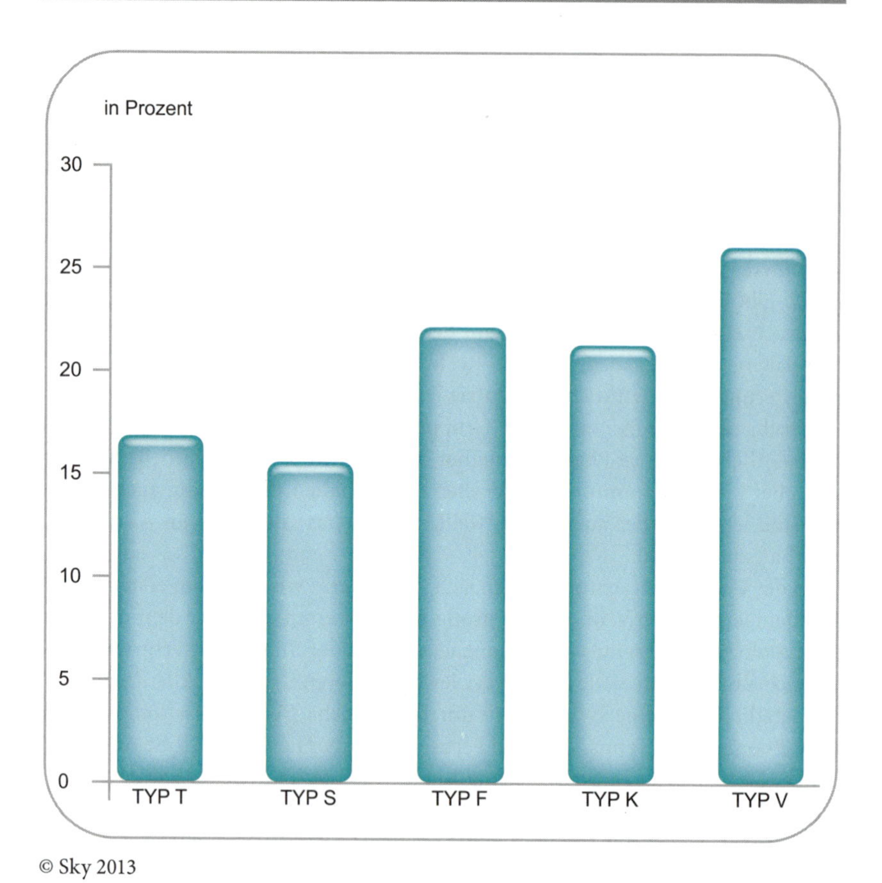

© Sky 2013

Abbildung 8.25 Anteile der TV-Einzeltypen an der berücksichtigten Gesamtbevölkerung. n = 1000; Deutschland; 2011

Die Altersverteilung spiegelt sich auch in den Anteilen an der Gesamtbevölkerung wider (Abb. 8.25). Typus V hat den höchsten Altersdurchschnitt und stellt gleichzeitig die größte Gruppe. Die Jüngeren sind demgegenüber deutlich weniger vertreten. Hier sei noch einmal betont: Der Einfluss des Alters darf nicht überschätzt werden. Das Alter ist ein Merkmal der Unterscheidung zwischen den Typen, doch es ist nicht die zentral erklärende Variable für die unterschiedlichen Tendenzen beim TV-Konsum. Gerade im mittleren Altersbereich der Studie liegen die drei verschiedenen TV-Typen S, F und K an Jahren recht nahe beieinander. Jede der Gruppen kommt zudem in Deutschland auf eine zweistellige Millionenzahl (Abb. 8.26).

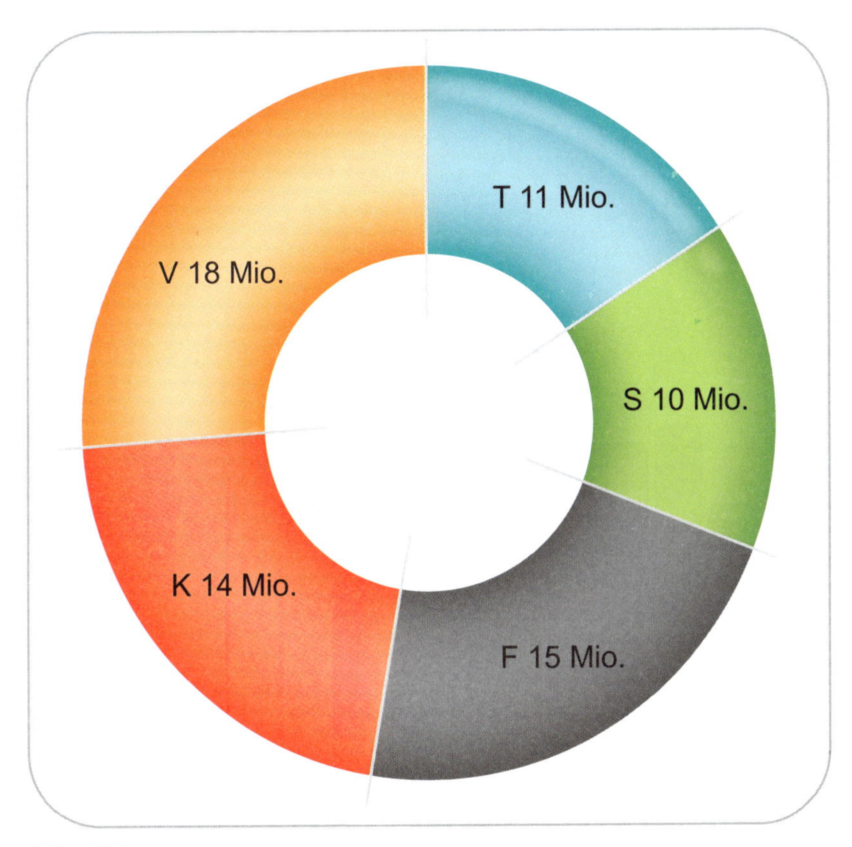

© Sky 2013

Abbildung 8.26 TV-Einzeltypen, Projektion auf die berücksichtigte Gesamtbevölkerung erwachsener Deutscher. Gerundet; n = 68,299 Mio.; 2011

Die Verteilung der Typen nach Geschlechtern zeigt deutliche Unterschiede (Abb. 8.27). Bei den Männern ist die Bandbreite verhältnismäßig gering: Zwischen dem höchsten Anteil (Typ S) und dem niedrigsten (Typ T) liegen nicht einmal fünf Prozent. Bei den Frauen dagegen gehören fast dreimal so viele zum Typ V wie zum Typ K. Anders gesprochen liegen Männer in ihren Einstellungen zum Fernsehen quantitativ näher beieinander als Frauen. Bei den Zuschauerinnen fällt auf, dass die Vielsehenden die relativ größte Gruppe überhaupt darstellen, die explizit Kritischen die kleinste. Das TV erntet bei ihnen insgesamt weniger Leidenschaft als bei Männern, egal, ob positive oder negative.

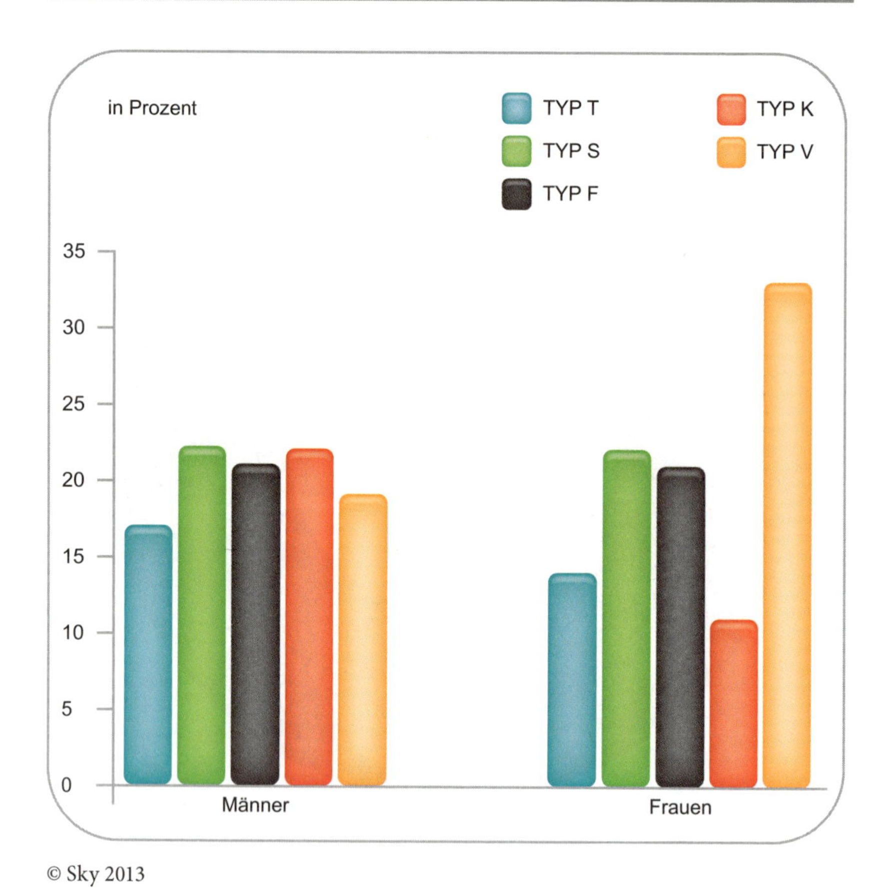

© Sky 2013

Abbildung 8.27 TV-Einzeltypen nach Geschlecht. Je Prozentanteile bei Männern (n = 493) und Frauen (n = 507); Deutschland; 2011

Recht ausbalanciert sind im direkten Geschlechtervergleich die drei Gruppen S, F und K (Abb. 8.28). Technikaffin sind, nicht verwunderlich, beim TV immer noch überproportional mehr Männer; sie begeistern sich häufiger für Produktinnovationen des TV-Geräts als die Frauen. Diese wiederum nutzen den Fernseher zeitlich intensiver als die Männer.

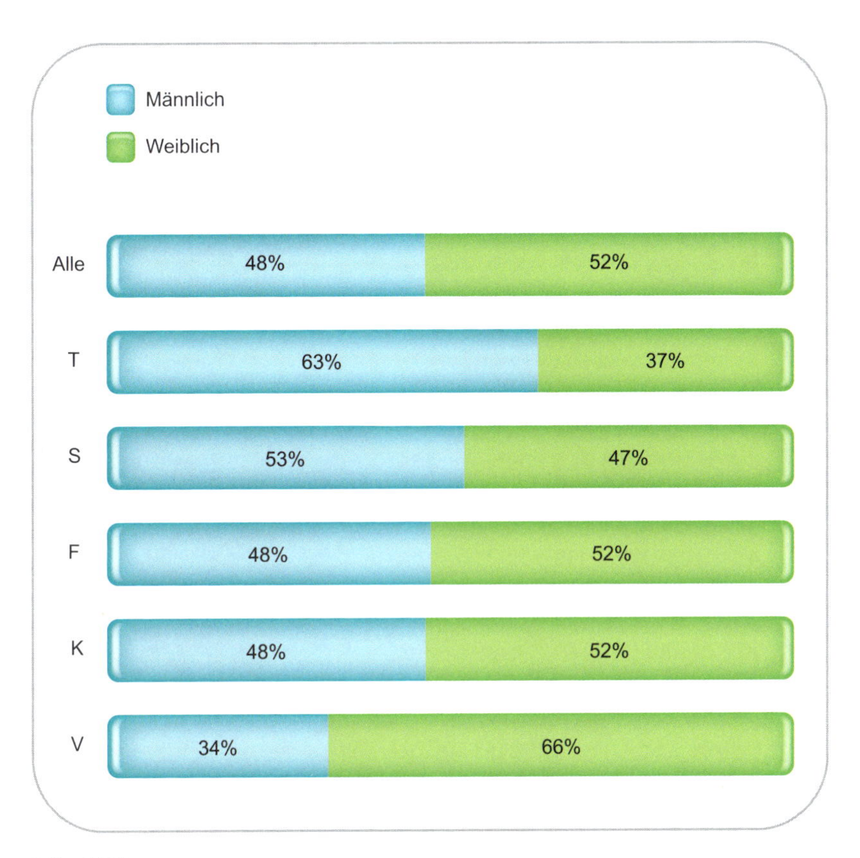

© Sky 2013

Abbildung 8.28 Gesamtverteilung und TV-Einzeltypen bei Männern und Frauen. n = 1000; Deutschland; 2011

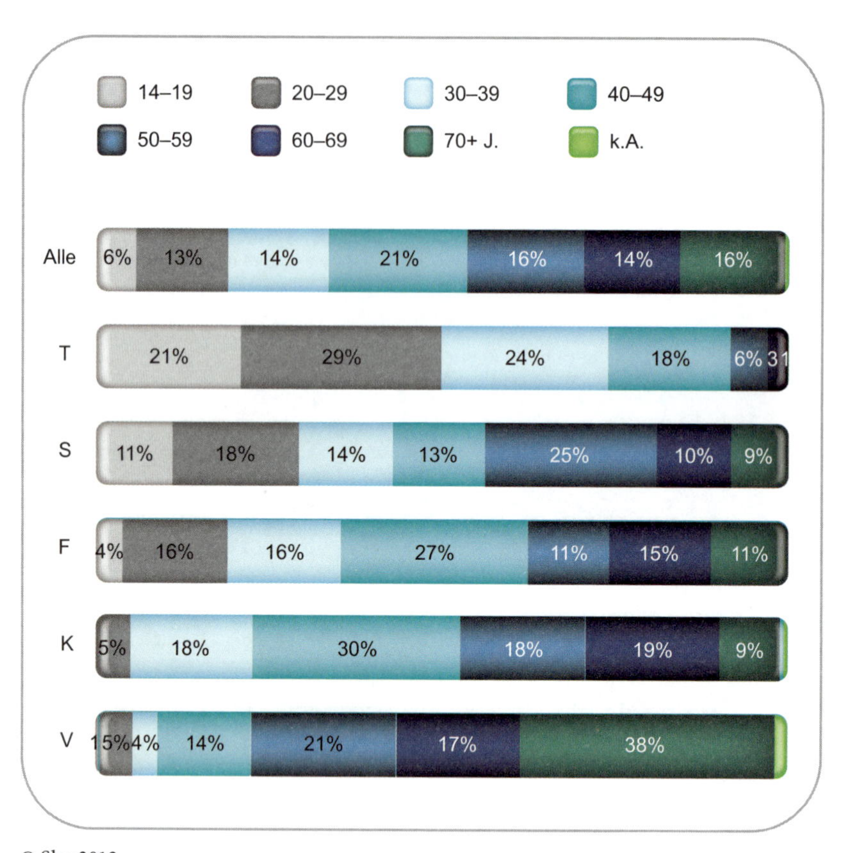

© Sky 2013

Abbildung 8.29 Altersverteilung, alle und TV-Einzeltypen. n = 1000; Deutschland; 2011

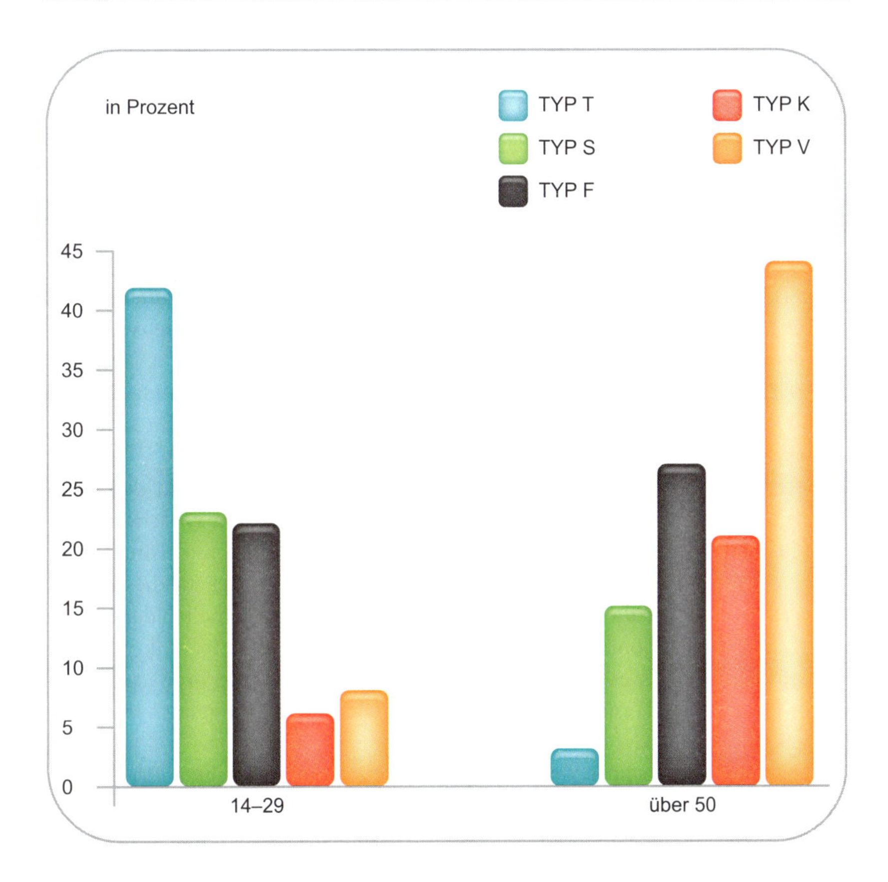

© Sky 2013

Abbildung 8.30 TV-Einzeltypen bei der jüngsten und der ältesten Altersgruppe. Prozentanteile bei 14–29-Jährigen (n = 113) und über 50-Jährigen (n = 556); Deutschland; 2011

Weitere Aufschlüsse ergeben sich, wenn die Altersverteilung in Beziehung zur neuen TV-Typologie gesetzt wird (Abb. 8.29). Ein eklatanter Unterschied zeigt sich insbesondere im „Extremgruppenvergleich" der Jüngsten mit den Ältesten aus der Stichprobe (Abb. 8.30). Web-Technikaffine, also Typ T, häufig auch „Digital Natives" genannt, machen fast die Hälfte der 14- bis 29-Jährigen aus, aber weniger als fünf Prozent der über 50-Jährigen. Umgekehrt ist der Unterschied fast genauso groß zwischen dem hohen Prozentwert „vielsehender" (Typ V) über 50-Jähriger und dem niedrigen für den entsprechenden Typus der 14- bis

29-Jährigen. Niedriger ist bei diesen nur noch der Typus der kritisch Wählenden (Typ K). Der neue Typus des sowohl das TV als auch das Internet kompatibel einsetzenden Nutzers gilt fast schon selbstverständlich für die demographische Gruppe, die mehr oder weniger in das Web-Zeitalter hineingeboren wurde. Die rapide Verbreitung des Internetgebrauchs auch bei älteren Bürgern zeigt auf der anderen Seite, dass der einfache Zugang zum Netz keineswegs gleichbedeutend ist mit verändertem Alltagsverhalten: Die traditionellen Rezeptionsmuster bleiben relativ stabil. Anders gesprochen: Die Ergebnisse verweisen darauf, dass die Nutzer bei einem zunehmenden Angebot trotzdem den in der Mediensozialisation erworbenen Handlungstendenzen folgen. Klassische Vielseher schauen bei höherem Angebot dann potenziell noch mehr, kritisch Wählende nutzen noch mehr Optionen, und TV-Ferne entdecken nicht plötzlich eigentlich für sie hochinteressante Programme.

Nach Jahrzehnten inhaltlicher und quantitativer Veränderungen des Fernsehens bei einer prinzipiell immer noch gleichen Konstellation zwischen Gerät und Zuschauer wurde zu Beginn des 21. Jahrhunderts die oft beschworene „Revolution" im Sinne intelligenten TVs Realität. In der zweiten Dekade dieses Jahrhunderts schlägt sich diese deutliche Veränderung auch im Verhalten der Nutzer nieder. Der heute schon bei den bis zu 29-Jährigen dominante „Techniktyp" wird im natürlichen Altersverlauf in dieser Konstellation einen immer größeren Anteil an der Gesamtbevölkerung haben und sich zugleich beschleunigt auch in etliche Bereiche der älteren Generationen hineinbewegen.

Hier kommt das bei der Verbreitung neuer Technologien wichtige Prinzip der persönlichen Multiplikation zum Tragen. Im Familien- und Freundeskreis zeigt man einander die neuen Optionen. Da sie inzwischen intuitiv-einfach geworden sind, entfallen weitgehend die Hürden umständlicher Installation und Bedienung. Wichtiger sind also biographisch erworbene Verhaltensgewohnheiten. Die Aussage aus der Studie „Der Fernseher zu Hause genügt mir" bestätigt dies. Dort, wo selbst Skype inzwischen von Senioren genutzt wird, haben bei den Älteren auch die neuen TV-Verhaltensmuster schon Einzug gehalten. Fast fünf Prozent dieser Gruppe gleichen in ihren Präferenzen bereits jetzt den Technikaffinsten der Jüngeren. Dieser „kleine" Prozentwert umfasst immerhin 1,5 Millionen Bürger.

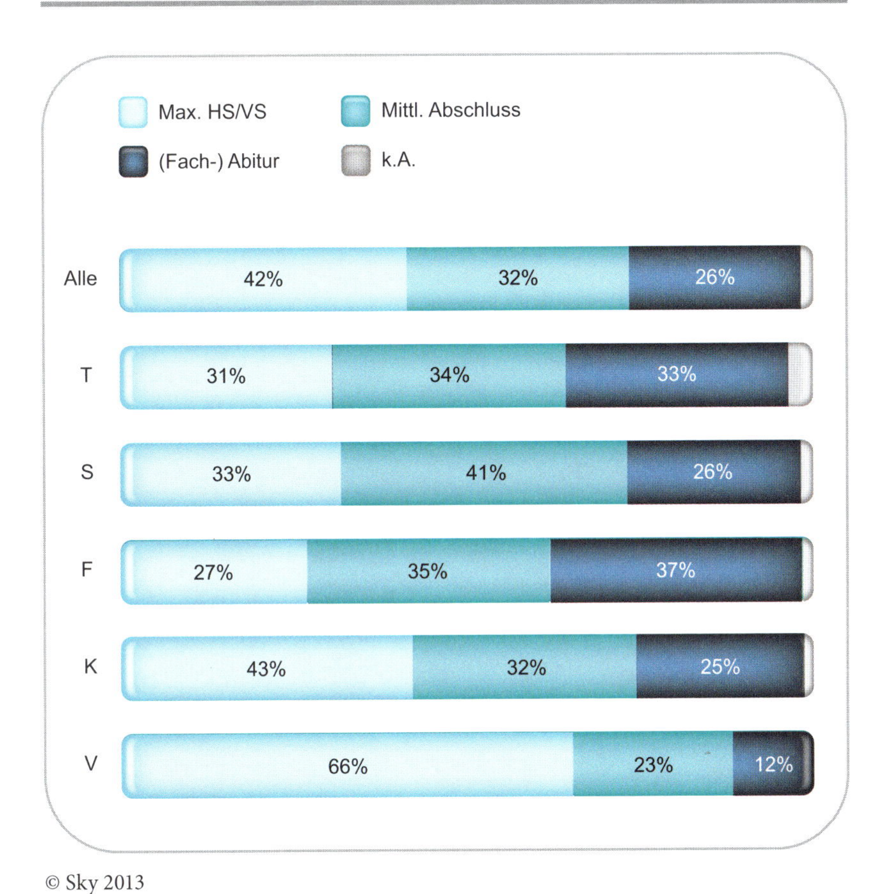

Abbildung 8.31 Bildungsabschlüsse, alle und TV-Einzeltypen. n = 1000; Deutschland; 2011

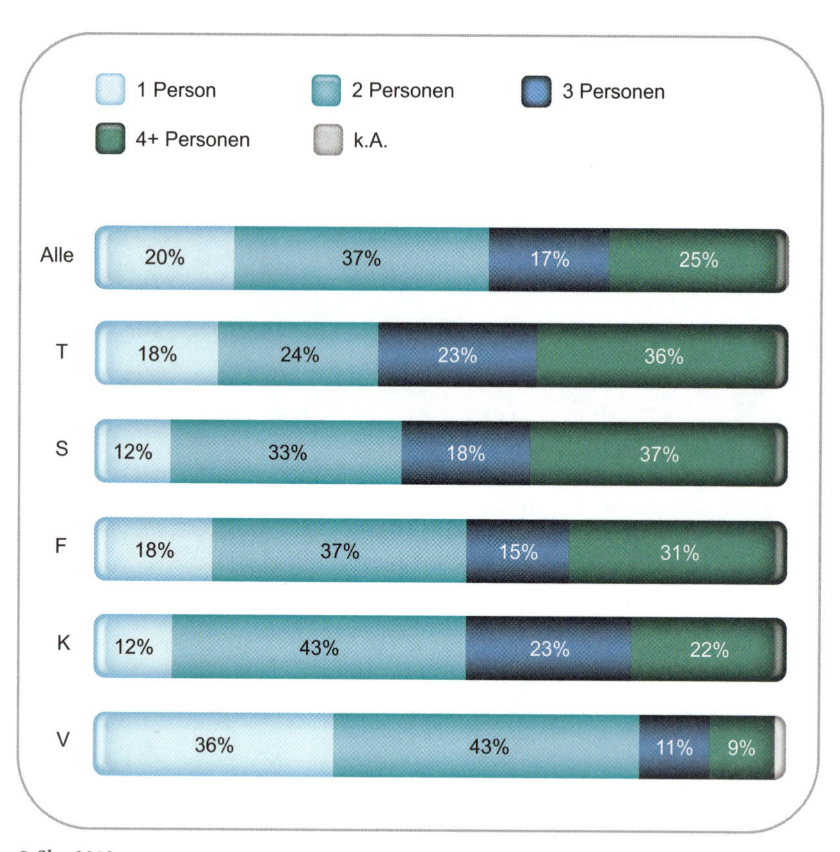

© Sky 2013

Abbildung 8.32 Haushaltsgröße, alle und TV-Einzeltypen. n = 1000; Deutschland; 2011

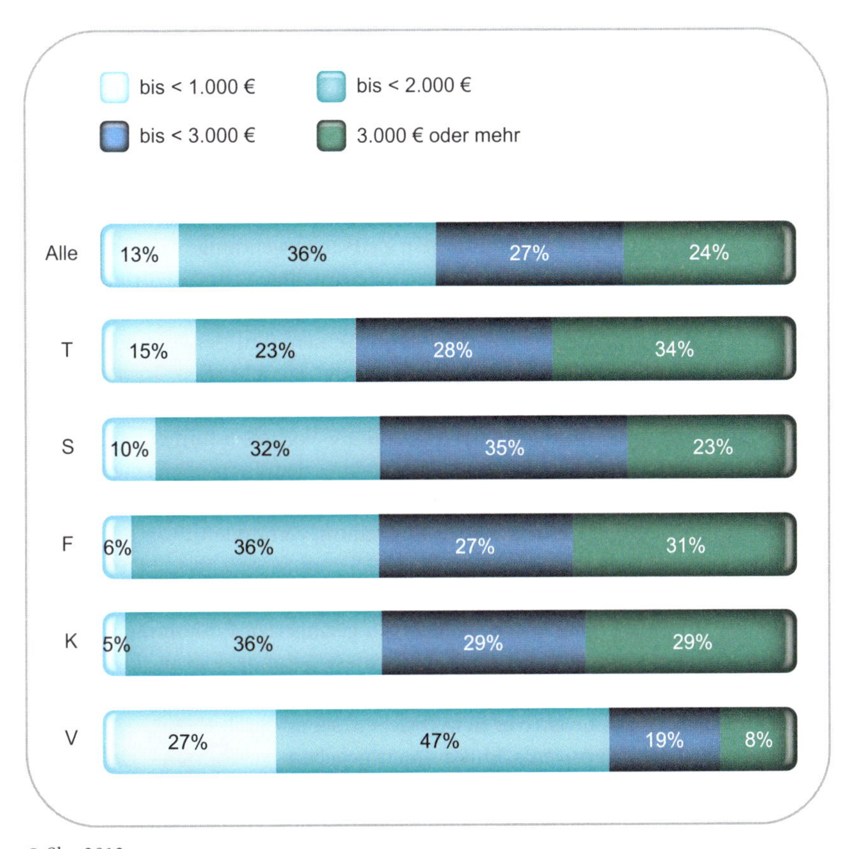

Abbildung 8.33 Durchschnittliches Haushaltseinkommen, alle und TV-Einzeltypen. n = 1000; Deutschland; 2011

Bei den Bildungsabschlüssen (Abb. 8.31), der Haushaltsgröße (Abb. 8.32) und dem Nettoeinkommen (Abb. 8.33) ist wiederum die demographische Struktur der jeweiligen Gruppen zu berücksichtigen. Die „Selektivseher" (S), „TV-Fernen" (F) und „kritisch Sehenden" (K) liegen jeweils alle durchschnittlich im Altersbereich zwischen 40 und 50, das heißt, ihre Ausbildung ist in der Regel abgeschlossen, sie stellen den höchsten Anteil an Berufstätigen und dürften damit zunächst ein höheres Durchschnittseinkommen haben sowie zugleich (noch) zusammen mit der durchschnittlich jüngsten Gruppe mehr Personen im Haushalt aufweisen.

Die Ergebnisse der Studie bestätigen diese Tendenz. Bei der „vielsehenden", ältesten Gruppe fällt der Bildungsdurchschnitt nicht zwangsläufig wegen des höheren TV-Konsums niedriger aus. In dieser Generation war der Anteil an Abiturienten durch eine andere Bildungspolitik deutlich niedriger als bei später Geborenen. Das Resultat kann also nicht als Bestätigung der These „Fernsehen macht dumm" gelesen werden; als Begründung für den hohen Fernsehkonsum ist eher die höhere Verfügbarkeit freier Zeit heranzuziehen. Dass die „TV-Fernen" den höchsten Prozentsatz an höherer Bildung aufweisen, korreliert mit ihrer Begründung, TV sei, im Vergleich zum Beispiel zum Lesen, Zeitverschwendung. Auch hier kann nicht von einer Kausalbeziehung zwischen hoher Intelligenz und niedrigem Fernsehkonsum gesprochen werden: Wahrscheinlicher handelt es sich um habituelle Präferenzen, die besonders in Deutschland bei einem Teil des Bildungsbürgertums Fernsehen (immer noch) als „minderwertig" ausschließen. In den ersten Kapiteln der Studie war demgegenüber bereits beschrieben worden, dass sich im 21. Jahrhundert insgesamt Bildungsstatus und TV-Vorlieben immer weniger bedingen. Ablehnung oder Gleichgültigkeit gegenüber dem Fernsehen sind zwar im mittleren Alter mit einer etwas höheren Bildung verknüpft, doch ist diese fast ebenso häufig mit einer TV-bejahenden Einstellung verbunden, zum Beispiel bei der technikaffinen Gruppe.

Unkritisch Vielsehende waren auch in früheren Analysen als Nutzer mit niedrigerem Bildungshintergrund und häufig auch geringerem Einkommen identifiziert worden. Die vorliegende Studie bestätigt diese Befunde. Erneut sind aber die Ergebnisse auch in dem Zusammenhang zu betrachten, dass bei einem höheren Anteil an Menschen ohne aktives Erwerbsleben, sei es durch Rente, sei es durch Arbeitslosigkeit, ein geringeres Einkommen gegeben ist, während gleichzeitig ein größeres Zeitbudget zur Verfügung steht. Da dann häufig das Geld oder etwa auch körperliche Voraussetzungen für aufwändige Freizeitaktivitäten fehlen, ist die Unterhaltungselektronik eine geeignete Möglichkeit zur Ablenkung. Die Aussage, dass damit häufig keine wirklich zufriedenstellende Gestaltung des Alltags verbunden ist, wird weiter dadurch bestätigt, dass in dieser Gruppe die kleinste Haushaltsgröße zu finden ist. Die Kinder sind aus dem Haus, man lebt zu zweit oder allein, der traditionelle Fernseher dient auch sehr stark dem Gefühl, nicht ganz allein zu sein.

Umgekehrt findet sich bei der im Durchschnitt jüngsten Gruppe der Technikaffinen ein schon recht hohes Einkommen; man kann sich die neuen Geräte leisten, lebt als jüngerer Mensch zum Teil aber noch mit den Eltern und Geschwistern zusammen.

Selektivseher und kritische Nutzer sind die beiden Gruppen mit jeweils eher mittleren Bildungsniveaus und Einkommen; sie entsprechen am ehesten dem deutschen Durchschnittsbürger. Jedoch unterscheiden sich die beiden Gruppen nicht nur beim Fernsehverhalten, sondern auch in der Haushaltsgröße deutlich voneinander. Zum einen mag das mit dem Durchschnittsalter zu tun haben, bei dem rund vierzig Jahre (Typ S) rund fünfzig Jahren (Typ K) gegenüberstehen. Aber auch die Anzahl der Personen im Haushalt, so ist zu vermuten, beeinflusst das Sehverhalten. In größeren Familien muss selektiver und häufig auch dem Zufall folgend vorgegangen werden, um zum Zuge zu kommen. In der kleineren Konstellation kann man sich kritisch in Details des Angebots vertiefen und dem Geschmack entsprechend eigene Präferenzmuster pflegen.

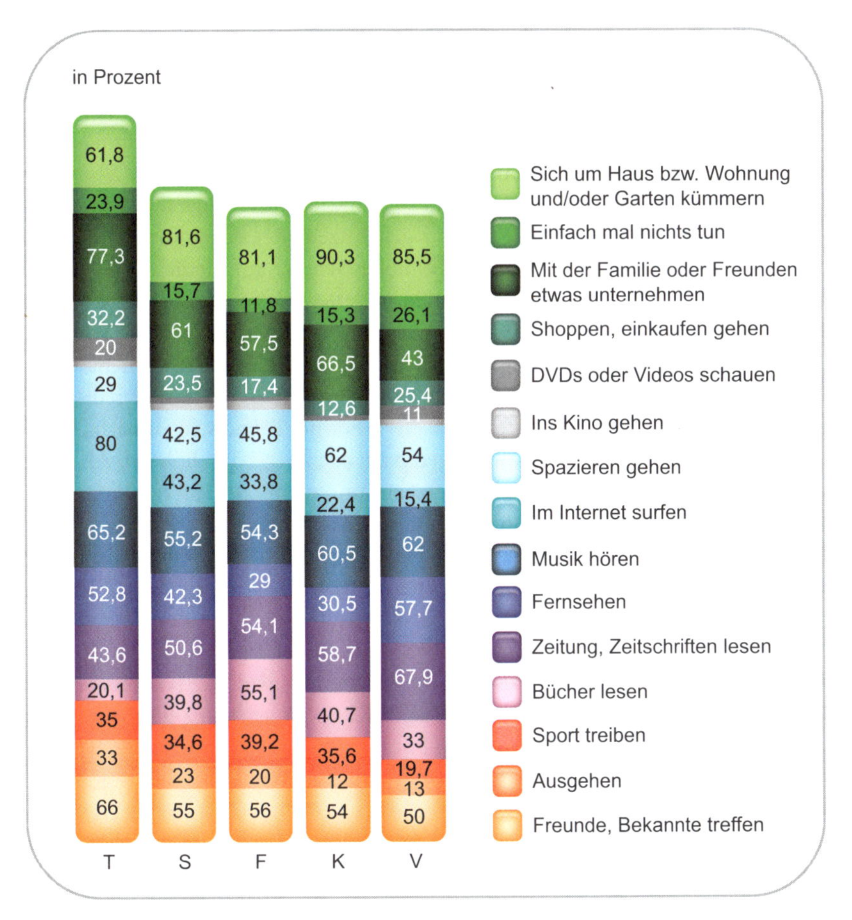

© Sky 2013

Abbildung 8.34 Freizeitaktivitäten, TV-Einzeltypen. n = 1000; Deutschland; 2011

Bei einem erneuten Blick auf bevorzugte Freizeitaktivitäten (Abb. 8.34), dieses Mal den unterschiedlichen TV-Typen zugeordnet, sticht in vielerlei Hinsicht die technikaffine Gruppe (Typ T) hervor. Sie hat das mit Abstand größte Spektrum von Interessen. Vom T-Typ werden jeweils im Vergleich zu den anderen Gruppen am häufigsten genannt: soziale Aktivitäten, im Internet surfen, shoppen, DVDs/ Videos schauen, Musik hören, ausgehen. Recht hoch in der Rangliste steht auch das Fernsehen. Deutlich weniger beliebt als bei den anderen dagegen sind Spazierengehen und das Lesen von Büchern. Beim letzten Punkt muss darauf hingewiesen werden, dass nach der Beschäftigung mit Büchern gefragt war (auf E-Books wie Kindle wurde in der Studie nicht vertiefend eingegangen). Dennoch gehört das Lesen selbstverständlich ebenso zu den Grundbestandteilen der Web-Nutzung, ob es nun tatsächlich um längere Texte geht oder um Kurzmeldungen auf Facebook oder Twitter, um vielfältige Informationen via Google und Nachrichten-Sites oder um die sprachliche Interaktion in Chats und Blogs.

Insgesamt ist der Typus T nicht nur gekennzeichnet durch die digitale Sozialisation. Er weist auch eine besonders hohe Neugier auf Medien- und soziale Angebote auf. Gerade diese Konstellation widerlegt das Klischee, der Konsum elektronischer Medien, ob traditionelle wie das TV oder neuere wie das Internet, gehe mit größerer Vereinsamung einher. Das Gegenteil ist der Fall. In dem Maße, in dem die verschiedenen Plattformen flexibel eingesetzt werden, stehen die Nutzer in näherem Kontakt mit Freunden, der Familie, Bekannten. Innerhalb der Gruppe trifft das nicht nur auf die Jüngeren zu, auch der T-Typ höheren Alters ist kontaktfreudiger. Der TV-Konsum ersetzt zusammen mit der Internetkommunikation nicht „wirkliche" Beziehungen, sondern verstärkt diese eher. Ein Muster: Fernsehsendungen werden angeschaut, bei Interesse im Netz weiter diskutiert, man tauscht sich aus und vertieft in der persönlichen Begegnung diese und viele weitere Themen.

Im Kontrast zu Typ T steht in mancher Hinsicht der Typ V mit definitionsgemäß dem höchsten (Passiv-)TV-Konsum. Sein Verhaltensmuster ist aber auch gekoppelt mit hohen Werten für die Presselektüre, besonders von Zeitschriften, für das Spazierengehen, Nichtstun und die Pflege der Wohnung. Ausgehen dagegen gehört deutlich weniger zu den bevorzugten Aktivitäten. Hier mag die Korrelation zwischen hohem Fernsehkonsum und Kontaktmangel zutreffend sein, allerdings offenbar weniger ursächlich aufgrund des Fernsehens. Dieses wird eher als Ersatz für soziale Beziehungen eingesetzt, bis hin zur Anwesenheitsillusion beim Alleinsein.

Das Fernsehen steht also nicht nur in Interaktion mit nicht-elektronischen Faktoren, wenn es um das soziale Leben geht; beim neuen Fernsehen ist vielmehr das Internet zu einem Dreh- und Angelpunkt für die Einbettung des TV in die Pflege von realer Gemeinschaft geworden.

Die anderen Gruppen wiederum liegen bei den meisten genannten Punkten näher beieinander. Spezifisch sind jeweils bei den Freizeitaktivitäten der hohe Stellenwert der Buchlektüre unter den TV-Fernen Intellektuellen (Typ F), Einrichten, Gestaltung und Pflege der eigenen Wohnung beim TV-kritischen Typ K und ein immer noch vergleichsweise höherer Wert bei der Bedeutung des Internets beim selektiven TV-Nutzer S.

Diese Befunde bestätigen frühere Ergebnisse. Das Buch ist dem TV-Fernen das wirklich wertvolle Medium. Der Selektive setzt zum Stimmungsmanagement in der Freizeit Fernsehen und Internet ein. Der kritisch Konsumierende gestaltet sein Leben zu Hause auch mit Hilfe des TV, ohne dass dies allerdings im Mittelpunkt stünde. Fernsehen bleibt, ändert aber im neuen Zeitalter seine Funktionen.

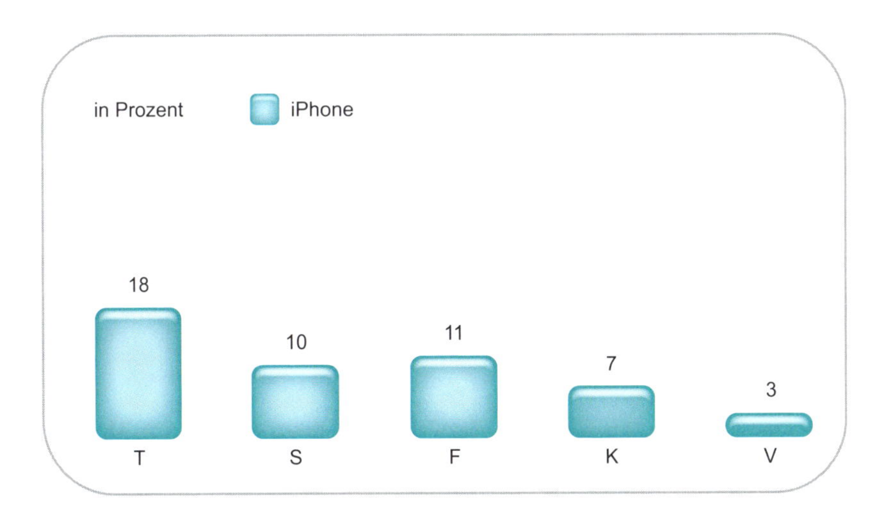

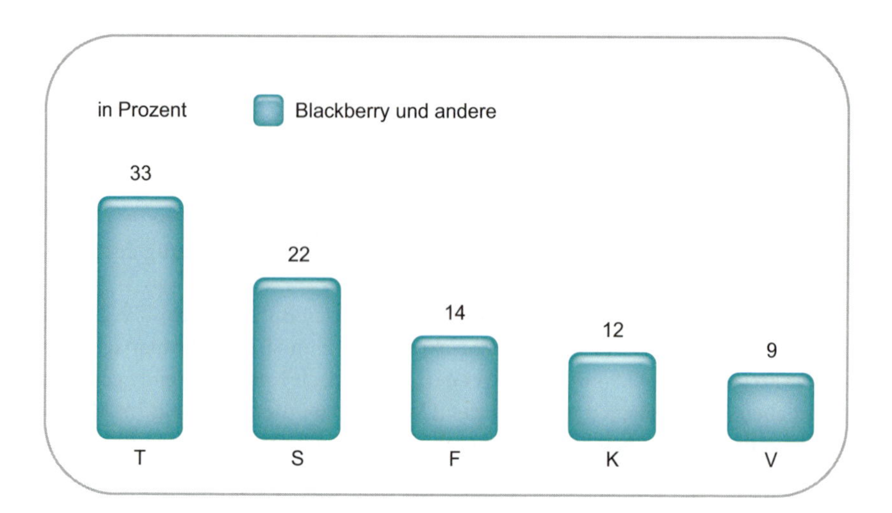
in Prozent
Blackberry und andere
33
22
14
12
9
T
S
F
K
V

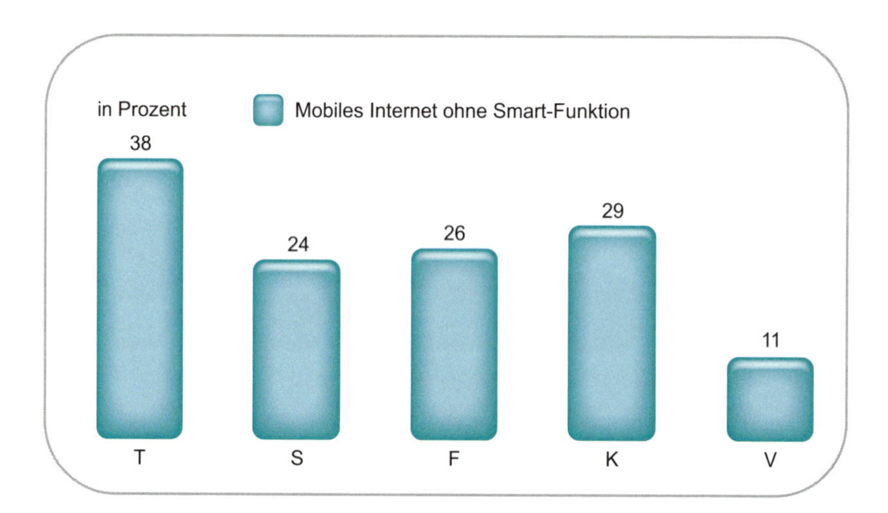
in Prozent
Mobiles Internet ohne Smart-Funktion
38
24
26
29
11
T
S
F
K
V

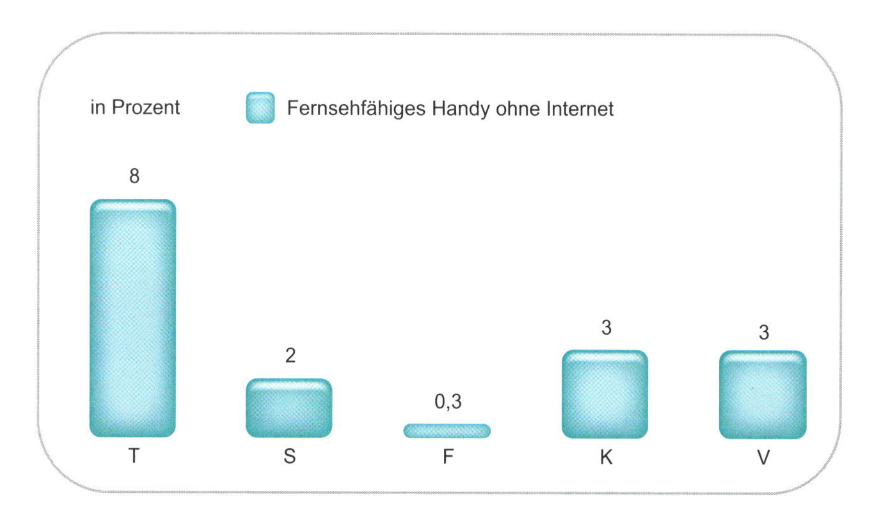

© Sky 2013

Abbildung 8.35 Ausstattung mit Mobilgeräten, TV-Einzeltypen. n = 1000; Deutschland; 2011

Der technikaffine Typus weist auch bei der Mobilkommunikation die avancierteste Ausstattung auf (Abb. 8.35). Neben iPhone und Blackberry sind bei dieser Gruppe auch weitere Konstellationen vertreten, zum Beispiel Geräte mit Internetmöglichkeit, aber ohne die vielen weiteren Optionen der modernen Smartphones. Nur diese Gruppe macht in nennenswertem Umfang von der Möglichkeit Gebrauch, Fernsehen mobil unabhängig vom Internet zu empfangen (acht Prozent); bei den anderen sind diese Werte eher marginal. Die geringste Nutzung intelligenter Telefone findet sich bei den Vielsehern, während sie recht ausgewogen bei den Gruppen Selektive, TV-Ferne und TV-Kritische verbreitet ist. Das Mobiltelefon ist damit neben dem Fernseher ein selbstverständlicher Bestandteil der Ausstattung fast aller Bürger, unterscheidet sich aber deutlich in der Nutzungsfunktion vom TV. TV über das Mobilgerät selbst findet am ehesten beim Typ T statt.

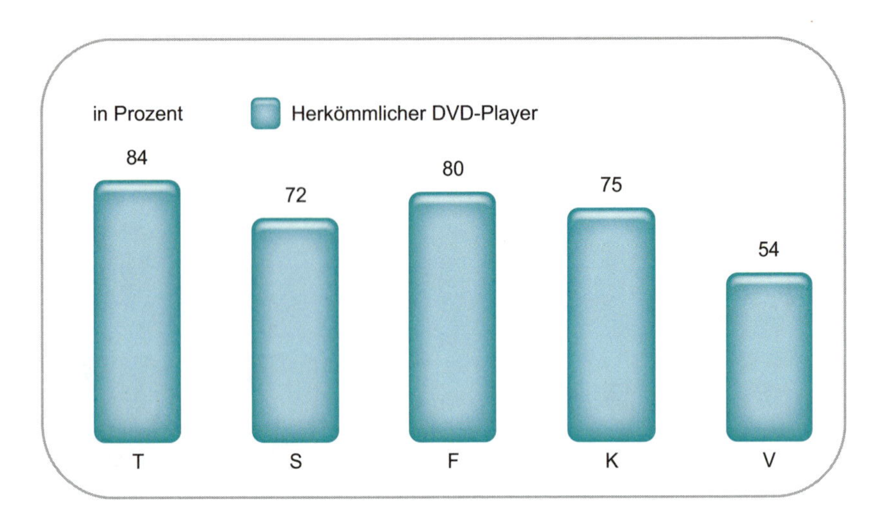
in Prozent
Herkömmlicher DVD-Player
84
72
80
75
54
T
S
F
K
V

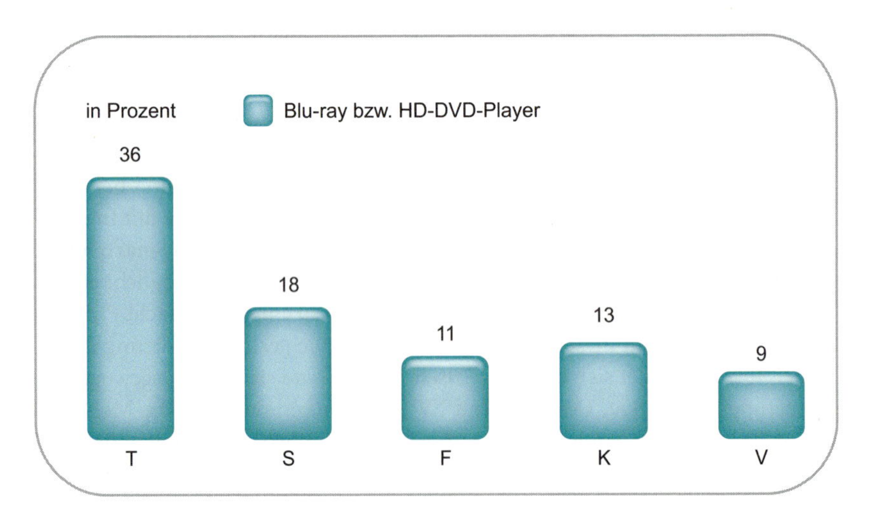
in Prozent
Blu-ray bzw. HD-DVD-Player
36
18
11
13
9
T
S
F
K
V

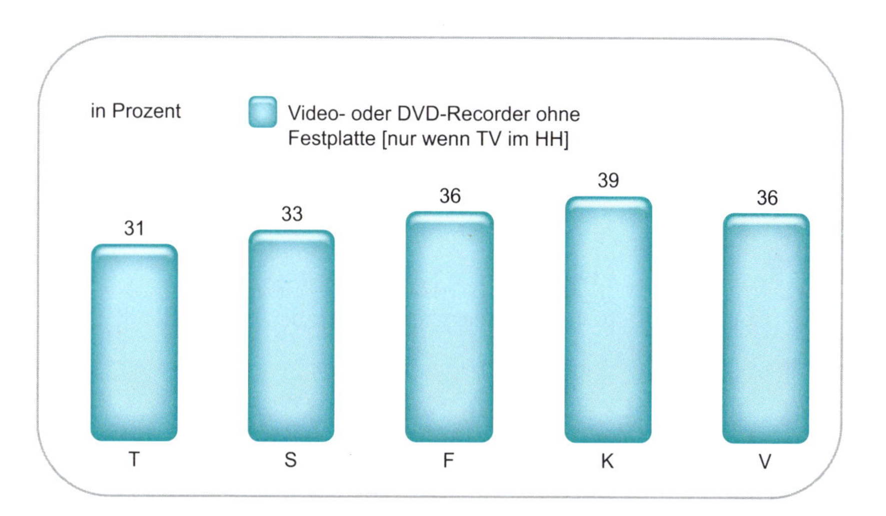
in Prozent
Video- oder DVD-Recorder ohne Festplatte [nur wenn TV im HH]
31
33
36
39
36
T
S
F
K
V

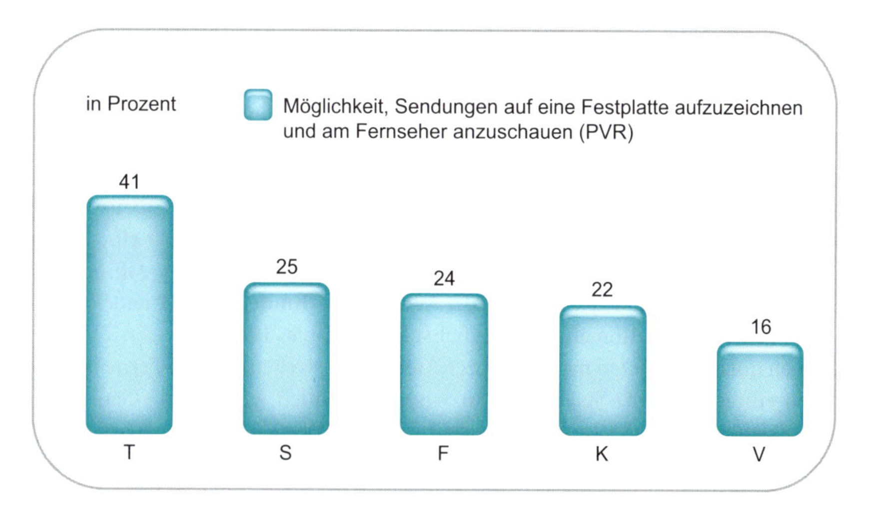
in Prozent
Möglichkeit, Sendungen auf eine Festplatte aufzuzeichnen und am Fernseher anzuschauen (PVR)
41
25
24
22
16
T
S
F
K
V

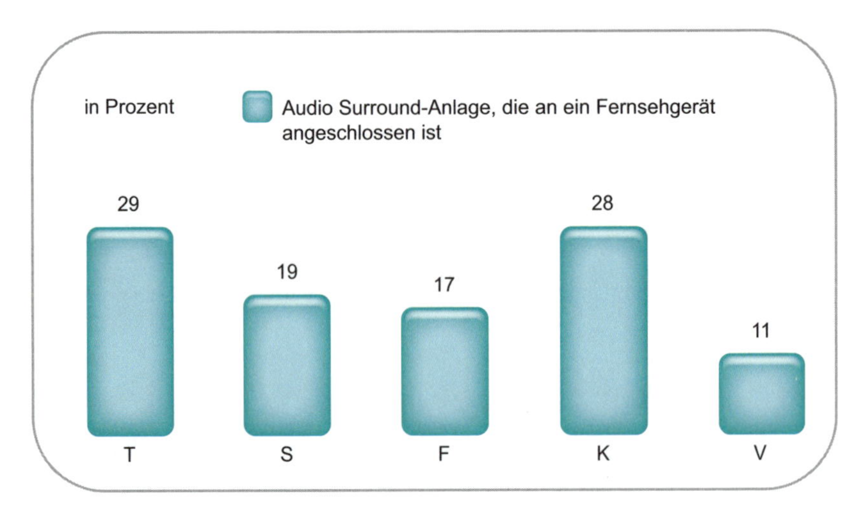

© Sky 2013

Abbildung 8.36 Ausstattung mit Wiedergabe- und Aufnahmegeräten (TV-Peripherie), TV-Einzeltypen. n = 1000; Deutschland; 2011

Die Ergebnisse bei der Ausstattung mit TV-Peripherie überraschen nicht (Abb. 8.36). Wer im Alltag an digitaler Technik interessiert ist wie der Typus T, besitzt auch mit großer Wahrscheinlichkeit ein Gerät, das den Konsum ausgestrahlter TV-Programme erweitert um die Möglichkeit, DVDs und Blu-rays abzuspielen, selbst Sendungen aufzunehmen bzw. wiederzugeben und dabei auch eine kinoähnliche Audioqualität zu erreichen. Dem Stimmungsmanagement entsprechend nutzt der Typus des Selektivsehers die Wiedergabe für seine Situationsbedürfnisse; die Konzentration auf ein möglichst komfortables Heim lässt den TV-Kritischen noch am ehesten nach dem perfekten Klang streben; der TV-Ferne besitzt einen einfachen DVD-Spieler, der inzwischen, ähnlich wie ein CD-Gerät, zur Normalausstattung der meisten Haushalte gehört. Der Vielseher demgegenüber ist vor allem am laufenden Fernsehprogramm interessiert und sieht nur wenig Anlass, es um weitere audiovisuelle Optionen zu ergänzen. Auch Spielekonsolen verteilen sich erwartungsgemäß: Zwei Drittel der technikaffinen Jüngeren (T) besitzen sie, je ein Drittel der TV-Selektiven, -Fernen und -Kritischen, nur ein Sechstel der älteren Gruppe der Vielsehenden (Abb. 8.37).

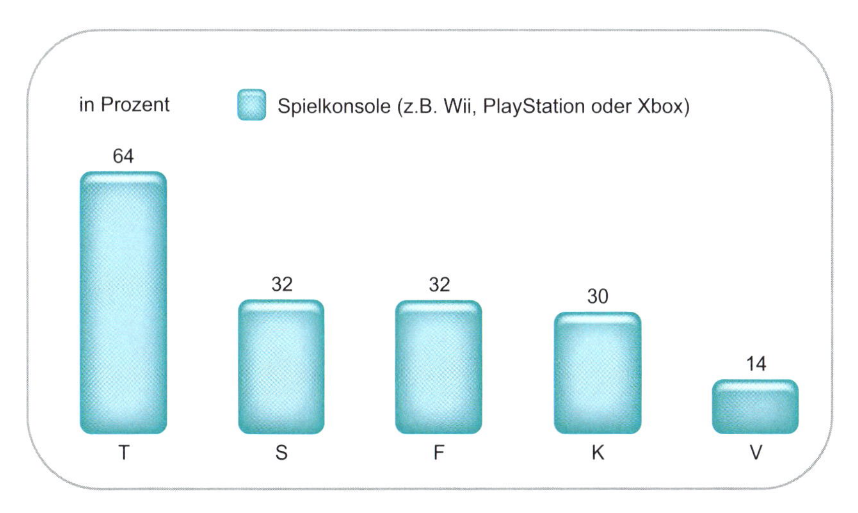

Abbildung 8.37 Ausstattung mit Spielekonsolen, TV-Einzeltypen. n = 1000; Deutschland; 2011

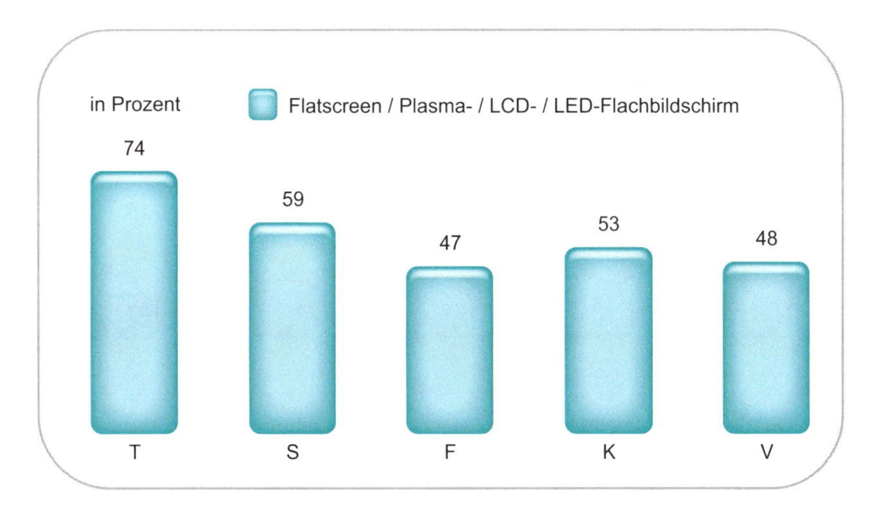

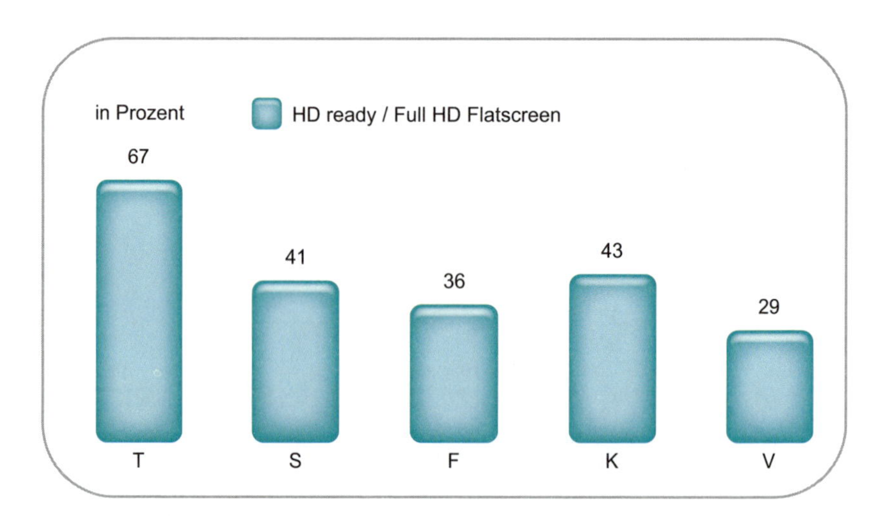
in Prozent
HD ready / Full HD Flatscreen
67
41
36
43
29
T
S
F
K
V

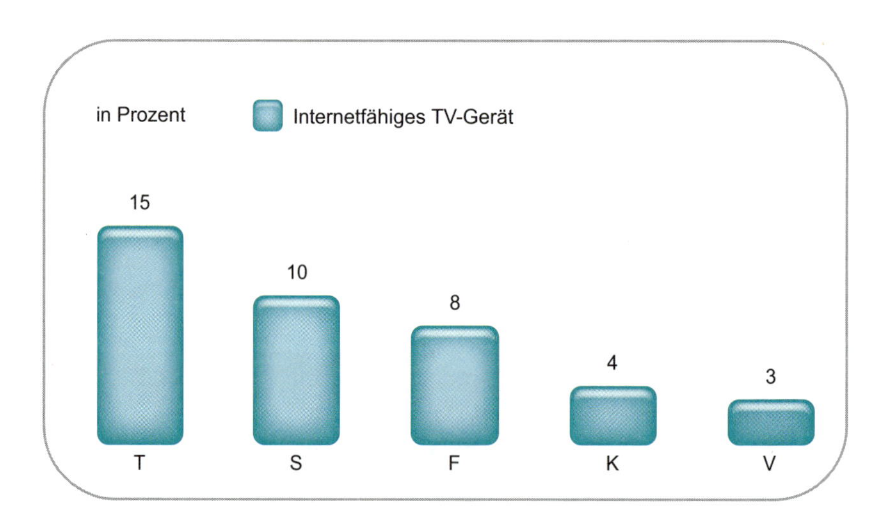
in Prozent
Internetfähiges TV-Gerät
15
10
8
4
3
T
S
F
K
V

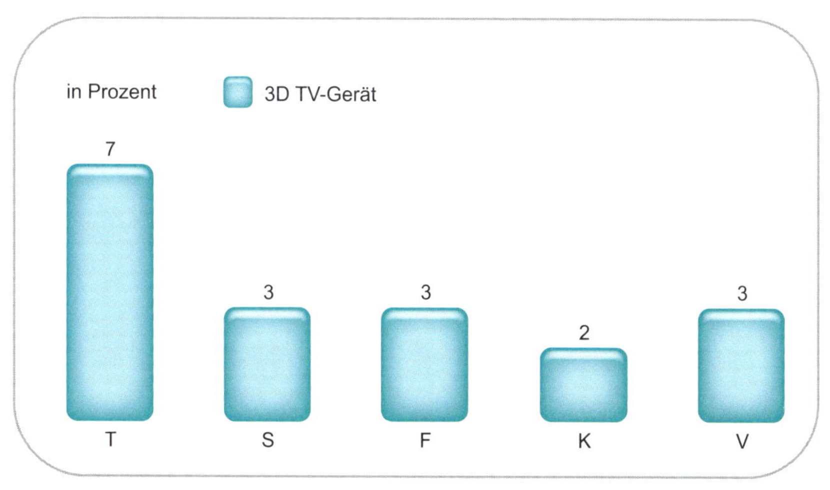

© Sky 2013

Abbildung 8.38 Ausstattung mit Fernsehgeräten, TV-Einzeltypen. n = 1000; Deutschland; 2011

Der Trend zur konsequenten Digitalausstattung setzt sich schließlich bei den Technikaffinen auch hinsichtlich des TV-Gerätes fort (Abb. 8.38). Bei allen fortschrittlicheren Ausstattungsmerkmalen des Fernsehers erzielen sie die mit Abstand höchsten Werte, ob es um den Flachbildschirm geht, die Internetfähigkeit oder die Wiedergabequalität über HD bis hin zu 3D. Dagegen reicht Vielsehern, obwohl sie das Fernsehgerät am intensivsten nutzen, offenbar für den passiven Routinekonsum die herkömmliche Technik.

Der TV-Kritische wiederum mit dem deutlichen Akzent auf eine angenehme Gestaltung der Wohnung weist im mittleren Prozentbereich noch am ehesten eine Ausstattung mit höherer Bildschirmqualität auf.

Mit dem Typ T des Technikaffinen und seiner neuen Mediensozialisation – diese Gruppe wird altersbedingt an Größe zunehmen, denn die heute noch unter Vierzehnjährigen werden in Zukunft vermutlich ein ähnliches Entwicklungsmuster aufweisen – wächst auch die Wahrscheinlichkeit der immer umfangreicheren Digitalausstattung aller Haushalte.

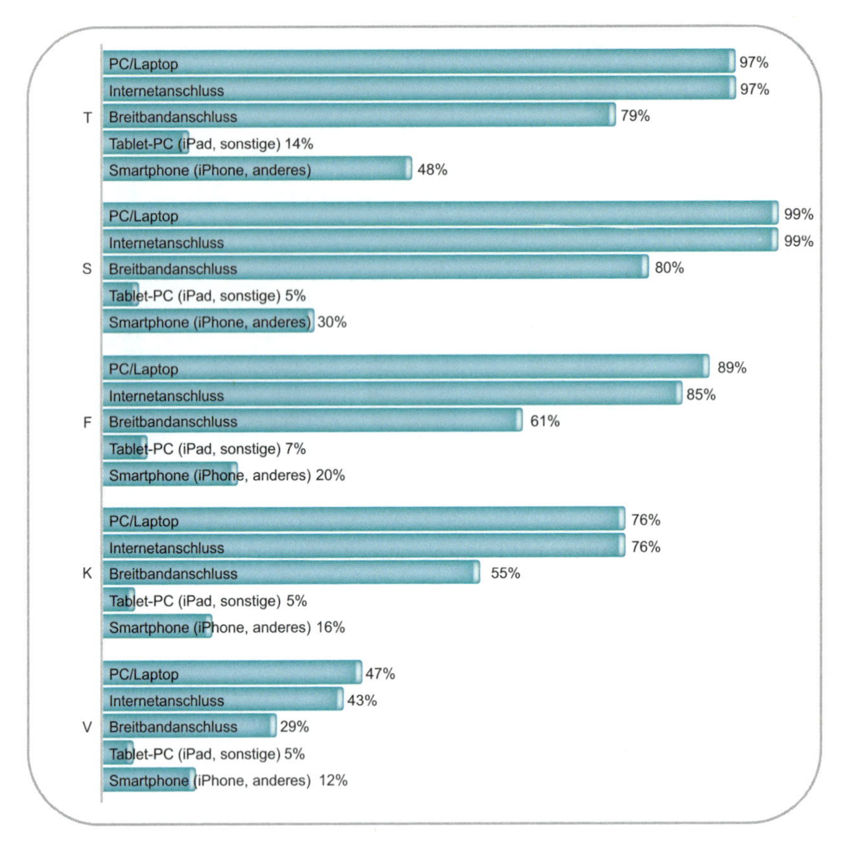

Abbildung 8.39 Übersicht über die digitale Ausstattung der TV-Einzeltypen. n = 1000; Deutschland; 2011

Mit dieser Entwicklung geht dann künftig auch die nahezu vollständige Anbindung der Bürger ans Internet einher (Abb. 8.39). Bei der techniknahen Gruppe der Jüngeren liegt der Wert bei 97 Prozent im Vergleich zu drei Vierteln in der heutigen Durchschnittsbevölkerung, beim Typ S sogar bei 99 Prozent. Tablets wie iPad gehörten schon 2011/2012 immerhin zu fast 15 Prozent zur Grundausstattung der Technikaffinen, 2013 liegt diese Zahl noch einmal deutlich höher. Am geringsten fällt die Verwendung der interaktiven Digitaltechnik bei der vielsehenden TV-Gruppe aus.

Eine interessante Korrespondenz zeigt sich bei der Verbreitungsform der TV-Signale (Abb. 8.40). Kabel wird deutlich häufiger von den demographisch am weitesten auseinander liegenden Gruppen Technikaffine und Vielsehende genutzt, Satellit dagegen mit Abstand mehr von den Selektiven, TV-Fernen und TV-Kritischen. Teile der technikaffinen und der selektiven Gruppe wiederum empfangen häufiger als andere Gruppen digital-terrestrisch und über das Internet. Dabei wird mit dem absehbaren Ende der terrestrischen Verbreitung vieler Sender das Internet in Teilen an deren Stelle treten, zusätzlich zum aktiven Nutzen von Cloud TV und Ähnlichem.

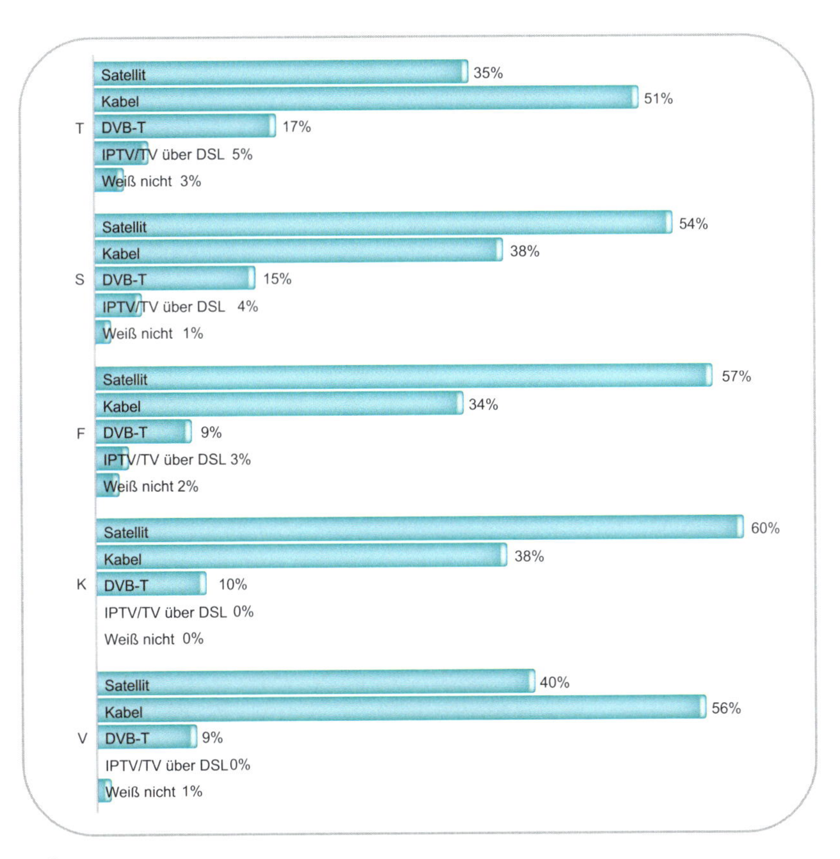

Abbildung 8.40 TV-Empfangswege bei TV-Einzeltypen. n = 1000, Deutschland; 2011

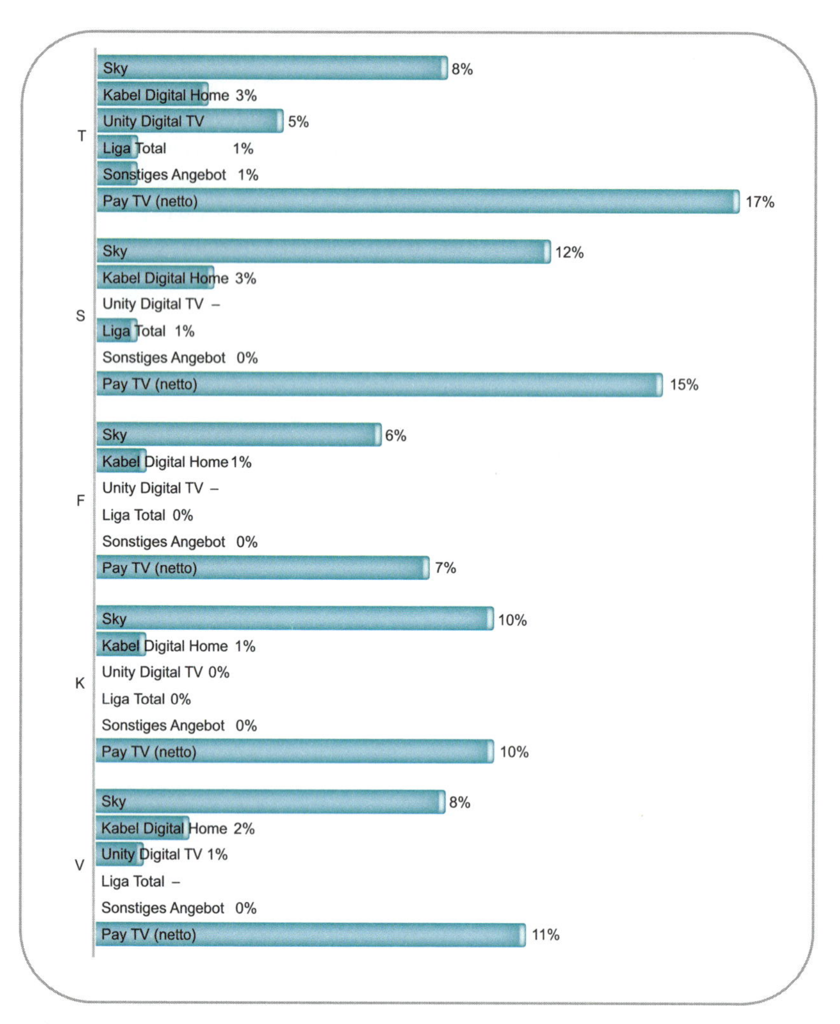

Abbildung 8.41 Nutzung von Pay-TV, TV-Einzeltypen. n = 1000; Deutschland; 2011

Statistisch signifikant ist beim Abonnenten-TV nur die Nutzung von Sky (Abb. 8.41). Hier hat die Gruppe der Selektivseher den höchsten Wert. Dies entspricht ihrer besonderen Betonung einer situationsabhängigen und stimmungsbezogenen Auswahl von Medien- und insbesondere TV-Angeboten; man möchte zu jeder Zeit ein hochwertiges Programm zur Verfügung haben und ist auch bereit, dafür zu zahlen. Plausibel ist auch die etwas höhere Sky Nutzung bei den Typen TV-Kritische, Technikaffine und Vielseher. Für den kritisch Wählenden ergänzt das Programm die optimale Heimausstattung, der Vielseher erweitert sein Fernsehrepertoire um Bezahlangebote. Der Technikaffine findet avancierte Digitaltechnik bei den Receivern, Innovationen und eine hohe Wiedergabequalität.

Die unterschiedliche Nähe zum Fernsehen spiegelt sich auch in den durchschnittlichen Sehzeiten der verschiedenen TV-Typen wider. Sowohl werktags (Abb. 8.42) als auch an Samstagen (Abb. 8.43) und Sonntagen (Abb. 8.44) übersteigt die tägliche höchste Sehdauer naturgemäß bei den Vielsehern und auch bei den Technikaffinen den Gesamtdurchschnitt. Die Gründe dafür allerdings differieren. Auch wenn die große Leidenschaft für das Programm den Vielsehenden meist abgeht, ist das Fernsehen ihnen mit über drei Stunden täglicher Dauer doch ein wichtiger Begleiter durchs Leben, sei es aus Mangel an Alternativen, sei es, dass das Gerät gewohnheitsmäßig läuft, sei es, dass es Alleinlebenden das Gefühl von Anwesenheit im Alltag vermittelt. Den Technikaffinen TV ein Begleiter im Hintergrund, während sie im Web surfen oder mit anderen digitalen Aktivitäten befasst sind. Ebenso häufig wird es aber auch genutzt, wenn es im digitalen Angebot für bestimmte Funktionen die besten Optionen bietet, zum Beispiel die professionelle Information oder das große Live-Ereignis. Es steht damit in der Wertschätzung nicht höher als andere Medienmöglichkeiten, wird aber entspannt und flexibel eingesetzt.

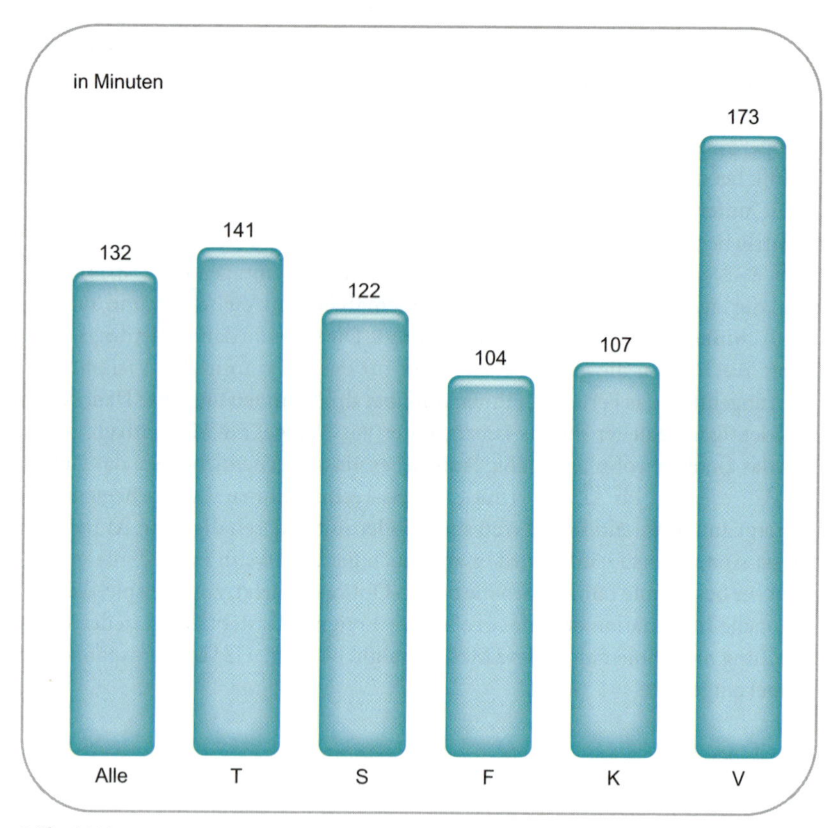

Abbildung 8.42 Durchschnittliche TV-Nutzung werktags; alle und die TV-Einzeltypen. n = 1000; Deutschland; 2011

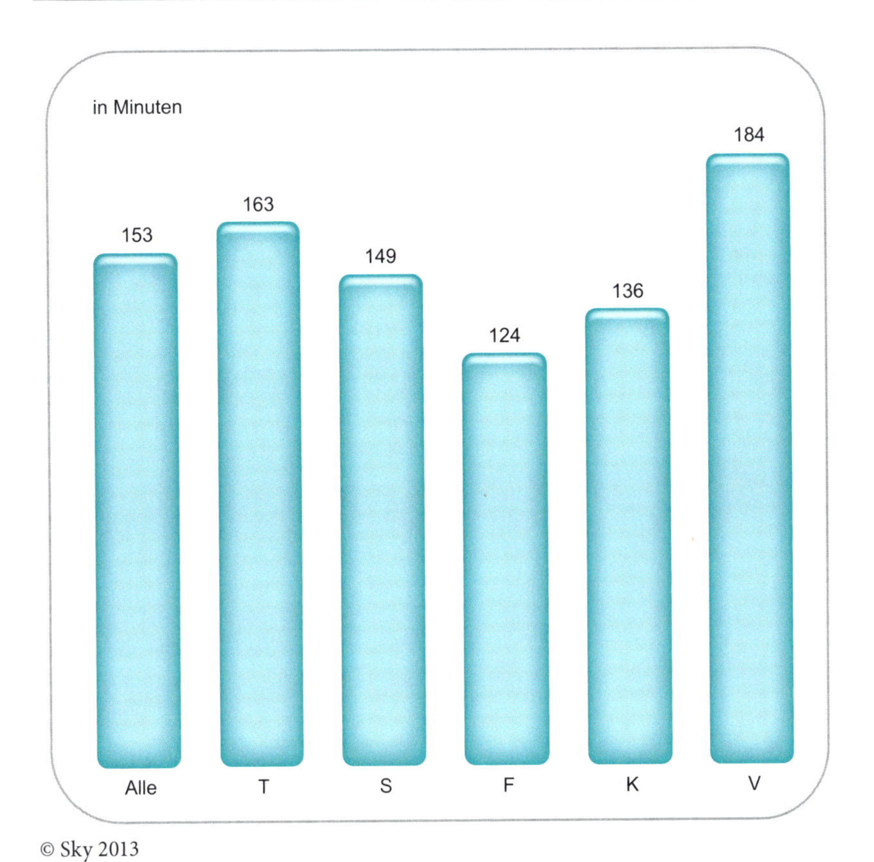

© Sky 2013

Abbildung 8.43 Durchschnittliche TV-Nutzung samstags; alle und die TV-Einzeltypen. n = 1000; Deutschland; 2011

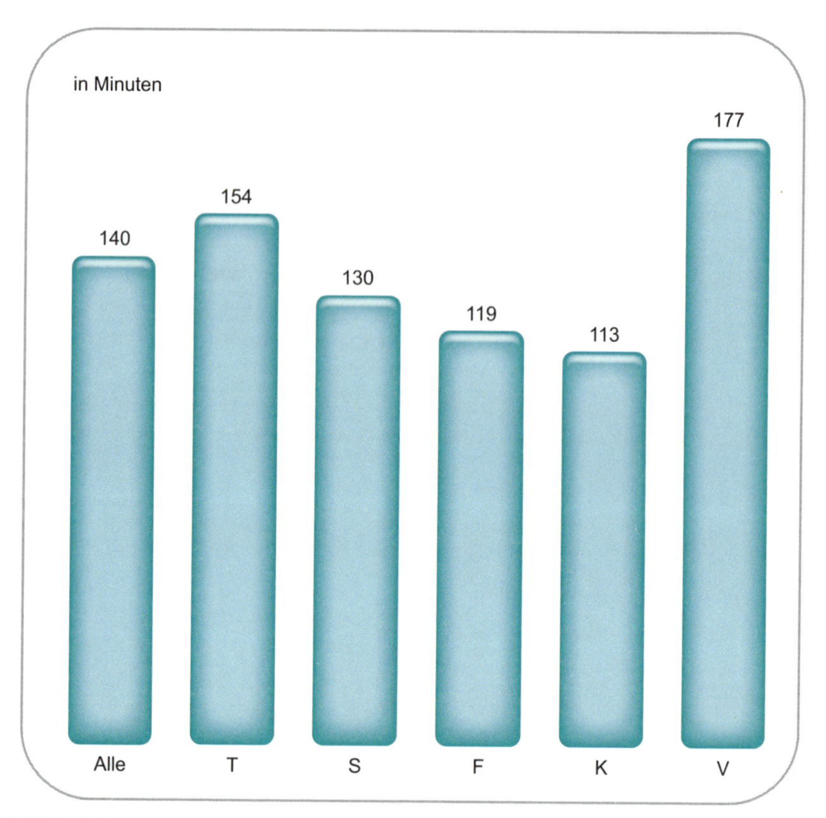

© Sky 2013

Abbildung 8.44 Durchschnittliche TV-Nutzung sonntags; alle und die TV-Einzeltypen. n = 1000; Deutschland; 2011

Für 2013, dabei konkret für das erste Halbjahr, entspricht die durchschnittliche Sehdauer den Werten aus der Erhebung von 2011. Der 2013 von der AGF/GfK mit 193 Minuten festgestellte, etwas höhere Wert ist unter anderem auf das größere erfasste Altersspektrum mit zusätzlichen Sehzeitspitzen zurückzuführen. Insgesamt aber bleibt die Sehdauer im zweiten Jahrzehnt des 21.Jahrhunderts seit mehreren Jahren relativ konstant.

Recht nah beim Gesamtdurchschnitt liegen die Zeiten der Selektivnutzer, das heißt, ihnen ist Fernsehen wichtig für viele Situationen, in denen sie Entspannung oder Ablenkung, sprich Stimmungsmanagement, suchen, das TV ist aber zugleich keine Dauerbeschäftigung. Fernseh-Ferne, auch das naheliegend, haben die niedrigsten Durchschnittszeiten täglichen TV-Konsums. Auch die kritisch Wählenden weisen etwas unterdurchschnittliche Werte auf.

Die Feinanalyse des Tagesablaufs verweist auf die Schwerpunkte der Fernsehnutzung (Abb. 8.45 bis 8.47). Nahezu alle Gruppen sitzen an mindestens vier von fünf Tagen zur Hauptsendezeit nach zwanzig Uhr vor dem Fernseher oder lassen ihn nebenbei laufen. Interessanterweise sind auch bei den Technikaffinen spätestens ab mittags ähnlich hohe Sehzeiten zu beobachten wie bei den Vielsehern, für die höhere Werte nicht unerwartet sind. Die Tagesablaufanalyse bestätigt damit, dass das TV-Gerät für die jüngere, techniknahe Gruppe auch ein flexibel eingesetztes Parallelmedium ist. Auf diese Art der Nutzung lassen sich mit einiger Wahrscheinlichkeit die an Samstagen sogar höheren Werte als bei den Vielsehern zurückführen, in Verbindung mit einer generell anderen Alltagsgestaltung ohne die Gewohnheiten der Älteren beispielsweise mit dem Samstagmittagseinkauf.

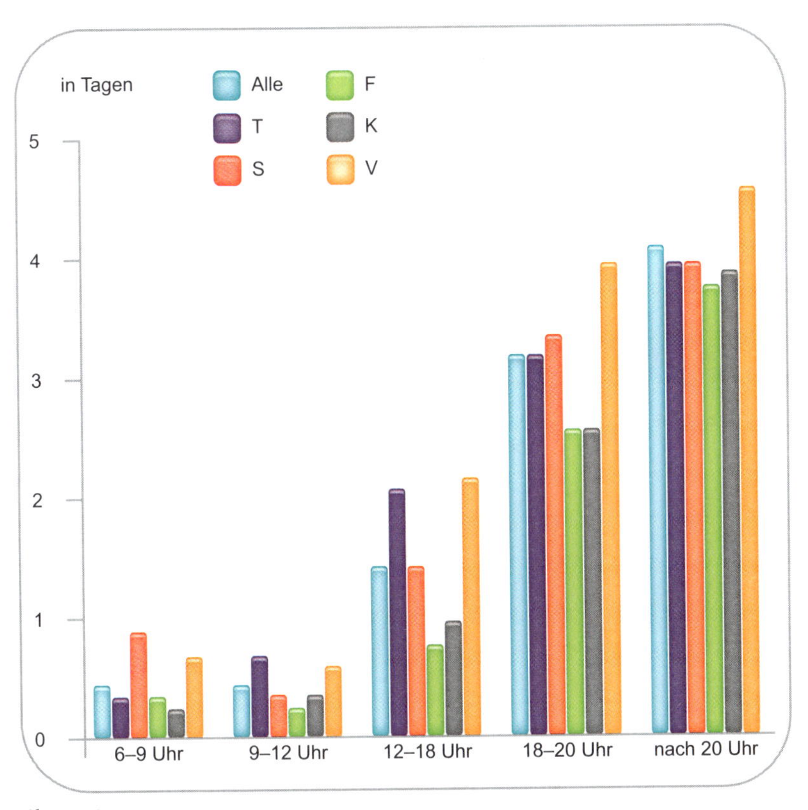

Abbildung 8.45 TV-Nutzung Tage pro Woche werktags nach Uhrzeit; alle und die TV-Einzeltypen. n = 1000; Deutschland; 2011

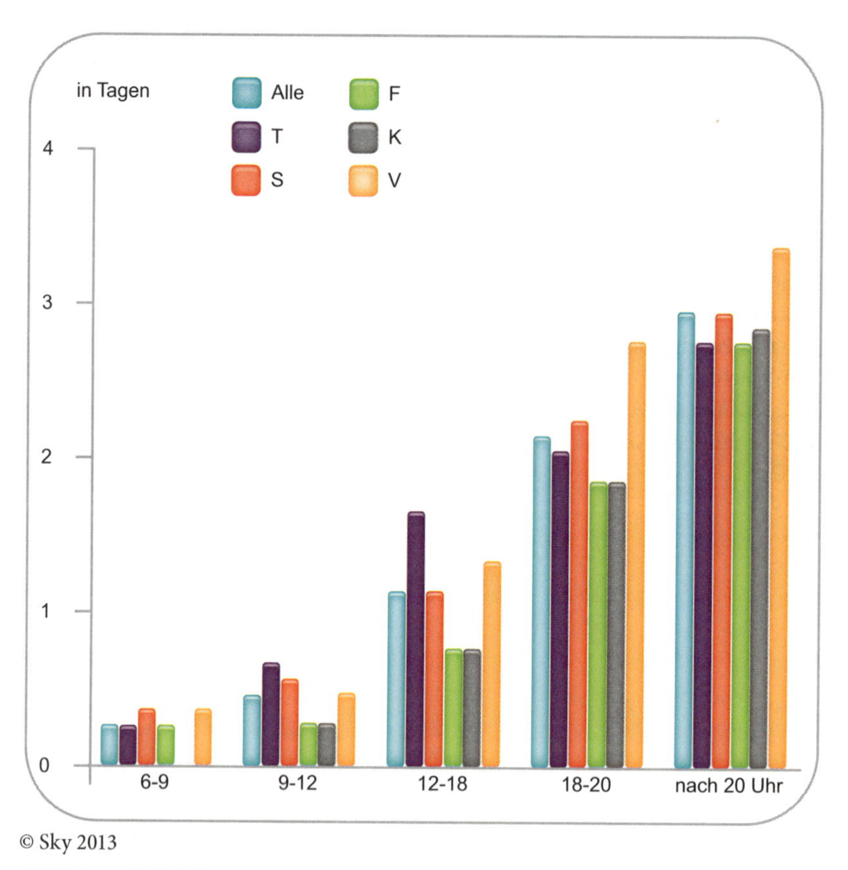

Abbildung 8.46 TV-Nutzung Samstage pro Monat nach Uhrzeit; alle und die TV-Einzeltypen. n = 1000; Deutschland; 2011

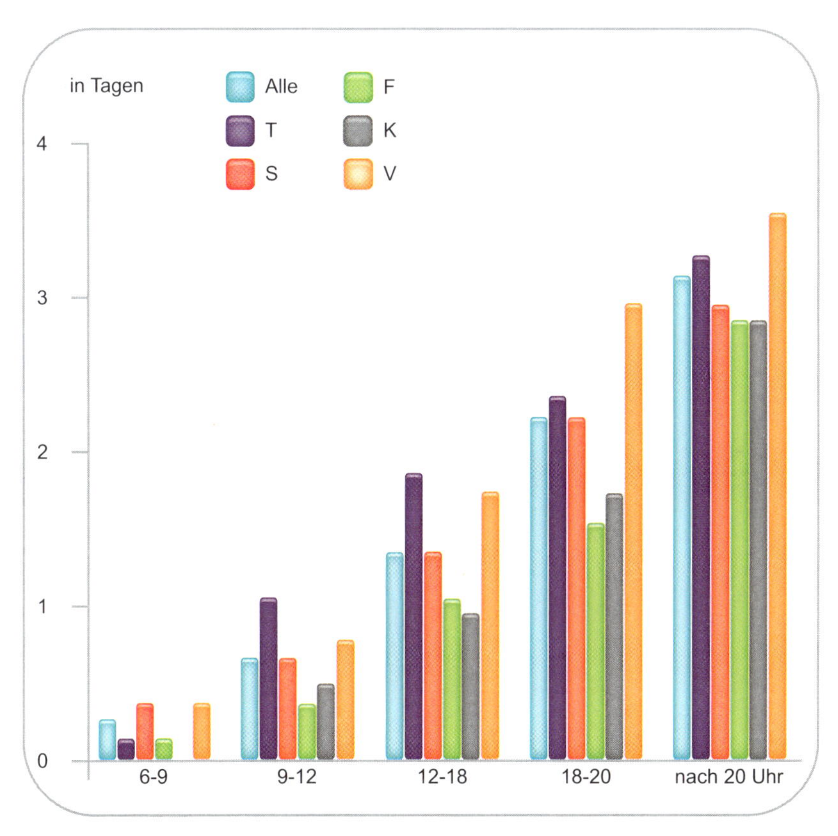

© Sky 2013

Abbildung 8.47 TV-Nutzung Sonntage pro Monat nach Uhrzeit; alle und die TV-Einzeltypen. n = 1000; Deutschland; 2011

Mit diesen Befunden korrelieren auch die angegebenen Programminteressen (Abb. 8.48 und 8.49). Die Technikaffinen nennen zwar auch besonders häufig Informationssendungen, wenn es um ihnen wichtige TV-Angebote geht. Eine zusammenfassende Betrachtung über verschiedene Einzelgenres hinweg zeigt jedoch bei ihnen einen besonders hohen Stellenwert von einerseits Fiktion, also Film und Serie, sowie in fast gleichem Maße von andererseits Sport; dabei wiederum dominiert der Fußball.

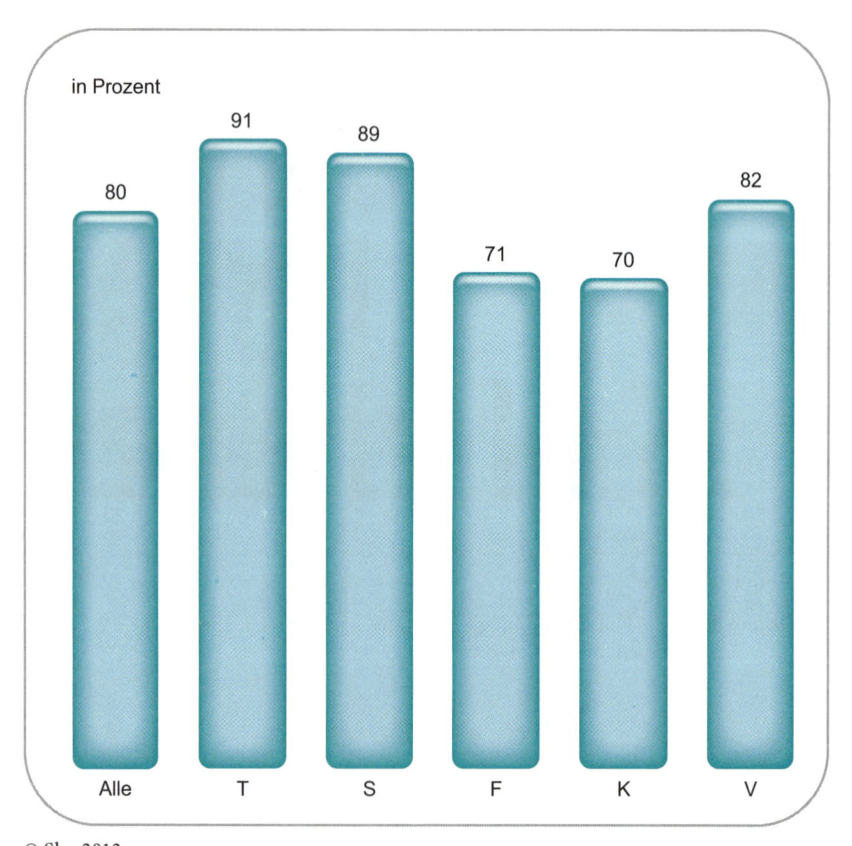

© Sky 2013

Abbildung 8.48 TV-Interesse Fiktion, alle und die TV-Einzeltypen. n = 1000; Deutschland; 2011

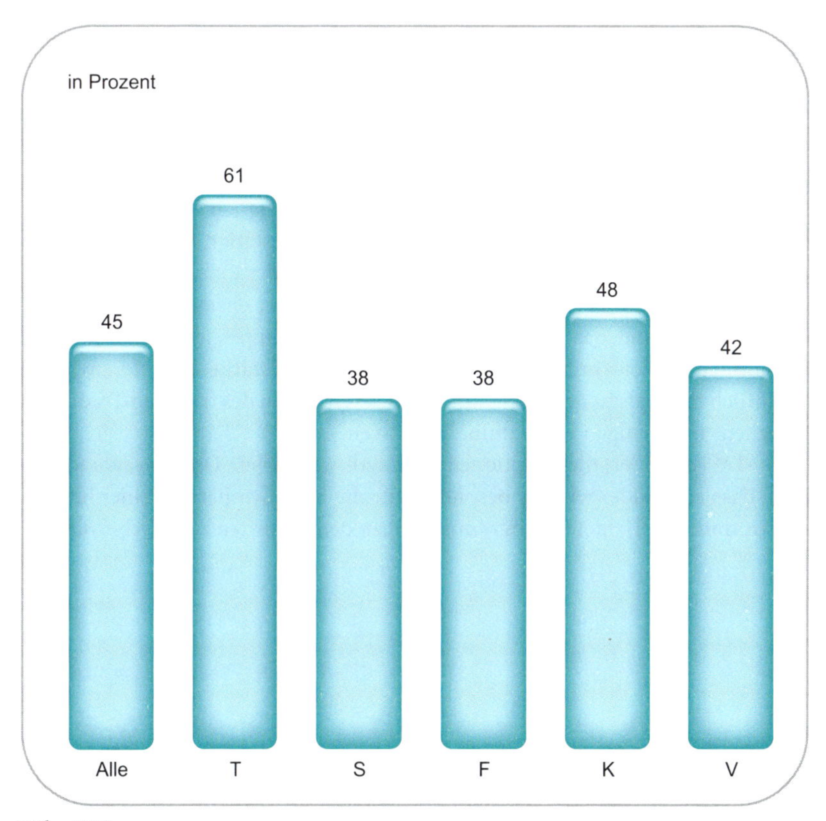

© Sky 2013

Abbildung 8.49 TV-Interesse Sport/Fußball, alle und die TV-Einzeltypen. n = 1000; Deutschland; 2011

Auch zwischen Genreinteressen und den bevorzugten Sendern besteht – Stichwort Programmfarbe – eine systematische Beziehung (Abb. 8.50). Das Muster erstaunt nicht: Die jüngeren Techniknahen bevorzugen die unterhaltungsorientierten Privatsender, die ihr Programm deutlich an der „werberelevanten" Zielgruppe der unter 50-Jährigen ausrichten. Ältere nutzen lieber, vielleicht auch, weil sie vor Einführung des Privat-TV aufgewachsen sind, die Öffentlich-Rechtlichen; dieses Ergebnis wird auch hier wie in vielen Studien zuvor bestätigt. Dass TV-Ferne Intellektuelle noch am ehesten die dritten Programme der Öffentlich-Rechtlichen und Kulturprogramme wie Arte schätzen, verwundert ebenso wenig. Zugleich bestätigt der Befund, dass das TV sehr wohl für alle Gruppen jederzeit interessante Sendungen bietet – mit den vielen Optionen und der stärkeren Differenzierung vermutlich mehr als in den vermeintlich besseren Zeiten des früheren Traditionsfernsehens mit wenigen Programmalternativen.

Pay-TV vergrößert diese Optionen nochmals wesentlich. Daher verwundert es nicht, dass ein Sender wie Sky besonders für die Selektivseher mit einer bewussten, stimmungsgerichteten Programmwahl zu den Favoriten zählt (Abb. 8.51).

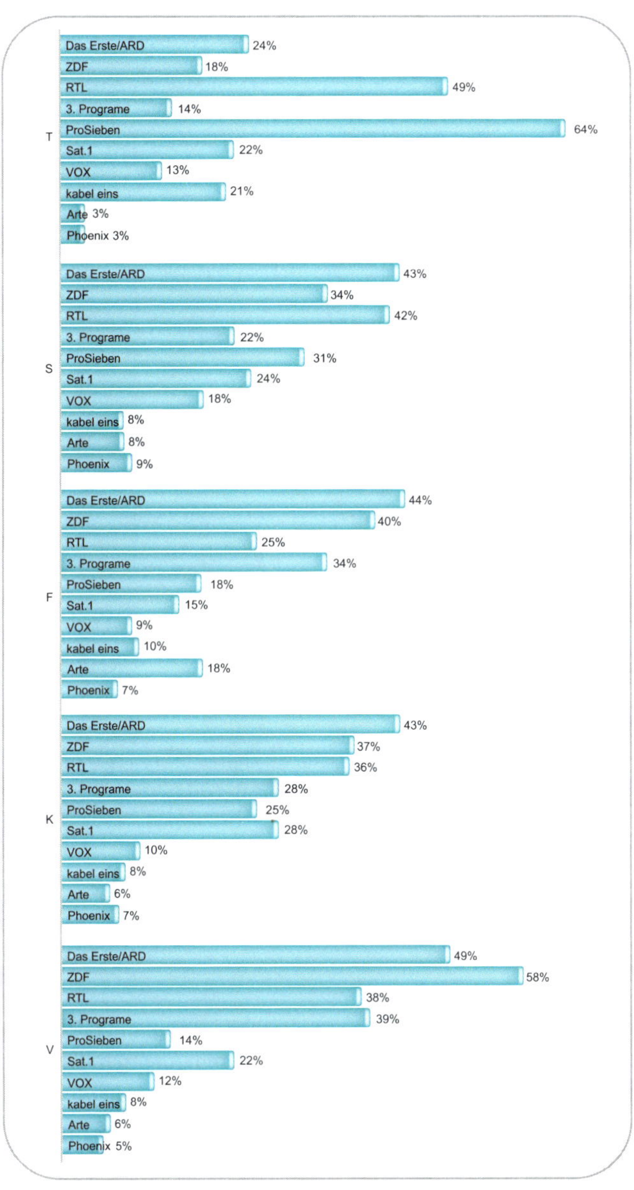

Abbildung 8.50 Frei empfangbare Lieblingssender der TV-Einzeltypen. n = 1000; Deutschland; 2011

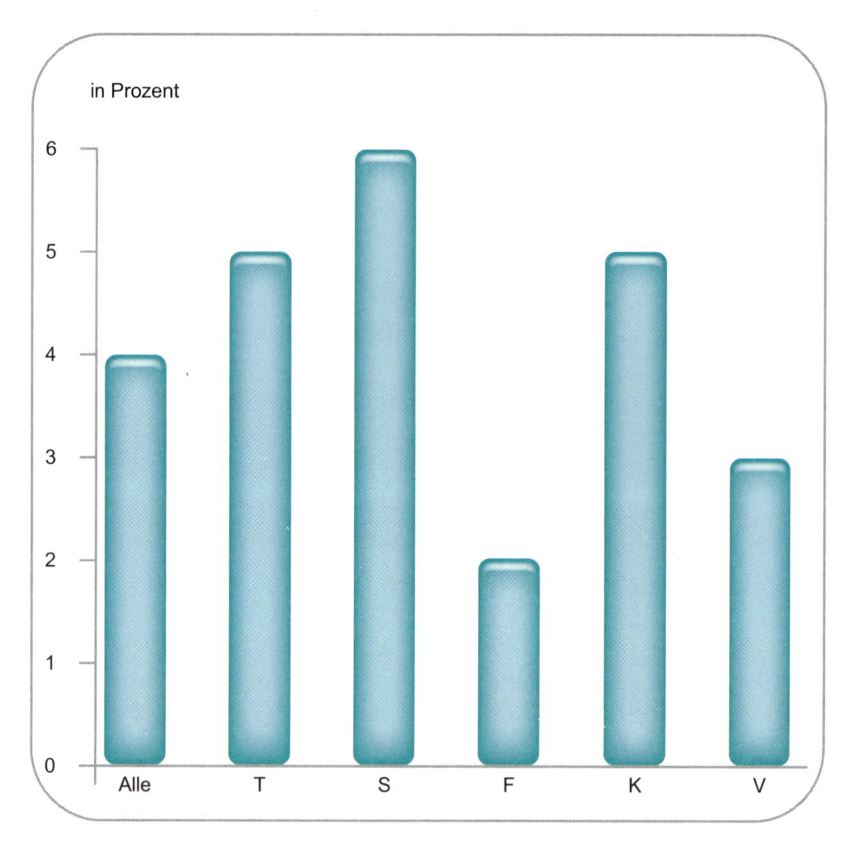

Abbildung 8.51 Lieblingssender Sky; alle und die TV-Einzeltypen. n = 1000; In Prozent, Deutschland; 2011

Einen Lieblingssender zu haben, ist nicht gleichbedeutend mit dessen Unverzichtbarkeit (Abb. 8.52 und 8.53). Wenn in der Präferenz mehrere Sender nahe beieinander liegen, ist ein Wechsel leicht möglich. Umgekehrt kann man aus Überzeugung einen Sender auch dann für unverzichtbar halten, wenn er nicht zu den eigenen Favoriten zählt, zum Beispiel, weil er als gesellschaftspolitisch relevant angesehen wird. Die Ergebnisse zeigen entsprechend eine Korrelation, aber eben keine Deckungsgleichheit zwischen Lieblingssender und Unverzichtbarkeit.

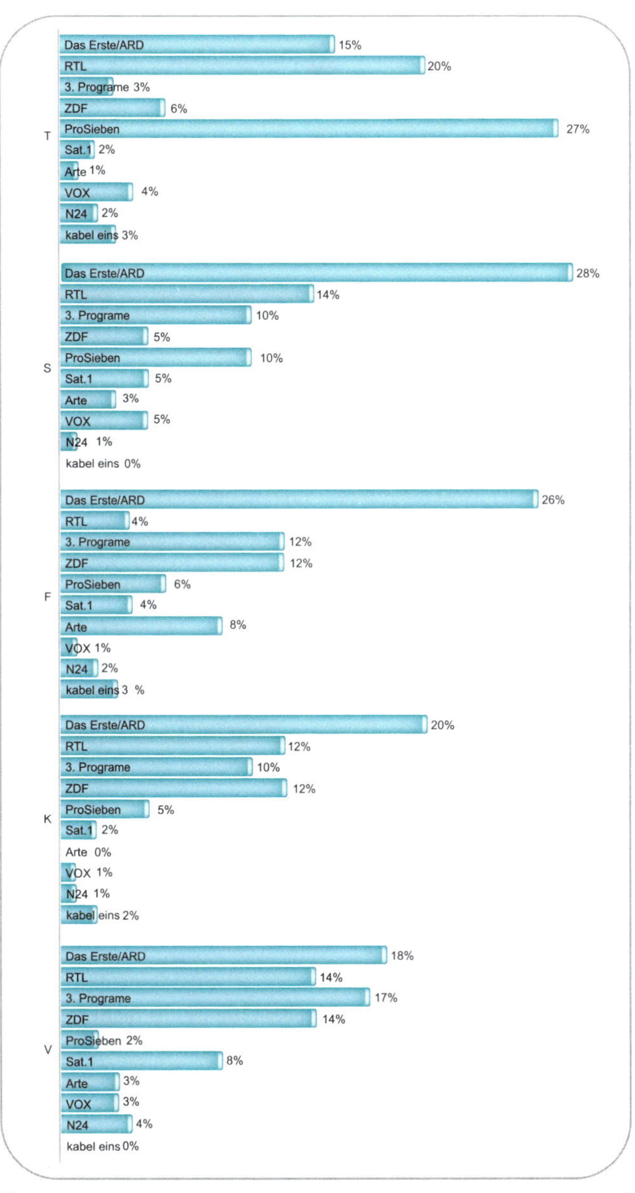

Abbildung 8.52 Unverzichtbare frei empfangbare Sender für die TV-Einzeltypen. n = 1000; Deutschland; 2011

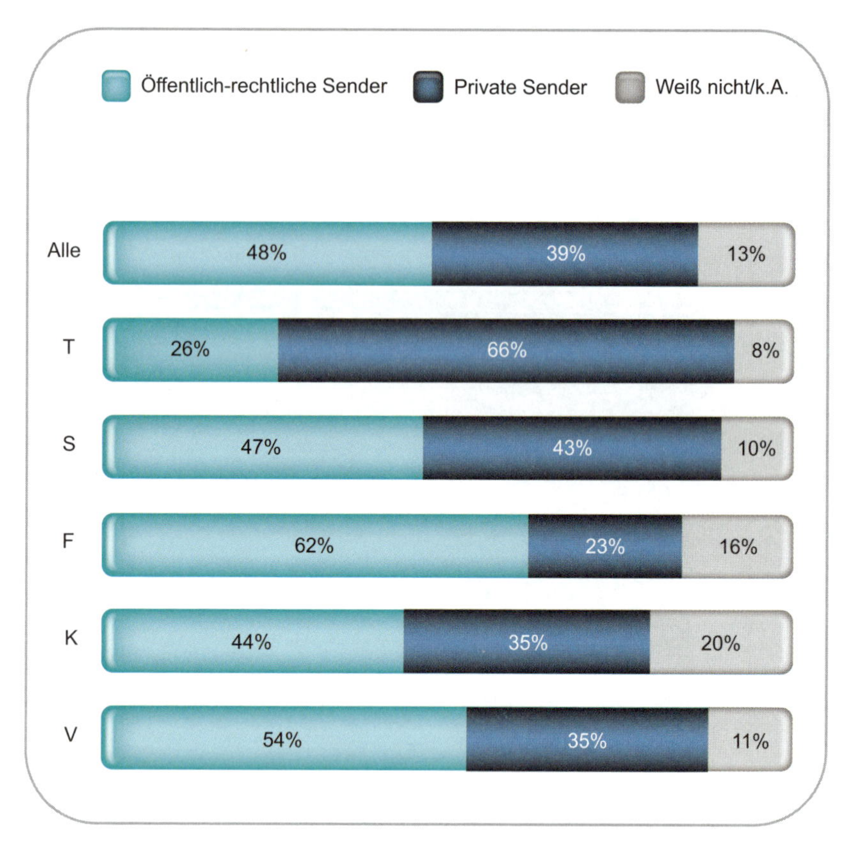

© Sky 2013

Abbildung 8.53 Unverzichtbare Sender zusammengefasst nach System für alle und die TV-Einzeltypen. n = 1000; Deutschland; 2011

Am ehesten glauben die Technikaffinen auf die Öffentlich-Rechtlichen verzichten zu können: Deutlich weniger als ein Drittel dieser zugleich jüngsten Gruppe hält das entsprechende Sendersystem aus ARD und ZDF noch für wirklich wichtig. Nimmt man die niedrigen Quoten bei der jungen Generation hinzu, offenbart sich die Schere zwischen dem öffentlich-rechtlichen Programmauftrag in Richtung aller gesellschaftlicher Gruppen einerseits und der Einsicht darüber bei den Jüngeren andererseits. Sofern die empirisch belegten Erkenntnisse zur Mediensozialisation stimmen, könnte dieser Trend zu einer langfristigen Abkehr von immer mehr Menschen von ARD und ZDF führen, nicht zuletzt auch deswegen, weil man für immer mehr „relevante" Angebote auf das Internet glaubt zurückgreifen zu können. Auch daher zielt die öffentlich-rechtliche Strategie neben dem geplanten Jugend-TV-Sender auf jugendaffine Online-Inhalte ab.

Dass die TV-fernen Intellektuellen quasi im Gegenzug die Privatsender für ähnlich verzichtbar halten wie die technikaffinen Jüngeren die Öffentlich-Rechtlichen, stellt dabei keinen Ausgleich dar. Die Vertreter des Typs F schauen bedeutend weniger und sind auch deutlich älter als die des Typs T.

Ein erneuter Blick auf die Genreinteressen, dieses Mal bezogen auf die einzelnen Gruppen, ergibt bei den bevorzugten Inhalten zusätzliche Detailunterschiede (Abb. 8.54). Selektiv Sehende schätzen bei den Filmangeboten im Fernsehen besonders deutsche Produktionen, Techniknahe besonders US-amerikanische. Diese Gruppe wiederum weist eine weitere Korrespondenz zu den Vielsehern auf, wie schon bei der Menge des TV-Konsums: Beide zählen Musiksendungen, wenn auch unterschiedlich stark ausgeprägt, zu ihren Favoriten. Damit endet jedoch die Gemeinsamkeit. Während Typ T vor allem Rock, Pop, Indie, Hip-Hop etc. schätzt, zieht der Typ V die traditionellere leichte Muse wie unter anderem Volksmusik und Easy Listening vor. Vielseher wiederum sind mit den TV-Fernen in der Tendenz vereinigt, Fußball und anderen Sport eher weniger zu schätzen. Eine weitere Gemeinsamkeit schließlich, die Vorliebe für Dokumentationen, betrifft ebenfalls die TV-Fernen, offenbar aus intellektuellem Interesse, und die TV-Kritischen, die sich eine Vertiefung von Informationen über die Alltagsgestaltung erhoffen. Bei den Inhaltsvorlieben überschneiden sich demographische und neue typologische Faktoren. Jedoch besteht eine größere Interaktion mit Demographie-unabhängigen Situations- und Stimmungstendenzen.

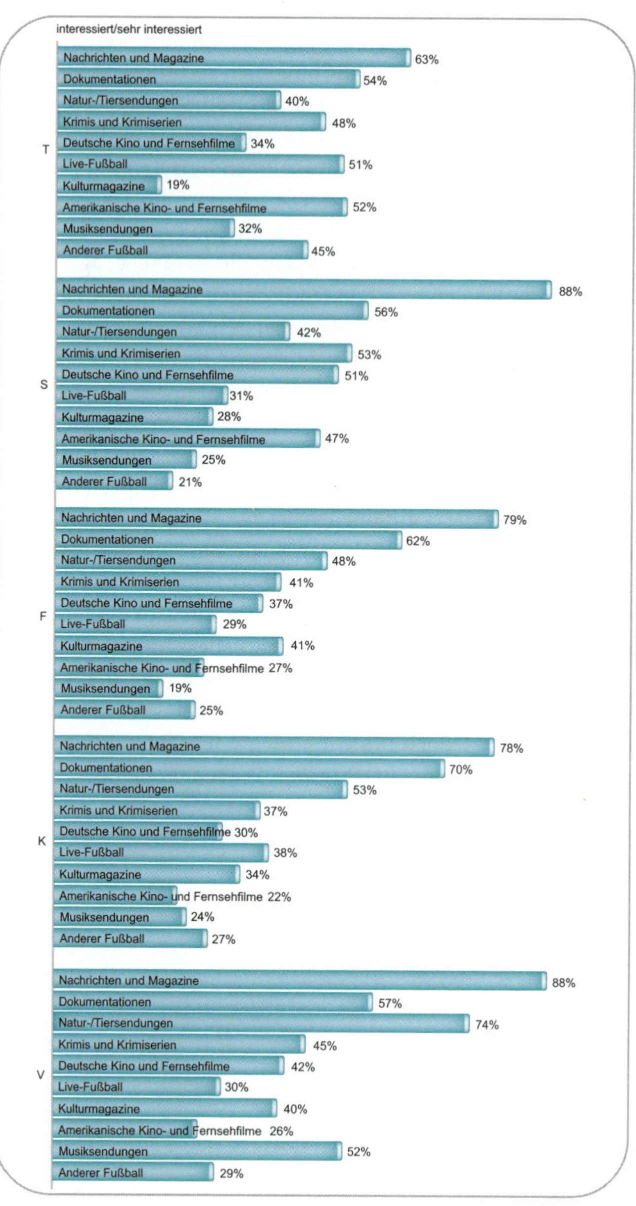

Abbildung 8.54 Genreinteressen, TV-Einzeltypen. n = 1000; Deutschland; 2011

Die audiovisuellen Genreinteressen werden für die meisten Gruppen immer noch vorwiegend durch das Fernsehen befriedigt. Dabei dominieren, das wurde bereits gezeigt (vgl. Abb. 8.2), noch die traditionellen Verbreitungsformen Satellit und Kabel sowie inzwischen immer seltener (digital-)terrestrischer Empfang.

Neues Fernsehen jedoch bedeutet eine enge Verknüpfung mit dem Internet, sei es als IPTV, im Sinne von professionell produziertem Programm, sei es als Web-TV mit seinen vielen auch informellen Clip- und Videovarianten. Es wurde mehrfach beschrieben: 2013 ist ein großer Teil der Fernsehgeräte internetfähig, und umgekehrt können Computer wie PCs, Tablets, Laptops etc. sowie inzwischen auch Smartphones über das Internet ebenfalls TV empfangen. Bezogen auf die TV-Typologie, nutzen in erster Linie zwei Gruppen die neuen Möglichkeiten: zum einen die Technikaffinen, zum anderen die Selektivseher.

Beide richten ihre Aufmerksamkeit allerdings auf unterschiedliche zentrale Geräte, sofern ein entsprechender Interneteinsatz für das TV stattfindet. Die jüngere, techniknahe Gruppe geht vom Computer aus und schaut sich dort regelmäßiger, wenn auch wie beschrieben (noch) nicht täglich (vgl. Abb. 8.17), Fernsehprogramme an. Die von ihrer Grundausrichtung her stärker TV-interessierte Gruppe der Selektivseher nimmt den Internetanschluss des Fernsehgeräts als Ausgangspunkt und nutzt ihn für Möglichkeiten wie Abruf-TV etc. Da beide zugleich die jüngsten Gruppen sind, dürften sich die verschiedenen TV-Web-Konstellationen auch längerfristig weiterentwickeln.

Mobiles internetbasiertes Fernsehen spielt bis auf einen gewissen Anteil gelegentlicher Nutzung bei den Techniknahen noch eine kleine Rolle (Abb. 8.57), ist aber immerhin bei dieser Gruppe schon recht bekannt und birgt damit bei entsprechenden Angeboten wiederum Entwicklungspotenzial.

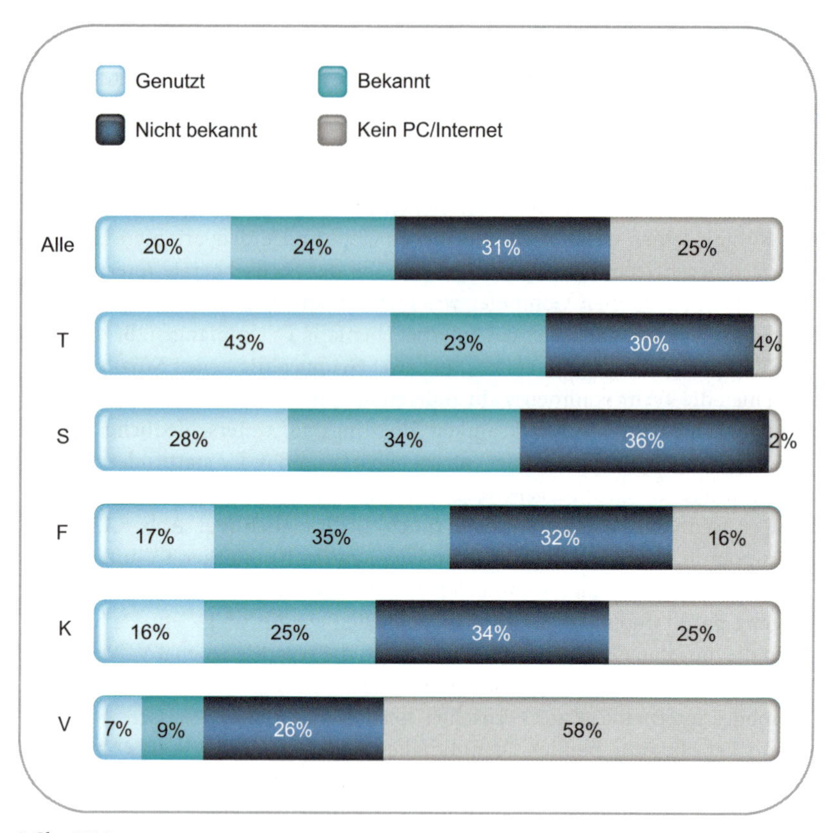

Abbildung 8.55 TV aus dem Internet am PC, alle und die TV-Einzeltypen. n = 1000; Deutschland; 2011

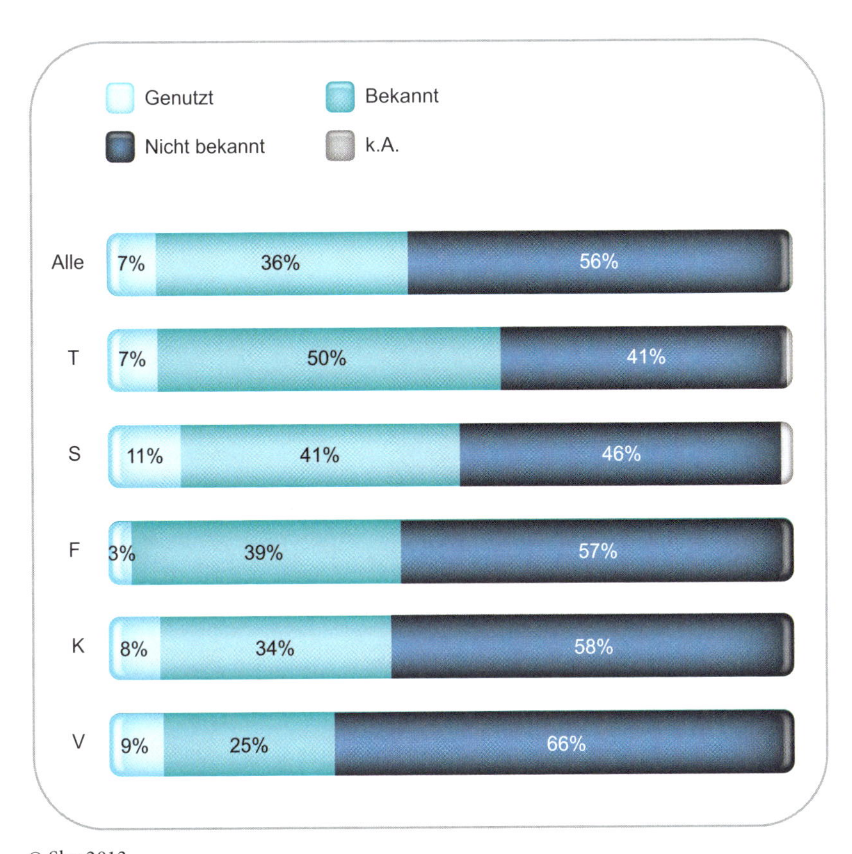

Abbildung 8.56 TV aus dem Internet am TV, alle und die TV-Einzeltypen. n = 1000; Deutschland; 2011

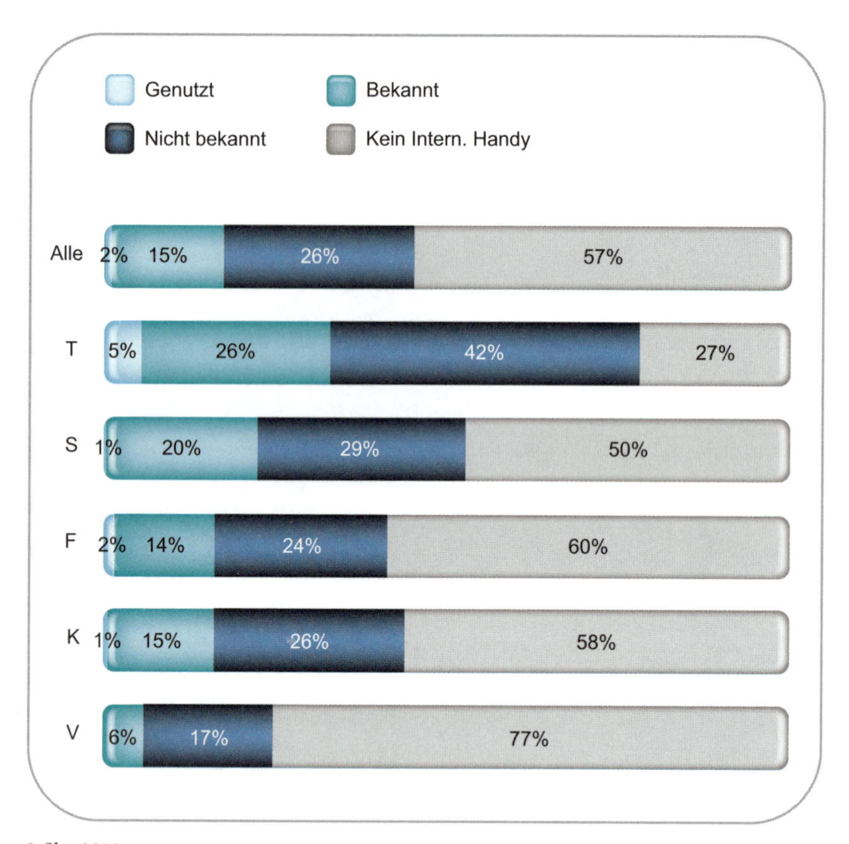

© Sky 2013

Abbildung 8.57 TV aus dem Internet mobil, alle und die TV-Einzeltypen. n = 1000; Deutschland; 2011

Diese Perspektive für das Mobil-TV bestätigt sich beim folgenden abschließenden Direktvergleich gezielter Aussagen zum Thema Fernsehen (Abb. 8.58).

TV-Werbung scheint auch bei diesem Typologie-bezogenen Vergleich – siehe dazu auch Abb. 8.11 – einen schlechten Stand zu haben. Sie wird mit den höchsten Prozentsätzen aller Urteile weit überwiegend abgelehnt. Dass dies bei der jungen, technikaffinen Gruppe des Typs T nochmals besonders drastisch ausfällt, spricht dafür, dass sie mindestens zwei zentralen Ansprüchen nicht mehr gerecht wird, nämlich jugendnah zu sein und eine innovationsfreudige Gruppe zu erreichen. Diese geht dann lieber ins Internet, wo sie offenbar auch versucht, nicht ständig mit Werbung konfrontiert zu werden. Dass die Facebook-Aktie mit dem

Argument der Werbeeinnahmen platziert wurde, dann das Unternehmen aber nicht nur mindestens einen Etat verlor, sondern zunächst auch an Wert einbüßte, spricht dafür, dass TV-Werbung nicht unbedingt flächendeckend durch Online-Werbung ersetzt werden kann. 2013 allerdings scheinen originelle neue Werbeformen wieder eine gewisse Kehrtwende dieser Tendenz bewirkt zu haben.

Nur gut gemachte Spots oder solche, die intelligent mit anderen interessanten Inhalten verknüpft sind, haben also eine Chance bei dem, was die internetaffinste Gruppe laut eigener Aussage in der Verbindung von TV und Web am meisten macht: den Fernseher über weite Strecken des Tages laufen haben und zugleich im Internet surfen. Keine einzige andere Gruppe weist auch nur annähernd eine ähnliche Verhaltenskombination auf.

Die Motive der Zuschauer zum Fernsehkonsum schließlich sind wieder typenspezifisch. Selektive, gefolgt von Vielsehern und Technikaffinen, suchen gezielt bestimmte Sendungen auf, Letztere allerdings in Verbindung mit anderen digitalen Inhalten. Für die Vielseher spielt das Gefühl, nicht allein zu sein, eine wesentliche Rolle, während die Selektiven das Fernsehen für ihr Situations- und Stimmungsmanagement nutzen (Abb. 8.59).

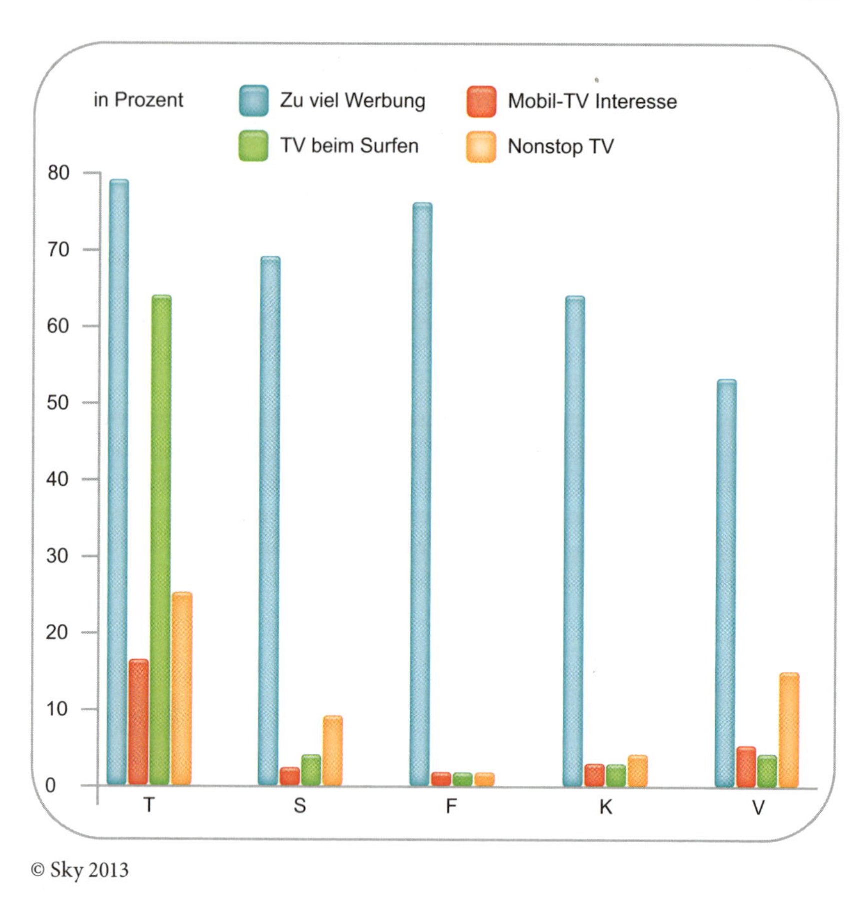

© Sky 2013

Abbildung 8.58 Ausgewählte Aussagen über das TV, TV-Einzeltypen. n = 1000; Deutschland; 2011

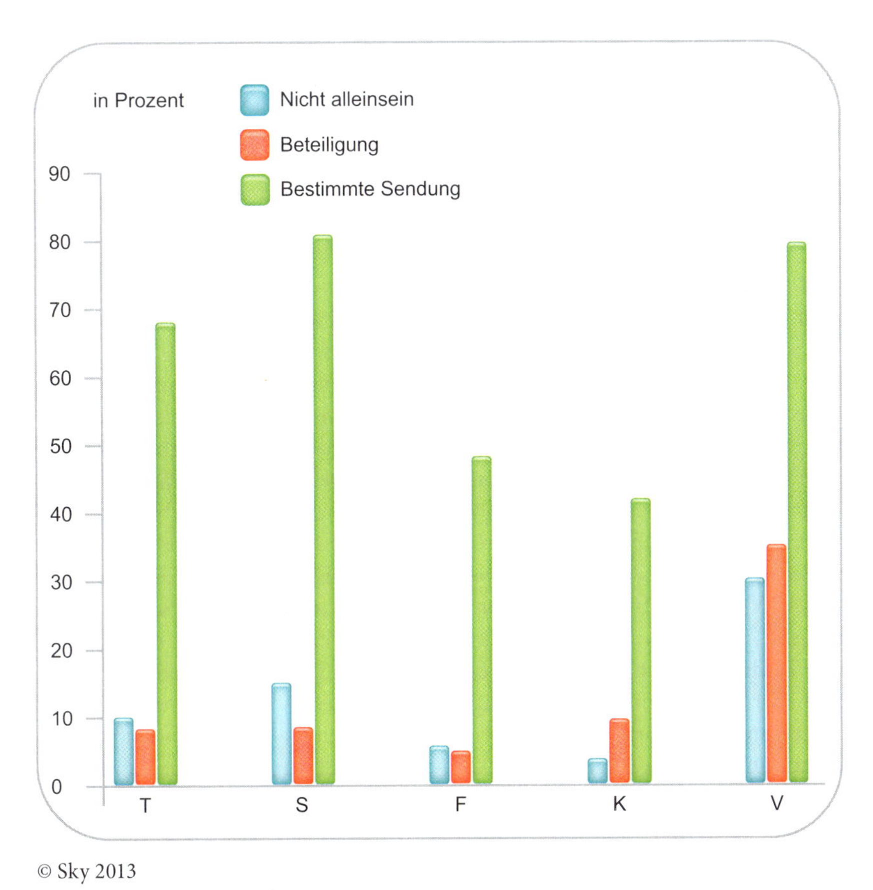

Abbildung 8.59 Ausgewählte TV-Motive, TV-Einzeltypen. n = 1000; Deutschland; 2011

8.3 Detailanalyse der Einzeltypen

Die vorgestellten TV-Einzeltypen werden in den folgenden Abschnitten nochmals einzeln ausführlich beschrieben, vor allem illustriert durch Auszüge aus Interviews, die 2012 im Rahmen der Studie durchgeführt wurden und das Bild des jeweiligen Typs abrunden.

Typ T

Der technikaffine Typ T, deckungsgleich in etwa mit dem sogenannten „Digital Native", steht in seinen Merkmalen für das neue Fernsehen. Er kennt sich mit dem Internet aus und nutzt das ganze Spektrum neuer digitaler Möglichkeiten: Eine gute Ausstattung bei TV- und TV-Zusatzgeräten ist ebenso selbstverständlich wie anspruchsvolle IT-Technik, Tablet, PC und Smartphone. Der Fernsehempfang erfolgt mehrheitlich über Kabel, dabei überdurchschnittlich oft digital. Außerdem findet sich in dieser Gruppe ein höherer Anteil an IPTV-Nutzern, die professionelles TV über das Internet beziehen. Typ T besitzt auch häufiger Pay-TV-Abonnements. Die TV-Nutzung ist, bedingt durch die Parallelnutzung von Internet und Fernsehen, hoch, vor allem ab dem Nachmittag. Am Samstagabend geht sie aber eher zurück; eine Erklärung dafür liegt in dem hohen Stellenwert mit anderen zusammen verbrachter Zeit, sprich: Man geht gerne aus. Technikaffine sind nicht nur technisch gut informiert, sie kennen auch ihr TV-Programm inhaltlich detaillierter als andere. In der Verknüpfung der genutzten Medien sowohl aus dem Internet wie aus dem Fernsehen spielt die Kommunikation in digitalen sozialen Netzwerken eine große Rolle; hier tauscht man sich über schon gesehene oder zukünftige Medieninhalte aus.

Der Typ T ist damit auch eine plausible künftige Nutzergruppe für die intelligente Verbindung aus traditionellem Fernsehen und direktem sozialen „Teilen" („Sharen") auf entsprechenden Plattformen. Erste Fernbedienungen bieten die Möglichkeit, per Knopfdruck andere direkt am laufenden Programm teilhaben zu lassen bzw. mit ihnen darüber zu kommunizieren.

Die Technikaffinen als jüngste Gruppe bevorzugen wie der entsprechende Altersdurchschnitt private Fernsehsender, die Öffentlich-Rechtlichen werden zunächst für durchaus verzichtbar gehalten. Die Genreinteressen liegen bei (Live-) Fußball, US-Fiction und Comedy. Innerhalb des Segments kommen weit überdurchschnittlich viele Männer vor, zugleich umfasst es besonders viele höher gebildete und besser verdienende männliche und weibliche TV-Nutzer. Technikaffine wohnen tendenziell in größeren Haushalten; dies mag zum Teil damit zusammenhängen, dass man noch und dann recht lange bei den Eltern oder auch in Wohngemeinschaften wohnt.

Die schon angesprochenen Genreinteressen beim Fernsehen lassen sich auch graphisch als Überlappung oder Abweichung vom Durchschnitt aller TV-Präferenzaussagen darstellen (Abb. 8.60). Nachrichten und Kulturmagazine sind wenig beliebt, vielleicht auch, weil sich die Informationsaufnahme bereits ins Internet verlagert hat.

Hier deutet sich eine Funktionsveränderung der verschiedenen Medien an. Bücher spielen eine vergleichsweise geringere Rolle, auch weil Texte immer mehr elektronisch konsumiert werden. Textbasierte und audiovisuelle Informationen werden aus dem Internet bezogen, verhältnismäßig häufig nicht nur über professionelle Angebote, sondern auch aus den sozialen Netzwerken beziehungsweise von Twitter und ähnlichen. Während das Web beim Konsum von Unterhaltung dort dominiert, wo es um kurze, sehr häufig auch von Amateuren stammende Clips geht oder Musik von YouTube, Tape.tv etc., ist die professionelle Langform wie die Serie oder der Film immer noch die Domäne des Fernsehens. Das lineare TV wird hier genutzt, wenn es zum Beispiel um den schnellstmöglichen oder im Tagesablauf ritualisierten Konsum geht wie bei „Gute Zeiten, schlechte Zeiten" (GZSZ). Auch das Gemeinschaftserlebnis beim großen Live-Event, etwa beim Fußball, wird über lineares TV gesucht. Das zeitlich versetzte, nicht-lineare Abruffernsehen dagegen kommt bei weniger aktualitätsabhängigen Spielfilmen ins Spiel.

Insgesamt gehört dem Typus T schon aus Altersgründen die Zukunft. Die im jüngeren Alter beginnende Mediensozialisation korreliert mit auch langfristig recht stabilen Nutzungsmustern. Hier überwiegen die Generationseffekte gegenüber Altersveränderungen, ein Phänomen, das auch bei den anderen in der Studie untersuchten Typen zu sehen ist. Jede Generation hat ihre spezifischen Präferenzstrukturen mit einer selbst über Jahrzehnte verhältnismäßig hohen Konstanz. Die These, dass Nutzer mit dem Älterwerden zu den Mustern früherer Generationen finden bzw. zurückkehren, wird empirisch nicht bestätigt und ist auch nicht plausibel. Eher findet genau das Umgekehrte statt. Medien- und Nutzungsinnovationen verbreiten sich schneller, als es dem kontinuierlichen Zeitverlauf entsprechen würde. Ältere übernehmen häufig recht schnell die Kommunikationsgewohnheiten der Jüngeren, wenn sie attraktiv, einfach und kostengünstig sind: Eher steckt also der Typ T die anderen an, als dass er von anderen angesteckt wird. Für Programmstrategen ist in diesem Zusammenhang wichtig, dass das herkömmliche öffentlich-rechtliche TV-Programm, auch in Ermangelung breitenwirksamer jugendnaher Sendungen, kaum noch als attraktiv empfunden und genutzt wird; Ansätze wie ZDFneo oder ein neuer ARD-ZDF-Jugendkanal mögen diese Situation ändern. Aber auch das werbefinanzierte, frei empfangbare Fernsehen findet bei dieser Gruppe seine Herausforderungen. Ausgerechnet die die Programmüberlegungen bestimmende „werberelevante" Zielgruppe schätzt zwar die kommerziellen Sender, nicht aber deren finanzielle Basis, nämlich die Werbung. Dies immerhin teilen die Privatsender mit Online-Angeboten wie Facebook. Auch hier mag man Werbung in der Regel nicht. Das ist allerdings bei neuen kreativen Ansätzen veränderbar.

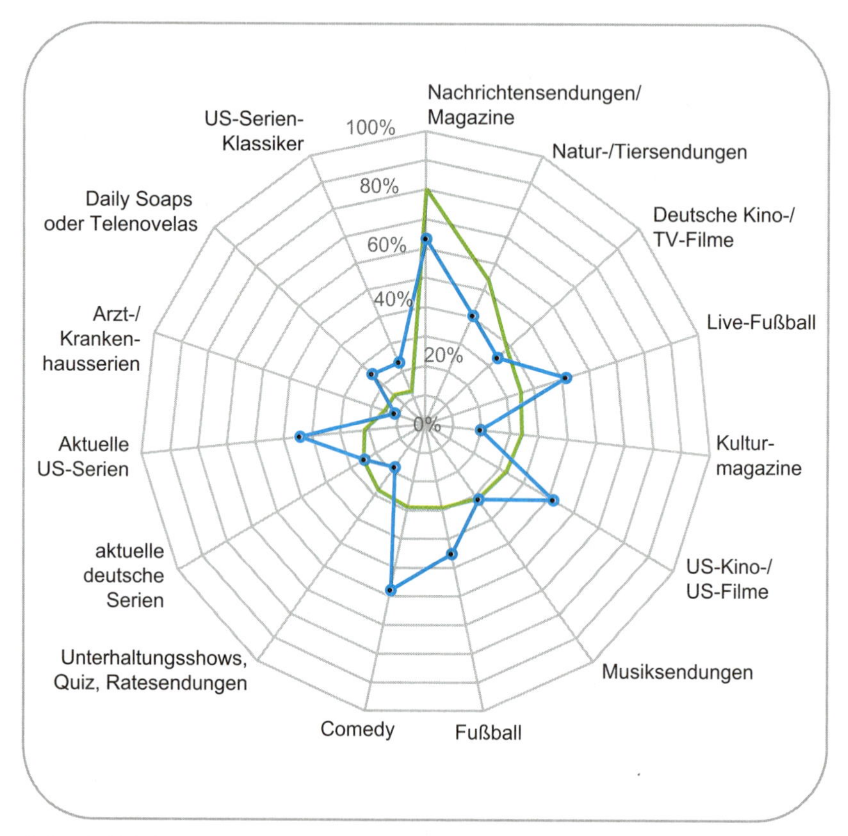

Abbildung 8.60 TYP T, Technikaffine, Genreinteressen im Verhältnis zum Durchschnitt der TV-Nutzer. Abweichungen 10 Punkte plus vom Durchschnitt; Deutschland; 2011

Interview T1 (TYP T), Frühjahr 2012, Sven M., 21 Jahre

Ich schaue am Tag so zwei bis drei Stunden fern, am Wochenende auch mehr. Vor allem interessieren mich Serien. Die gucke ich fast ausschließlich online, denn da gibt's ein viel größeres Angebot, und das alles in HD/Full-HD-Auflösung. Im Internet surfe ich ohnehin ständig und mache alles, was geht: Messaging, Gaming, Movies, denn da finde ich im Web IMMER ein breiteres Angebot.
Wichtig ist für mich, dass es keine Werbeunterbrechungen gibt und ich die Serien wahlweise auch in Originalsprache sehen kann. Online gibt es frühere Ausstrahlungen zu sehen und in Communities findet man deutsche Untertitel dazu. Ich habe eine Breitband-DSL-Verbindung mit 100 MBit zur Verfügung. Suchen, Vergleichen und Bezahlen geht einfach schneller. Für digitales Web-TV auf breiter Ebene halte ich den Breitbandanschluss für unbedingt notwendig, denn wenn es Provider nicht schaffen, auch außerhalb deutscher Großstädte High-Speed-DSL zu etablieren, sieht es immer noch düster für bezahltes Fernsehen in dieser Form aus. Große Teile von denen, die es sich leisten könnten und im Umland wohnen, wären bestimmt gewillt, mehr Geld auszugeben. Einen normalen Kabel-/Digital-Anschluss haben wir nicht, ich lade alles aus dem Netz oder streame. Die digitale Zuspielung erfolgt dann über den Player und über Receiver zum Fernseher. Mein Wunsch wäre eine Plattform, bei der alle Serien und Filme in Full HD mit O-Ton einzeln (pay-per-item) oder im Abo zum Download zur Verfügung stünden. Wichtig wäre mir zusätzlich Multi-platforming: Das System muss auf egal welchem Endgerät funktionieren!

Interview T2 (TYP T), Frühjahr 2012, Michael S., 21 Jahre

Unter der Woche schau ich so gut wie gar nicht fern, am Wochenende drei bis vier Stunden. Dann mag ich Serien, weil sie Kontinuität bieten, immer spannend bleiben und kürzer sind als Spielfilme. Super dabei ist der hohe Unterhaltungsgrad. Ich mag aber auch Dokumentationen, spannende Themen machen mich neugierig.
Das Internet ist für mich Unterhaltungs- und Kommunikationsmittelpunkt. Ich suche nach Neuigkeiten aus dem Videospielbereich, blogge und verabrede mich für private Projekte oder Treffen. Zur Unterhaltung gehe ich sehr oft auf YouTube. Man hat alles zusammen auf einer Plattform, es ist einfach und geht schnell. Mediatheken oder Web-TV nutze ich nur sehr selten, ansonsten YouTube-Serien oder andere Formate. Durch die App „Zattoo" setze ich das iPad als kleinen, mobilen Fernseher ein. Da habe ich die Möglichkeit, zum Beispiel beim Abwaschen fernzusehen. Ich bin der festen Überzeugung, dass Smart-

TVs, wie es sie jetzt gibt, keinerlei Zukunft haben. Es ist zu umständlich, Internet über Apps etc. mit einer Fernbedienung zu nutzen. Smartphones jedoch sind zu klein, um darauf längere Beiträge zu gucken.
Wenn doch TV, wird es meiner Meinung nach in Zukunft keine Fernbedienung mehr geben. Die Bedienung wird einfacher werden. Da habe ich aber auch Bedenken, weil man beim Fernsehen entspannt auf der Couch sitzt und keine Lust hat, mit den Händen wie wild rumzufuchteln. Auch Sprachsteuerung finde ich nicht optimal, aber hier gibt's bestimmt noch mehr Möglichkeiten, um neue Formen der Bedienung zu entwickeln. Wenn's so weitergeht wie bisher, ist das TV bald Zentrum für alle Unterhaltungsmedien, Internet, Videospiele, TV, und weder Fernbedienung noch Sprachsteuerung reichen dafür aus bzw. sind sehr umständlich. Ich glaube, dass TV, so wie es jetzt ist, aussterben wird. Es kommt dann TV-on-Demand, gepaart mit Cloud-Services, die es dem User jederzeit möglich machen, jeden Film jederzeit zu sehen – sozusagen ein Kino.to mit HD-Qualität, aber legal und gegen relativ geringe Gebühr. In Amerika gibt es diesen Service ja schon mit Netflix. Die versuchen gerade mit ihrem Angebot nach Europa zu expandieren.

Typ S

Typ S, der Selektivseher, hat eine explizite, eher positive Einstellung zum Fernsehen. Vertreter dieser Gruppe wählen gezielt Sendungen aus und sind gleichzeitig überdurchschnittlich gut in Bezug auf TV-Geräte ausgestattet, was die Anzahl und die HD- sowie Internetfähigkeit betrifft. TV-Zusatzgeräte finden sich nicht überdurchschnittlich oft, möglicherweise weil deren Funktionen bereits von anderen technischen Gegebenheiten übernommen worden sind, zum Beispiel PC und Laptop sowie (Breitband-)Internet. Auch das Smartphone ist bei dieser Gruppe ganz besonders häufig zu finden. Selektivseher haben nicht nur die höchste Digitalisierungsquote bei Kabel, sie nutzen über diesen Empfangsweg sowie über den inzwischen ausschließlich digitalen Satelliten auch besonders häufig Pay-TV, sprich: Typ S weist einen vergleichsweise hohen Anteil an Sky-Abonnenten auf. Bei der durchschnittlichen TV-Nutzungsdauer liegen die Selektivseher hinter den Vielsehern und den Technikaffinen, dafür gibt es aber auffällig viele „Früh-Fernseher" und eben gezielt Einzelsendungen aufsuchende Nutzer. Bei den Lieblingssendern überwiegen die Privaten, aber dennoch hält man meist die Öffentlich-Rechtlichen für unverzichtbar – man mag eben eine möglichst große Palette an TV-Optionen. Das Internet ist dem Typ S wichtig, hat aber als Informations- und Unterhaltungsquelle noch nicht den gleichen Stellenwert. Außer Nachrichten interessieren, das zeigt das Muster mit den Abweichungen vom Präferenzdurchschnitt (Abb. 8.61), vor allem Krimis, Filme und Comedy. Die Möglichkeit, TV-Programme aus dem Internet zu nutzen, ist durchaus bekannt; anders als die Computernutzer des Typs T setzen die Selektivseher diese Möglichkeit aber überdurchschnittlich häufig am TV-Gerät ein. Es handelt sich insgesamt um das zweitjüngste Segment, Männer sind geringfügig überrepräsentiert, leicht überdurchschnittlich ist das Bildungsniveau. Man lebt in den an Personenzahl größten Haushalten mit etwa durchschnittlichem Einkommen. Wenn es den gezielt das TV nutzenden Typus par excellence gibt, dann ist es dieser Selektivseher.

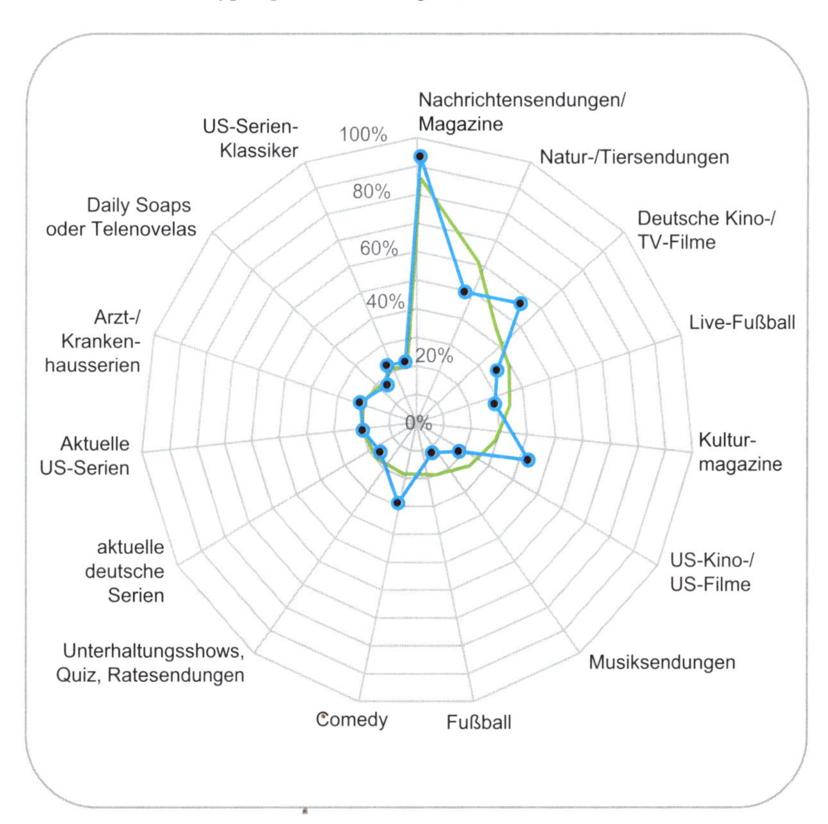

Abbildung 8.61 TYP S, Selektivseher, Genreinteressen im Verhältnis zum Durchschnitt der TV-Nutzer. Abweichungen 10 Punkte plus vom Durchschnitt; Deutschland; 2011

INTERVIEW S1 (TYP S), Frühjahr 2012, Lissy T., 22 Jahre, mit Sky Abo

Ich sitze so ca. drei Stunden am Tag vorm Fernseher. Besonders gut gefällt mir „The Big Bang Theory": die Serie ist witzig und man lernt nebenbei ein wenig. „New Girl" ist auch amüsant, ebenso „How I Met Your Mother". Die sind witzig, kreativ und außerdem anders strukturiert und aufgebaut als diverse monotone Serien. An „Scrubs" gefällt mir, dass sie ab und zu auch emotional ist. Auch „Touch" mag ich. Das ist spannend und mal ganz was Neues. Spielfilme schaue ich eher auf DVD oder auf Abruf, weil ich um 20.15 Uhr für die Ausstrahlung im Free-TV meist keine Zeit habe. Da lohnt sich ein Angebot wie Sky Anytime schon sehr. Man kann einfach seine Lieblingsserien schauen, wann immer man dazu Lust und Zeit hat. Im Internet bin ich ca. drei Stunden täglich. Dabei bin ich sehr viel auf Facebook. Ich will up to date sein, was meine Freunde machen. Darüber hinaus nutze ich das Netz vor allem, um E-Mails zu checken. Über die aktuellen Geschehnisse informiere ich mich über Google und sueddeutsche.de. Web-TV nutze ich gar nicht und interessiert mich auch nicht. Fernsehen und Internet parallel zu nutzen, ist für mich sehr gut vorstellbar. Jedoch nur bei TV-Geräten, die das Surfen nebenbei ermöglichen - alles andere wäre mir zu unbequem. Für die Zukunft wünsche ich mir daher einen Fernseher mit Internetzugang und Geruchsfernsehen.

INTERVIEW S2 (TYP S), Frühjahr 2012, Thorsten D., 36 Jahre, mit Sky Abo

Täglich sehe ich so zwei bis drei Stunden. Dann gucke ich, wenn's läuft, Handball über Kabel. Basketball, die Fußball-Bundesliga-Konferenz und Champions League schaue ich auf Sky. Super finde ich auch die Spielfilme auf Sky, ein abwechslungsreiches Programm mit immer aktuellen Titeln. Im Internet verbringe ich ca. eine halbe Stunde pro Tag für Amazon, Sport1, Spiegel.de und E-Mails-Checken, um auf dem Laufenden zu sein. Bei TV bevorzuge ich größtenteils schon normales Fernsehen, Kabel und dann eben oft Sky. Da aber diverse Sendungen, wie zum Beispiel NBA-Basketball, dort nur über Satellit laufen, schaue ich zwei Stunden pro Woche Fernsehen übers Web. Dabei finde ich für die allgemeine Nutzung den Großbildschirm am besten, unterwegs ist für mich TV über Notebook gut vorstellbar. Für die Zukunft wünsche ich mir vor allem ein Pay-per-View zu fairen Preisen.

Typ F

Der TV-ferne Typus F, eher dem kulturpessimistischen Bildungsbürgertum zuzuordnen, steht dem Fernsehen eher skeptisch gegenüber. Wie jeder andere Haushalt besitzt auch er durchaus TV-Geräte, dabei findet sich eine etwa durchschnittliche Ausstattung in Bezug auf Fernseh- und Fernseh-Zusatzgeräte. Leicht überdurchschnittlich verfügt der Fernsehferne über PC oder Laptop und Internet, und häufig empfängt er über Satellit. Kennzeichnend für den Typ F ist die geringste TV-Nutzungsdauer im Durchschnitt und in nahezu jedem Timeslot, auch die Pay-TV-Quote ist die niedrigste unter allen Gruppen. Es gibt eine klare Präferenz für die öffentlich-rechtlichen Fernsehsender. Der Fernsehferne interessiert sich am meisten für Nachrichtensendungen und überdurchschnittlich stark für Kulturmagazine, während das Interesse an Fiction und Sport eher gering ist (Abb. 8.62). Die Nutzungsmöglichkeit für TV-Programme aus dem Internet ist etwa durchschnittlich bekannt, wenn aber überhaupt, wird sie nur am PC wahrgenommen. Der Fernsehferne ist etwas jünger als der Durchschnitt, die Verteilung von Männern und Frauen entspricht der in allen TV-Haushalten in Deutschland. Typ F hat das höchste formale Bildungsniveau, wohnt in etwa durchschnittlich großen Haushalten und verfügt, auch aufgrund ebendieses Bildungshintergrunds, über das höchste Einkommen. Neben dem Web-Typ T und dem TV-Typ S könnte man ihn auch als Buch-Typ F bezeichnen – Bücherlesen ist als Freizeitbeschäftigung wichtiger als bei allen anderen Gruppen. Die erwähnte deutlich nach oben abweichende Programmpräferenz, die für Kulturmagazine, ist möglicherweise darauf zurückzuführen, dass der Typus F hier weitere Anregungen für seine vielfältigen kulturellen Interessen findet.

INTERVIEW (TYP F), Frühjahr 2012, Ludwig T., 47 Jahre

TV schaue ich höchstens eine Stunde täglich. Dabei interessieren mich vor allem Nachrichten- und Informationssendungen. Sonst lese ich sehr gerne in meiner Freizeit. Musiksendungen sehe ich dann ganz gerne nebenbei zum Entspannen und Abschalten. Internet nutze ich fast ausschließlich beruflich. Web und TV sind für mich zusammen gar nicht interessant. Internet ist Internet am PC und TV ist TV auf einem Fernseher. Tablets und Smartphones sind mir vom Bildschirm her zu klein, um darauf fern zu sehen. Für das Fernsehen der Zukunft hoffe ich, dass alles so bleibt, wie es ist – herkömmlich, einfach und ohne großen Schnickschnack.

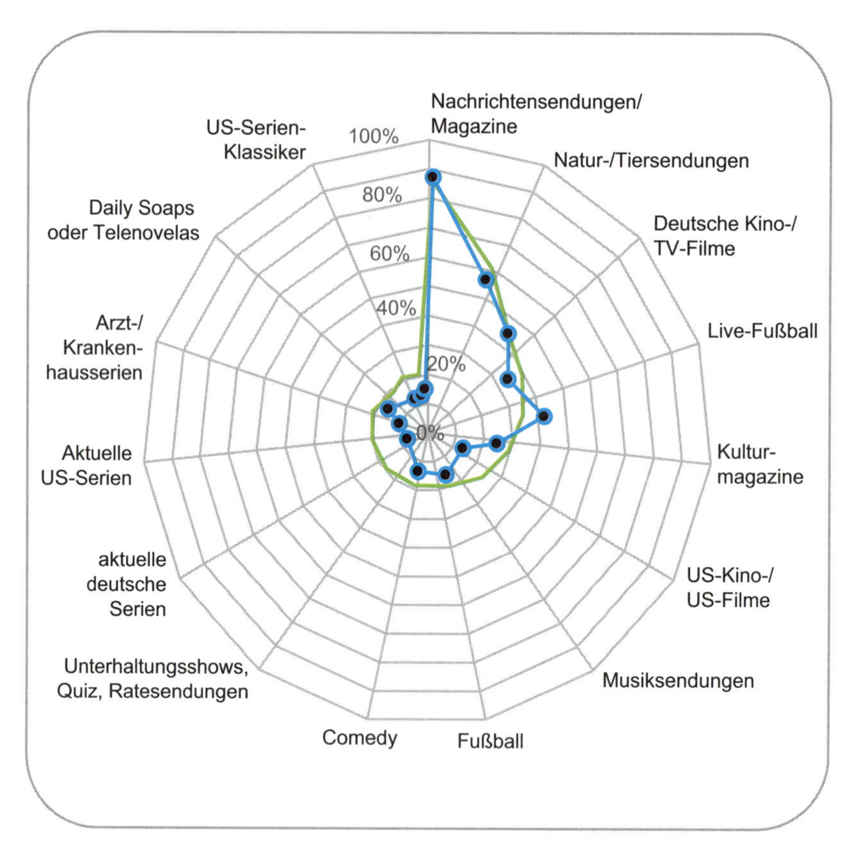

© Groebel 2013

Abbildung 8.62 TYP F, TV-Ferne, Genreinteressen im Verhältnis zum Durchschnitt der TV-Nutzer. Abweichungen 10 Punkte plus vom Durchschnitt; Deutschland; 2011

Typ K

Der das TV kritisch nutzende Typ K weist beim Fernsehen in vielerlei Hinsicht durchschnittliche bis tendenziell unterdurchschnittliche Werte auf. Dies gilt für die TV-Ausstattung ebenso wie für die IT-Technik, die TV-Nutzungsdauer, Genreinteressen, Senderpräferenzen und schließlich die Bekanntheit und Nutzung von TV-Programmen aus dem Internet. In Bezug auf die Sender- und Genrepräferenz lassen sich, wie bereits festgestellt, lediglich SAT1 (vgl. Abb. 8.50) und Dokumentationen (vgl. Abb. 8.54) als spezifische Interessen erkennen; im Vergleich mit den durchschnittlichen Genreinteressen liegen die Werte bei Typ K nur beim Live-Fußball knapp über, sonst auf oder unter dem entsprechenden Niveau (Abb. 8.63). Demographische Abweichungen finden sich in nennenswertem Maße weder beim Alter (leicht über dem Durchschnitt) noch beim Bildungsniveau oder der Haushaltsgröße (jeweils durchschnittlich). Typ K verfügt jedoch über ein überdurchschnittlich hohes Einkommen. Besonderen Wert legt er darauf, der Wohnung, dem Haus viel Aufmerksamkeit widmen zu können. Der Fernseher ist dabei Teil der angenehmen Umgebung, er steht aber nicht als Selbstzweck oder gar Innovationszentrum im Fokus. Immerhin werden TV-Programme genutzt, um beispielsweise mithilfe entsprechender Sendungen auf die Wohnung hin ausgerichtete Interessen zu vertiefen.

Typ K teilt nicht die eher ablehnende Haltung des TV-Fernen, sondern hat ein „selbstverständliches" Verhältnis zum Medium. Es wird in den Alltag integriert, um darüber Informationen und Unterhaltung rund um andere Interessen zu erlangen – „es ist halt einfach da". Eine besondere Innovationskraft geht von dieser Gruppe nicht aus. Sie ist ohne Leidenschaft relativ zufrieden mit dem, was an Fernsehen geboten wird. Auch bei diesem Typus läuft der Fernseher oft nebenbei, während andere Beschäftigungen im Vordergrund stehen.

INTERVIEW K1 (TYP K), Frühjahr 2012, Iris B., 57 Jahre

Am Tag schaue ich ein bisschen mehr als eine Stunde fern. Für die Aktualität Nachrichten und Kriminalfilme zum Mitfiebern. Natursendungen sehe ich mir ab und an zum Entspannen und Abschalten an. Serien interessieren mich nicht, weil man den Fortgang nicht verpassen darf, ich darauf aber nicht warten möchte. Ins Internet gehe ich zu Hause gar nicht. Ich nutze es nur in der Arbeit. Dann aber auch gelegentlich für Reiserecherchen oder Onlineeinkäufe. TV und Internet geht bei mir nicht zusammen, weil keine Verbindung vorhanden ist. Das Internet für Filme würde ich nur auf einem großen Endgerät und zu Hause gebrauchen; unterwegs muss das nicht sein und der Bildschirm wäre mir auch zu klein. Super wäre dagegen, zu Hause 3D ohne Brille gucken zu können.

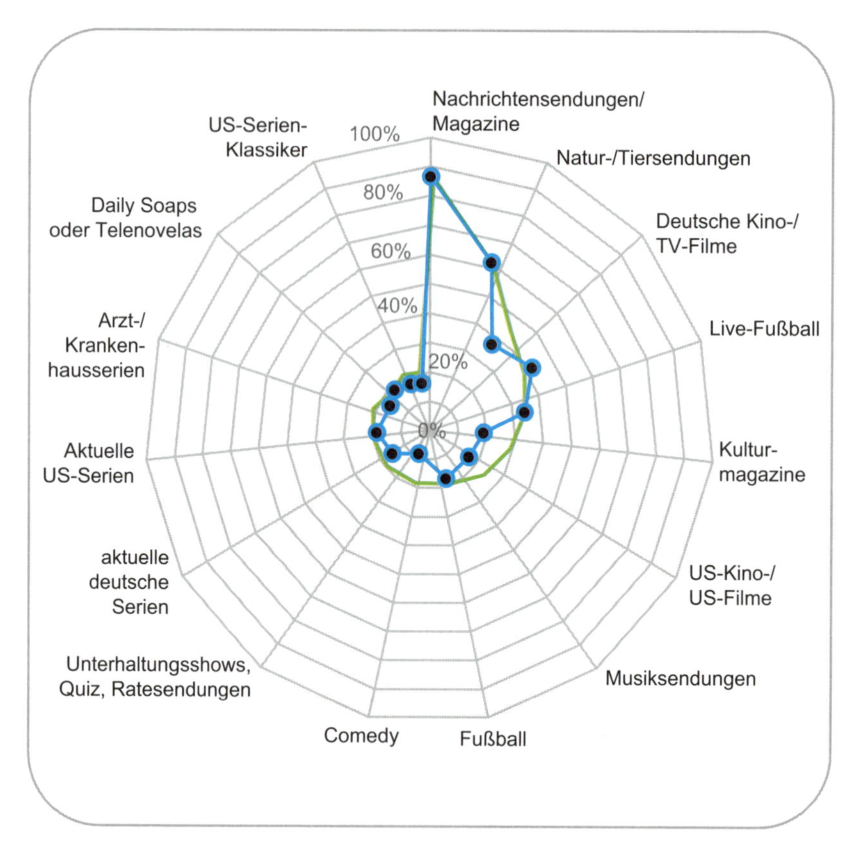

Abbildung 8.63 TYP K, TV-Kritische, Genreinteressen im Verhältnis zum Durchschnitt der TV-Nutzer. Abweichungen 10 Punkte plus vom Durchschnitt; Deutschland; 2011

INTERVIEW K2 (TYP K), Frühjahr 2012, Anna D., 47 Jahre

Jeden Tag verbringe ich rund anderthalb Stunden mit Fernsehen. Am liebsten mag ich Koch- und Wohnsendungen. Die bedienen meine persönlichen Interessen. Man lernt etwas dazu und kann gleichzeitig auch ganz gut abschalten. Gerne mag ich auch Blockbuster mit Happy-Ends. Das ist für mich tolle Unterhaltung. Im Internet sehen meine Interessen ähnlich aus. Ich gehe viel auf Seiten rund um Kochrezepte und auf Vermietungsportale. Das Gute ist, dass ich meine Eigeninteressen bei Bedarf jederzeit individuell bedienen kann, die Informationen stehen dauerhaft zur Verfügung. Außerdem ist es einfach und unkompliziert. Zu Internet und TV finde ich: Fernsehen ist das eine, Online das andere; da gibt es keine Überschneidungen. Fernsehen will ich nicht unterwegs, sondern eher zu Hause in entspannter, familiärer Atmosphäre. Beides passt nicht zusammen und sollte einzeln bleiben. Kleine Bildschirme sind ungeeignet für längeres Fernsehgucken. Für die Zukunft wünsche ich mir, dass ich zu jeder Zeit durch eine Art interaktive Videothek Zugriff auf Filme, Serien und Sendungen habe und somit nicht mehr an feste Sendezeiten und Werbepausen gebunden bin. Dafür wäre ich auch bereit extra zu zahlen.

Typ V

Vielseher gehören zum klassischen Typus der Fernsehforschung. Schon seit den 1960er Jahren wurden ihnen viele Publikationen gewidmet, vorwiegend mit dem Tenor, ihre Weltbilder und Verhaltensweisen auf den hohen TV-Konsum zurückzuführen (Groebel, 1982, 2001). Im Zentrum stehen hier jedoch ihre Präferenzen und Tendenzen im Zusammenhang mit den neuen digitalen Möglichkeiten des Fernsehens. Die Vorlieben des Typs V entsprechen denen, die man auch schon vor Jahrzehnten beim vergleichbaren Typus fand: Leichte Unterhaltung und Show sowie unter anderem Arzt- und Krankenhausserien gehören zu den Lieblingsgenres. Insgesamt liegt eine deutlich unterdurchschnittliche Ausstattung mit moderneren TV- und TV-Zusatzgeräten, mit PC, Laptop und Internet vor. Der Typ V empfängt überwiegend über Kabel, der Digitalanteil ist auch hier unterdurchschnittlich. Die höchsten Werte dagegen weist diese Gruppe bei der Fernsehnutzungsdauer auf, und auch am Vorabend ist sie am stärksten vertreten. Die Vielseher präferieren die öffentlich-rechtlichen Programme, dabei interessieren sie sich außer für Nachrichten in überdurchschnittlichem Maße für Natur-, Tier- und Musiksendungen sowie Quiz- und Unterhaltungsshows (Abb. 8.64). Bei Filmen und Serien werden deutsche Produktionen bevorzugt. Die Nutzung von TV-Programmen aus dem Internet ist vergleichsweise wenig bekannt und findet mit Ausnahme der – allerdings auch sehr seltenen – Nutzung am TV-Gerät so gut wie gar nicht statt. Demographisch weist die Gruppe das höchste Durchschnittsalter auf, es gibt deutlich mehr Frauen, unabhängig davon das geringste Bildungsniveau und die kleinste durchschnittliche Haushaltsgröße; beim Typ V finden sich viele Singles bei gleichzeitig dem geringsten Haushaltseinkommen. Fernsehen wird dabei als kostengünstiger, selbstverständlicher, aber nicht (mehr) aufregender Begleiter durchs Leben wahrgenommen. Der Vielseher repräsentiert den Typus des das Fernsehen intensiv Nutzenden, der sich dabei aber trotzdem häufig langweilt.

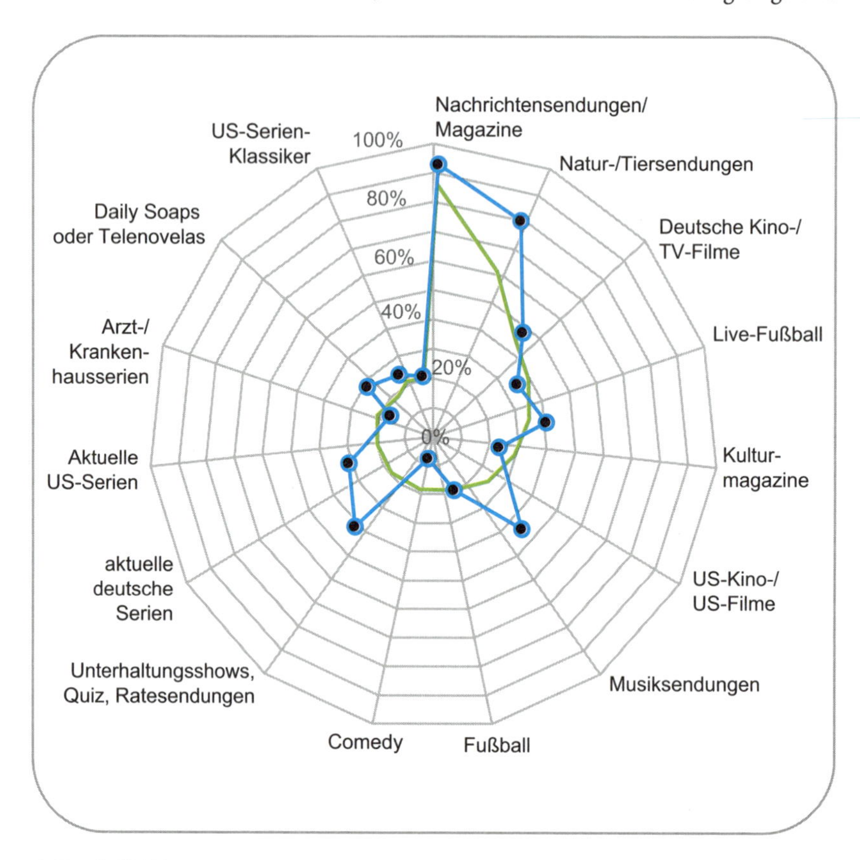

© Groebel 2013

Abbildung 8.64 TYP V, Vielseher, Genreinteressen im Verhältnis zum Durchschnitt der TV-Nutzer. Abweichungen 10 Punkte plus vom Durchschnitt; Deutschland; 2011

INTERVIEW (TYP V), Frühjahr 2012, Michaela W., 30 Jahre

Ich sehe jeden Tag ca. vier Stunden fern. Am liebsten mag ich Arztserien und Spielfilme vom Blockbuster bis zur Liebeskomödie. Beim Fernsehen entspanne ich. Ins Internet gehe ich häufig, um Informationen für die Arbeit, für mein

Ehrenamt und für die Allgemeinbildung zu suchen. Ich nutze oft soziale Netzwerke und shoppe auch gerne online. Internet und TV heißt für mich vor allem, ab und zu mal den Online-Videorecorder zu nutzen und das Programm dann auf dem Fernseher abzuspielen. Andere Geräte, wie Smartphones gebrauche ich für TV gar nicht. Ich besitze zwar ein Smartphone, jedoch ist mir der Bildschirm fürs Fernsehen zu klein.

Die TV-Typologie beschreibt insgesamt eine Mischung aus traditionellen und neuen Verhaltensweisen. Diese korrelieren mit dem Lebensalter, sind aber nicht deckungsgleich mit Generationszugehörigkeit. Als traditionell zu bezeichnen ist der Umgang mit dem Fernseher bei den TV-Fernen, den TV-Kritischen und den Vielsehern. Diese Gruppen kristallisierten sich, mit ähnlichen oder anderen Bezeichnungen, auch in früheren Studien heraus.

Neu sind vor allem durch die gewachsene Bedeutung von Internet und Smart-TV die Merkmalskonstellationen bei den beiden Gruppen Selektivseher und Technikaffine. Die Selektivseher nutzen den Fernseher als Zentrum der Medienausstattung und legen zugleich Wert auf die Intelligenz sowie die technischen Optionen dieses Geräts, um in bester Wiedergabequalität möglichst viele Auswahlmöglichkeiten für Programme zu haben. Bei den Technikaffinen steht das Internet im Vordergrund; Fernsehen ist ihnen wichtig, steht aber in direkter Wechselbeziehung mit den digitalen Angeboten des Web. Mal läuft das TV-Gerät im Hintergrund, mal wird ihm große Aufmerksamkeit gewidmet, mal wird das Fernsehprogramm auf Social-Media-Plattformen weiterdiskutiert, wie die Facebook-Mediencharts von 2012 zeigen: TV-Sender rangieren mit Fan-Gruppen zu einzelnen Sendungen ganz oben (meedia, 2012).

Interessant ist der Aspekt der Parallelnutzung: Typ T lässt den Fernseher laufen, während er sich mit dem Internet-Angebot beschäftigt. Kommt etwas Interessantes im TV, schwenkt die Aufmerksamkeit (kurz) herüber zum Fernsehgerät. Oft findet sich auch das Muster, dass spezielle Fernsehinhalte direkt über den Computerbildschirm abgerufen und über Split-Screen angeschaut werden. Das Umgekehrte, TV schauen, während der Computer nebenbei „läuft", findet beim stärker fernsehorientierten Typ S dagegen kaum statt. PC, Tablet oder Laptop können kein Nebenbei-Medium sein, es sei denn, sie werden fernsehähnlich genutzt. Doch da zieht Typ S das TV-Gerät vor.

Die folgende Tabelle 8.1 stellt verschiedene Merkmale der einzelnen Typen gegenüber, zunächst die technische Ausstattung des Fernsehgeräts. Des Weiteren sind angegeben die Rolle, die das TV und das Internet jeweils spielen, die bevorzugte Art der Fernsehnutzung und die (vermutete) zukünftige quantitative Bedeutung dieser Gruppe.

Tabelle 8.1 Merkmale und zukünftige quantitative Bedeutung der TV-Einzeltypen

TV-Typus	TV-Gerät	Internet	TV-Nutzung	Zukunft
T	Smart	Zentral	Parallel	Zunahme
S	Smart	Begleitend	Gezielt	Zunahme
F	Normal	Hilfsmittel	Wenig	Gleichbleibend
K	Normal	Ab Und Zu	Dosiert	Gleichbleibend
V	Traditionell	Wenig	Ständig	Abnahme

© Groebel 2013

Eine Sky Studie rückt natürlich auch den speziellen Typus des Nutzers von Pay-TV ins Blickfeld, auch wenn dies nicht die zentrale Frage der Analyse war. Einige Ergebnisse zeigen aber, dass auch bei diesem Nutzerkreis besondere Merkmalskonstellationen gegeben sind.

Demographisch unterscheidet sich der Sky-Nutzer vom Durchschnitt aller TV-Nutzer deutlich oder sehr deutlich dadurch, dass er überwiegend voll berufstätig ist und über ein höheres Einkommen verfügt; ebenso ist altersmäßig die Spanne 40 bis 49 Jahre besonders häufig vertreten. Auch der Bildungshintergrund ist etwas höher als bei der Durchschnittsbevölkerung. Schließlich sind etwas mehr Männer als Frauen mit dem Sender verbunden, vermutlich aufgrund des besonderen Fußballangebots (Abb. 8.65).

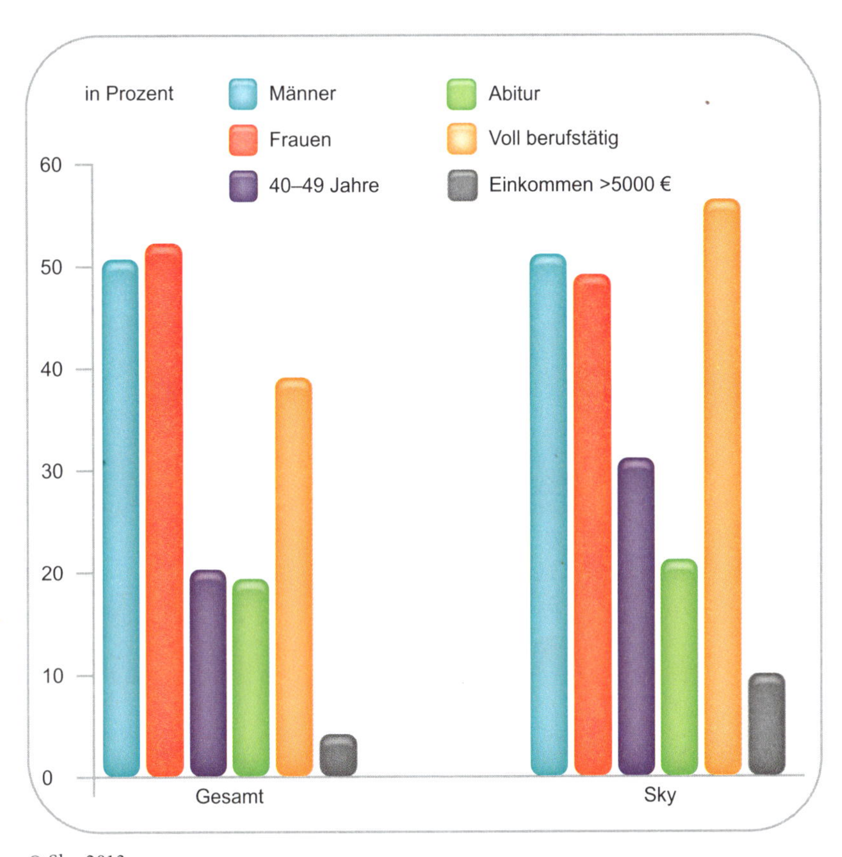

Abbildung 8.65 Demographievergleich TV-Nutzer gesamt und Sky-Nutzer. Gesamtstichprobe (n = 1000); Sky Stichprobe (n = 212, Teil Gesamt + Spezial); Deutschland; 2011

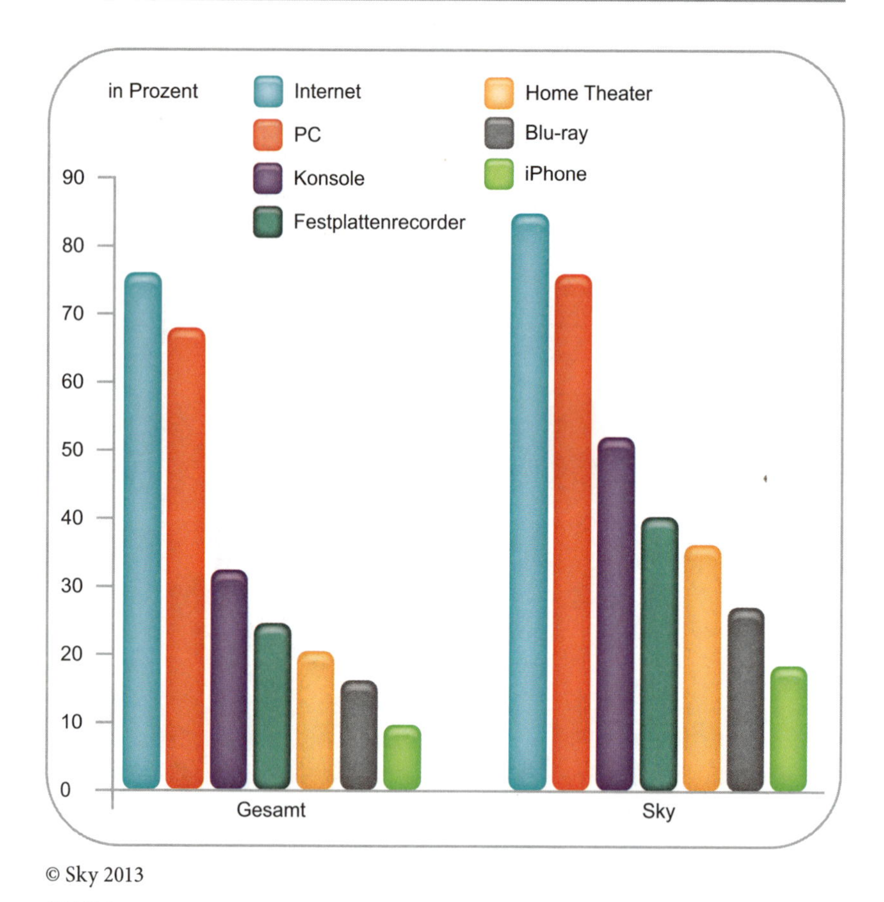

© Sky 2013

Abbildung 8.66 AV-Geräteausstattung, TV-Nutzer gesamt und Sky-Nutzer. Vergleich Gesamtstichprobe (n = 1000) und Sky Stichprobe (n = 212, Teil Gesamt + Spezial) (Top-7-Differenzen); Deutschland; 2011

Die Unterschiede setzen sich bei der Digitalausstattung fort (Abb. 8.66). Bei allen Geräten (ohne TV) finden sich bei Sky-Nutzern höhere oder sehr viel höhere Prozentanteile als bei der Durchschnittsbevölkerung. Die Ergebnisse zeigen auch die Bedeutung, die Sky-Nutzer qualitätssteigernden Medien wie Blu-ray oder Home-Theater für den Surround-Klang beimessen.

Der Fernseher selbst ist bei Pay-TV-Abonnenten ebenfalls deutlich besser ausgestattet: häufiger Flachbildschirme, HD-Fähigkeit, Internet-TV-Anschluss und, wenn auch noch im kleineren Prozentbereich, die Möglichkeit zum 3D-Empfang (Abb. 8.67).

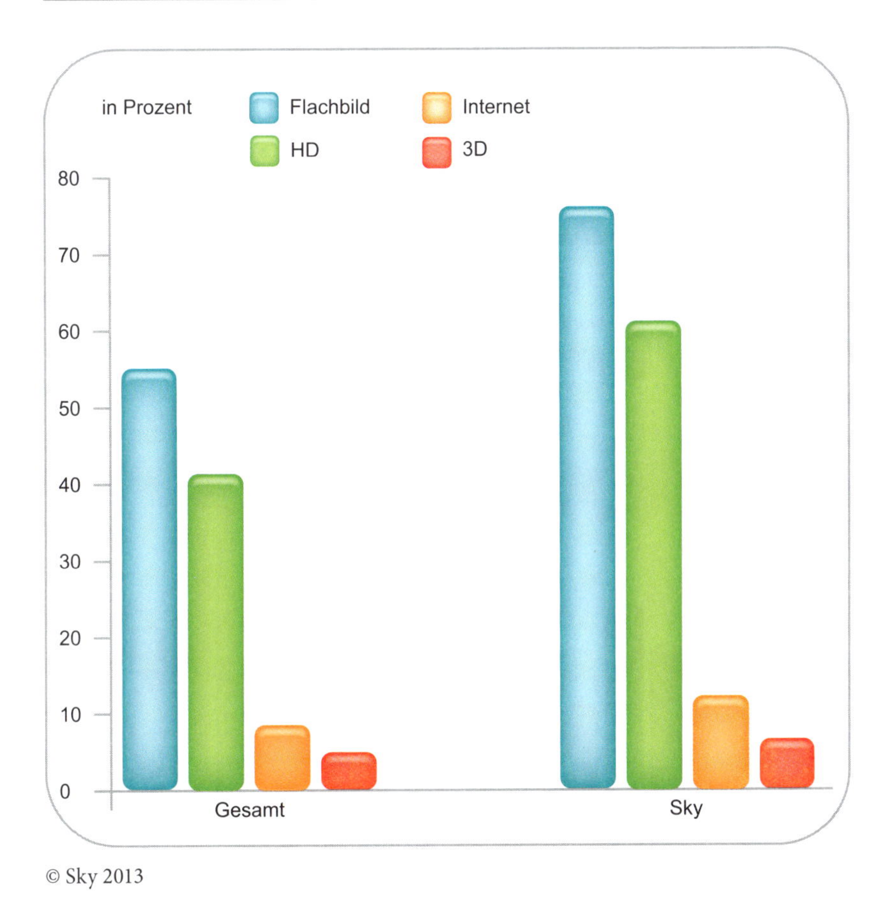

Abbildung 8.67 TV-Ausstattung, TV-Nutzer gesamt und Sky-Nutzer Vergleich Gesamtstichprobe (n = 1000) und Sky Stichprobe (n = 212); Deutschland; 2011

Schließlich finden sich bei mehreren TV-Nutzungsmustern auffallende Abweichungen gegenüber dem Durchschnitt der Fernsehzuschauer (Abb. 8.68). Dass Sky-Abonnenten den Sender viel häufiger als Lieblingsangebot nennen, mag selbstverständlich klingen, wäre aber nicht der Fall, wenn man unzufrieden wäre. Ebenso zählen bei frei empfangbarem Fernsehen viel häufiger die Privaten zu den Favoriten; Öffentlich-Rechtliche werden nur halb so oft genannt. Samstags weisen Sky-Nutzer eine wesentlich höhere Sehdauer auf, nicht verwunderlich, denn sie haben auch ein mehr als doppelt so großes Interesse an Live-Fußball, der Sender bietet ihn. Fernsehen finden sie insgesamt in Ordnung, mit dem Programm sind sie für ihr eigenes Leben sehr einverstanden. Begleitet wird diese Auffassung von der Überzeugung, sich auch mit der moderneren TV-Technik gut auszukennen, sprich: die vielen neuen Möglichkeiten des digitalen Empfangs zu beherrschen und interessant zu finden.

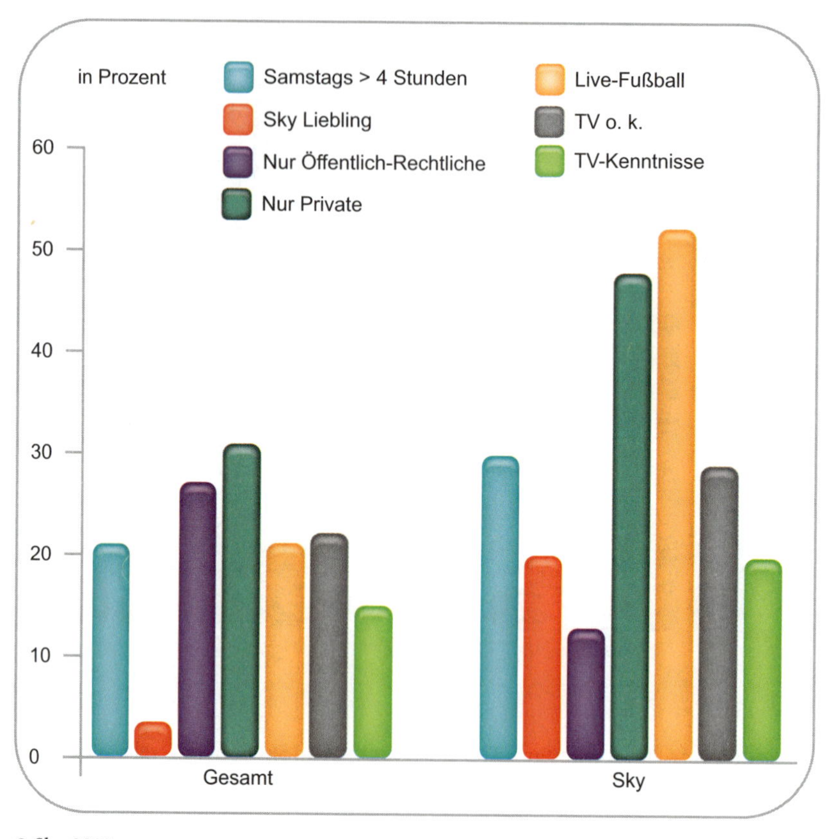

© Sky 2013

Abbildung 8.68 Ausgewählte Nutzungsmuster, TV-Nutzer gesamt und Sky-Nutzer. Vergleich Gesamtstichprobe (n = 1000) und Sky-Stichprobe (n = 212); Deutschland; 2011

Die Studie zur Typologie des Fernsehzuschauers im Zeichen der neuen digitalen Möglichkeiten hat gezeigt, dass durch die Bedeutung der digitalen Welt künftig veränderte Konstellationen zwischen dem TV und dem Verhalten des Nutzers zu berücksichtigen sind. Situationsfaktoren bestimmen durch die zahlreichen zusätzlichen Optionen, welche Medienpräferenzen jeweils abhängig von Stimmung und Funktion dominieren. Wurden die Wahlmöglichkeiten durch die Einführung des Privat-TV und kurz danach des Pay-TV bereits vervielfacht, so bietet das Internet nun einen im wörtlichen Sinne unbegrenzten Zugang zu jedwedem audiovisuellen Inhalt. Das Fernsehen ist zwar dessen ungeachtet immer noch Leitmedium, doch die Verbreitungsformen, zeitliche Nutzung und Interaktion mit anderen Arten von Kommunikation verändern und erweitern sich.

Gerade der jüngere, technikaffine Typus setzt hier neue Akzente für die Zukunft und wird schon allein durch die Generationenveränderung in immer stärkerem Maße das TV-Verhalten definieren. Quantitative Bedeutung wird angesichts der neuen digitalen Möglichkeiten des Fernsehgeräts ebenfalls weiterhin dem Selektivseher zukommen. Für ihn steht der TV-Bildschirm im Mittelpunkt des Interesses, er ist der Typus, der besonders großen Wert auf professionelle audiovisuelle Produktionen und gute Wiedergabequalität legt. Mit diesen Merkmalen ist er unter den Nutzern von Abonnenten-TV besonders stark vertreten – und ihn wünscht sich vor allem auch dessen Anbieter.

Der „Rocking Recipient“ 9

Eine Einordnung

Mit den technischen Möglichkeiten der Verknüpfung zwischen traditionellem Fernsehen und der Online-Welt ging über viele Jahre nicht schon automatisch ein ähnlich flexibles Nutzerverhalten einher. Erst im zweiten Jahrzehnt des 21. Jahrhunderts sind nun auch in Deutschland, das zeigt die Studie, das zeigen viele weitere Ergebnisse, Plattformkonvergenz und Nutzungsmuster zusammengerückt. Zumindest die jüngere Generation setzt das TV und Online-Angebote flexibel ein. Daraus resultieren mehrere Konsequenzen für die Zukunft:

- An die Stelle herkömmlicher Demographie tritt zunehmend eine Beschreibung und Einteilung des Nutzerverhaltens nach Stimmungen und Situationen.
- Diese neue Einteilung geht mit einer neuen Typologie einher. Die Studie zeigt fünf deutlich voneinander getrennte Gruppen von TV-Nutzern:

Die Technikaffinen: Jung. Online-nah. Innovativ.
Die Selektivseher: Eher jung. Hohes TV-Wissen. Gebildet.
Die TV-Fernen: Älter. Buchaffin. Geringes TV-Interesse. Intellektuell.
Die TV-Kritischen: Älter. Bewertung des TV nach dem Beitrag zur Lebenswelt.
Die Vielseher: Älteste Gruppe. Vergleichsweise wahlloser TV-Konsum.

Das neue Fernsehen wird dabei am deutlichsten durch den ersten und zweiten Typus repräsentiert. Der erste nutzt alle Plattformen flexibel, auch TV wird häufig über Computer, Tablets und Smartphones gesehen. Zugleich verbindet man sich im Austausch über das Fernsehen auf Second Screens durch soziale Netzwerke mit anderen. Die Gruppe nimmt an Bedeutung zu. Der zweite Typus sieht den

Fernseher zentral für seine Bedürfnisse, zugleich wird das Gerät für unterschiedliche Digitalfunktionen genutzt.

- Unabhängig von der bevorzugten Plattform, Smart-TV oder Online-System, bildet sich, in Anlehnung an das Hin-und-her-Wippen vor dem Bildschirm, eine neue Art von TV-Konsum: Der Zuschauer wird ein „Rocking Recipient". Er verbindet stimmungs- und situationsabhängig je nach Gemeinschafts- oder Einzelnutzung den passiven mit dem aktiven Konsum. Der Rocking Recipient wechselt also flexibel zwischen „Lean forward" und „Lean back".
- Fernsehen erlebt eine Renaissance als gemeinschaftsbildendes Medium, dieses Mal in Online-Teilgruppen.
- Insgesamt stehen Fernsehen und Online-Plattformen nicht konkurrierend zueinander. Beide ergänzen sich und gehen ineinander über.

Zehn Perspektiven für das neue Fernsehen 10

I. Fernsehen bleibt. Als Verhaltensmuster gehört es zu den grundlegenden Vorlieben der Menschen.

II. Intelligentes TV. Angesichts vieler Funktionen und Verknüpfungen wird technische Interoperabilität zum zentralen Merkmal. Im Connected Home wird das Gerät zum Zentrum der Steuerung ganzer Lebensabläufe.

III. Polymedia-TV. Gleiche Fernsehangebote werden über immer mehr Plattformen konsumiert. Als dominante Plattform nutzen Jüngere dabei Tablet und Notebook, Ältere Smart-TV. An die Stelle von Hardware-Verknüpfungen treten zunehmend Cloud-Lösungen.

IV. Zeit- und Ortsunabhängigkeit. Das Programm differenziert sich nach Synchron- und Abruf-TV. Synchron: Sport, Events, Nachrichten, Shared Content. Abruf: Spielfilme, Archiv, Serien, Verpasstes.

V. Neue Player. Sie betreten in allen Bereichen über Hardware, Online-Services, spezielle Innovationen den TV-Markt. Dennoch sind durch professionelle Produktionen und Erfahrungen mit den Zielgruppen traditionelle Fernsehmacher weiterhin führend.

VI. Stimmungsmanagement. Deutlicher denn je und unterstützt durch flexible Plattformen ist Fernsehen vor allem ein Katalysator für das Aufgreifen, Verstärken und Steuern von (eigenen) Gefühlen. TV begleitet interaktiv und mobil Menschen durch verschiedene Tagessituationen. Der Nutzer muss nicht mehr zum Fernseher. TV kommt zum Nutzer.

VII. Qualität. Pay-TV legt zu und etabliert sich substanziell als dritte Säule der Fernsehlandschaft. Vierte Säule werden künftige Web-Player.

VIII. Social Media. Fernsehen wird wieder zum Teil des Gemeinschaftserlebens, diesmal in Online-Communities, dabei über Second Screens.

IX. Nutzergenerierung. Weniger einzelne Inhalte, eher Sendungskonstellationen entstehen als neue Kanäle.

X. Neue Typologie. Die Demographie als Unterscheidungskriterium für das Fernsehverhalten wird abgelöst durch eine neue Typologie. Technikaffine Online-Nutzer und selektiv-kompetente TV-Zuschauer bestimmen die Programmzukunft als „Rocking Recipients".

11 Zusammenfassung

Das neue Fernsehen ist Realität geworden: Digitalisierung, Smart-TV, der anhaltende Erfolg von Abonnement-Fernsehen, IPTV, Web-TV sowie Milliarden abrufbarer Clips im Internet belegen dies eindeutig. Im Fokus der Studie „Das neue Fernsehen" stand vor allem die Wechselwirkung zwischen dem traditionellen Fernsehangebot und den neuen Angebotsformen von Bewegtbild, z.B. über Online-Verbreitungswege. Die Ergebnisse einer Repräsentativbefragung unter 1000 Deutschen durch TNS Infratest und weitere aktuelle internationale Forschungen zeigen: Hauptsächlich bei der jüngeren Generation, zunehmend aber auch über alle Altersgruppen hinweg kommt es zu einem ständigen Wechselspiel zwischen dem traditionellen TV und der Online-Welt. Dem Zuschauer eröffnen sich dadurch neue Wege. Durch das neue Fernsehen hat er die Möglichkeit, sich laufende Inhalte entweder zurückgelehnt anzuschauen oder durch mobile Geräte und Social Media Funktionen aktiv einzugreifen. So kann das Programm abwechselnd im „Lean back" oder „Lean forward"-Modus – oder sogar beides kombiniert – konsumiert werden. Nicht mehr die Umstände bestimmen das Fernsehverhalten, der Konsument steht im Mittelpunkt und wird zum „Rocking Recipient". Dieser bewegt sich frei zwischen den verschiedenen Angeboten, er wippt quasi abwechselnd zwischen dem passiven und aktiven TV-Konsum hin und her. Der Rocking Recipient verkörpert die Möglichkeiten des neuen Fernsehens und definiert die neue Spezies des Zuschauers.

Um diese Entwicklung zu analysieren, untersucht die Studie zuerst die Geschichte des Fernsehens, die nicht nur sozial, sondern vor allem auch technisch getrieben ist: Konvergenz ist Realität, die Rezipienz geht von Multimedia hin zu Polymedia. Computer und Smartphones werden eingesetzt, um sich entweder von vornherein ausgewählte Sendungen anzuschauen oder fortzuführen, was man auf dem Heimgerät begonnen hat. Umgekehrt schaffen avancierte Heimtechnik, Smart-TV oder intelligente Receiver die Verbindung zwischen der TV- und der digitalen Welt. Die Ergebnisse der Studie zeigen: Durch Social Media entsteht eine neue Art der Fernsehgemeinschaft. Man findet sich in Fangruppen zusammen, „teilt" das laufende Programm online mit vielen anderen, kommentiert und schafft eine kontinuierliche Bindung zum Programm. Die virtuelle Gemeinschaft ersetzt das Wohnzimmer und stellt das Gemeinschaftserlebnis aus den Anfangstagen des Fernsehens so online wieder her. Die Entwickler neuer TV-Formate, so ein weiterer Befund, reagieren auch inhaltlich auf die neue Welt und machen sich die Möglichkeiten zur Bindung an Programme und Stars auf Facebook, Twitter und Co. mit großem Erfolg zunutze. Ergebnis ist das „Social TV".

Fernsehen lebt und wird auch in Zukunft leben. Eingebettet in die Online-Welt, die für viele der zentrale Kommunikationsort ist, erfüllt es mehrere grundlegende Bedürfnisse, die so von keinem anderen Medium befriedigt werden: Es ist das Medium schlechthin für Stimmungsmanagement. Die Nutzer setzen es je nach Situation und emotionaler Befindlichkeit flexibel, auch mobil, über digitale Plattformen und Orte hinweg ein. Zeitversetztes TV erlaubt es dem Zuschauer, das Fernsehen dem Tagesablauf anzupassen, nicht mehr umgekehrt.

Fernsehen ist immer noch das Massenmedium par excellence. In etlichen Bereichen kommt es zu einer Personalisierung und Individualisierung. Wenn es aber um Großereignisse geht, nicht zuletzt aus dem Sport und besonders dem Fußball, und ebenso um die großen Filme und Serien, dann wollen sich die Menschen wie seit Jahrtausenden spannende Geschichten erzählen lassen, und all das in höchstmöglicher Professionalität und Qualität.

Auch wenn immer noch demographische Faktoren beim Fernsehverhalten wirksam sind, so sind es heute insbesondere Situations- und Stimmungstendenzen, die mit den entsprechenden Medienpräferenzen einhergehen. Sie schaffen Muster, welche die neu bestimmten TV-Typen prägen. Dabei steht vor allem die Nutzung der traditionellen Angebote und der Onlineinhalte im Vordergrund. Im Laufe der Studie haben sich fünf vorherrschende Nutzergruppen herauskristallisiert:

Der Technikaffine (Typ T), der ein positiv-entspanntes Verhältnis zum Fernsehen hat, nutzt gerne neue Technologien und besonders natürlich das Internet. Er ist ein aktiver, eher „Lean-forward"-Zuschauer, der sich immer wieder das Polymediaangebot zu Nutzen macht.

Der Selektivseher (Typ S), der ein positiv-wählerisches Verhältnis zum Fernsehen besitzt, interessiert sich für avancierte TV- und Receiver-Technik sowie qualitativ hochwertige Inhalte. Er wechselt immer wieder zwischen „Lean-back"- und „Lean-forward"-Angeboten hin und her.

Der TV-Ferne (Typ F) nutzt TV nur in geringem Umfang, dann zur Information oder für einzelne ihn interessierende Programme. Technische Neuerungen und die Zukunft des Fernsehens gehen eher an ihm vorbei, das Fernseherlebnis findet, wenn überhaupt, im entspannten „Lean-back"-Modus statt.

Der TV-Kritische (Typ K) bemisst das Fernsehen vor allem danach, wie es zur Unterstützung seiner Lebenswelt dienen kann. Er besitzt zwar eher moderne TV-Technik, nutzt diese jedoch weniger als Bindeglied zur Online-Kommunikation sondern konsumiert die Inhalte vielmehr passiv.

Der Vielseher (Typ V) schaut sehr viel fern, fast ausschließlich im „Lean-back"-Modus, und wählt kaum gezielt aus. Er besitzt ein geringeres Interesse an der Online-Welt und zeigt sich trotz des hohen Konsums vielfach unzufrieden mit dem bestehenden Programm.

Als jüngste Gruppen, aber mit einem bereits substanziellen Anteil aus allen demographischen Bereichen, stellen die beiden ersten Typen, Technikaffine und Selektivseher, nach den Studienergebnissen die Fernsehzukunft dar, wenn es um die TV-Nutzung geht. Diese Gruppen erkennen den Mehrwert von Social TV, nutzen das Polymediaangebot und legen damit ein neues Sehverhalten an den Tag. Der Rocking Recipient beschreibt genau diesen Typus. Da die entsprechenden Gruppen immer größer werden, müssen sich die TV-Anbieter auch immer mehr auf diese Nutzer einstellen. Der Rocking Recipient definiert den Zuschauer des neuen Fernsehens.

Literatur 12

AGF-Fernsehforschung (Hrsg.) (2012). AGF/GfK: *TV Scope,* Juli 2012.
AGF-Fernsehforschung (Hrsg.) (2013). AGF/GfK: TV Scope, Juli 2013.
ALM – Die Medienanstalten (Hrsg.) (2011). *Offen, neutral, hybrid – die neue (Un)Ordnung der Medien. Digitalisierungsbericht 2011.* Berlin.
ALM – Die Medienanstalten (Hrsg.) (2012). *Landesmedienanstalten und privater Rundfunk in Deutschland. Jahrbuch 2011/2012.* Berlin.
ALM – Die Medienanstalten (Hrsg.) (2012). *Programmbericht 2011.* Berlin.
ALM – Die Medienanstalten (Hrsg.) (2013). *Rundfunk und Internet-These, Antithese, Synthese? Digitalisierungsbericht 2013.* Berlin.
ALM- Die Medienanstalten (Hrsg.) (2013). *Landesmedienanstalten und privater Rundfunk in Deutschland. Jahrbuch 2012/2013.* Berlin.
ARD-ZDF (2012). *ARD-ZDF Onlinestudie 2012.* Berlin.
ARD-ZDF (2013). *ARD-ZDF Onlinestudie 2013.* Berlin.
Alvarez Monzoncillo, José Maria (2011). *Watching the Internet: The Future of TV?* Madrid.
Anywab (2012). *Second Screen Zero: Die Macht des Zweiten Bildschirms.* In: Internet World Business, Juli 2012.
ARD-ZDF-Online-Studie (2011). Eimeren, Birgit van & Frees, Beate (Hrsg.). Drei von vier Deutschen im Netz – ein Ende des digitalen Grabens in Sicht? Ergebnisse der ARD-ZDF-Online-Studie 2011. In: *Media Perspektiven* 7–8/2011, S. 334–349.
BITKOM/Deloitte (Hrsg.) (2011/2012). *Die Zukunft der Consumer Electronics – 2012.* Berlin.
BITKOM/Deloitte (Hrsg.) (2013). *Die Zukunft der Consumer Electronics* – 2013. Berlin.
Einzelhandelsverband (Hrsg.) (2012). Handelsverband Deutschland (HDE). *Analyse TV-Geräte-Verkauf.* Interner Report. Berlin.
Flecken, Eva & Hamann, Andreas (2012). *Aktueller Stand der Digitalisierung in den deutschen TV-Haushalten.* In: ALM (Hrsg.). Digitalisierungsbericht 2012. Berlin.
GfK Retail and Technology (Hrsg.) (2012). *Development Consumer Electronics.* Interner Report. Nürnberg.
GOLDMEDIA (2012). Sattler, Claus & Kerkau, Florian. *Mehr oder weniger Aufmerksamkeit fürs Fernsehen?* Gastbeitrag. Kress.
Groebel, Jo (1982). *Macht das Fernsehen die Umwelt bedrohlich?* Publizistik, 27, 1-2, 152-165.
Groebel, Jo (2011). *Internet Piracy. A Comparative Study on International Policy.* Berlin.

Groebel, Jo (2012a). Europäische Medienpolitik. In: Bergmann, Jan (Hrsg.). Handbuch der Europäischen Union. Baden-Baden.
Groebel, Jo (2012b). Medienpolitik. In: Härtel, Ines (Hrsg.). Handbuch Föderalismus. Heidelberg.
Groebel, Jo (2012c). Social Media als Mittel politischer Veränderung. In: Herbert Quandt-Stiftung (Hrsg.). *Neue Autoritäten in der arabischen Welt?* Freiburg.
Groebel, Jo & Gehrke, Gernot (Hrsg.) (2003). *Internet 2002: Deutschland und die digitale Welt. Internetnutzung und Medieneinschätzung in Deutschland und Nordrhein-Westfalen im internationalen Vergleich.* Schriftenreihe Medienforschung der Landesanstalt für Medien Nordrhein-Westfalen, 46. Opladen.
Groebel, Jo & Gleich, Uli (1991). *Gewaltprofil des deutschen Fernsehprogramms. Eine Analyse des Angebots privater und öffentlich-rechtlicher Sender.* Schriftenreihe Medienforschung der Landesanstalt für Rundfunk Nordrhein-Westfalen, 6. Opladen.
Groebel, Jo; Noam, Eli & Feldmann, Valerie (Hrsg.) (2006). *Mobile Media.* New York.
Hubert, Mario (2012). *Drei Viertel aller europäischen TV-Haushalte sind digital.* In: ALM (Hrsg.). Digitalisierungsbericht 2012. Berlin.
JIM (2011). *JIM-Studie 2011. Jugend, Information, (Multi-)Media. Basisuntersuchung zum Medienumgang 12- bis 19-Jähriger.* Hrsg. Medienpädagogischer Forschungsverbund Südwest. Stuttgart.
JIM (2012). *JIM-Studie 2012. Jugend, Information, (Multi-)Media.* Hrsg. Medienpädagogischer Forschungsverbund Südwest. Stuttgart.
Kahnemann, Daniel (2012). *Schnelles Denken, langsames Denken.* München.
KIM (2013). *KIM-Studie 2012. Kinder + Medien, Computer + Internet.* Hrsg. Medienpädagogischer Forschungsverbund Südwest. Stuttgart.
LfM – Landesanstalt für Medien NRW (Hrsg.) (2011). *Digitaltrends. Mobile Media.* Düsseldorf.
LfM – Landesanstalt für Medien NRW (Hrsg.) (2012). *Digitaltrends. Personalisierung.* Düsseldorf.
meedia (2012). Laufende Berichterstattung.
Müller, Martin U. (2013). *Tote Quote.* DER SPIEGEL, 41.
Münchner Kreis u. a. (Hrsg.) (2011). *Zukunftsbilder der digitalen Welt. Nutzerperspektiven im internationalen Vergleich.* Zukunftsstudie Münchner Kreis, 4. München.
Noam, Eli; Groebel, Jo & Gerbag, Darcy (Hrsg.) (2004). *Internet Television.* New York.
Noam, Eli & Groebel, Jo (2013). *The Future of TV.* Keynote-Talk IFA-Kongress. Berlin.
NPD-Group (2013). *NPD-Report.* Washington, D.C.
PriceWaterhouseCoopers (2011). *The Future of TV.* Madrid.
Promedia (2012). *Bleibt Fernsehen Fernsehen?* September 2012. Berlin.
Rubin, Rebecca B. & McHugh, Michael P. (1987). *Development of Parasocial Interaction Relationships.* Journal of Broadcasting and Electronic Media, 31, 3, 279-292.
Schneider, Beate & Buschow, Hans (2012). *Social TV.* Interner Report. Hochschule für Musik, Theater und Medien Hannover. Hannover.
Screen Digest (2012). Knapp, Daniel. *Internal Presentation. Advertising in the Future.* London.
Sky (Hrsg.) (2012). *Analyse Smart & Pay-TV.* München.
Telefonica (2013). *Global Millennial Study.* Madrid.
TNS Infratest (2011). *Convergence Monitor.* Presseinformation. Bielefeld.

Valcke, Peggy, Groebel, Jo & Bittner, Moritz (2014). Belgium. In: Noam, Eli et al. (eds.). *International Media Concentration*. Oxford.
Weiß, Ralph & Groebel, Jo (Hrsg.) (2001). *Privatheit im öffentlichen Raum. Medienhandeln zwischen Individualisierung und Entgrenzung.* Schriftenreihe Medienforschung der Landesanstalt für Rundfunk Nordrhein-Westfalen, 43. Opladen.
Wired (2012). Ulf Hannemann: *Wir langweilen uns zu Tode.* Ausgabe 2, 2012.
z-punkt (2011). *TV 2020. Foresight Business News.* Köln.
Zillmann, Dolf & Bryant, Jennings (Hrsg.) (1985). Selective Exposure to Communication. Hillsdale, N. J.

Für G.

Über den Autor

Prof. Dr. Jo Groebel
Berlin, geb. 11.11.1950 in Jülich

Prof. Dr. Jo Groebel ist Direktor des Deutschen Digital Instituts Berlin und Chairman Advisory Board des Center of Science Berlin Hamburg mit der Business School Berlin Potsdam und den Medical Schools Hamburg und Berlin. Davor u.a. Ordinarius für Medienpsychologie an der Universität Utrecht und Gastprofessor an der UCLA und der Universität von Amsterdam. Forschungskooperationen mit den Universitäten Harvard, Columbia und Cambridge. 35 deutsche und internationale Bücher, u.a. ‚Aggression and War' mit Robert A. Hinde, Cambridge University Press, und ‚Internet Television' mit Eli Noam und Darcy Gerbag. Hunderte Artikel in Fachzeitschriften und Büchern. Zahlreiche internationale Presseartikel, u.a. zitiert in New York Times und Le Monde, und TV-Interviews u.a. bei CNN, BBC, NBC, ARD, ZDF, RTL, ORF. Keynote-Redner zu Medienfragen u.a. an der National Academy of Sciences, Washington D.C., im Französischen Senat, den Parlamenten von Deutschland und den Niederlanden, bei der UNESCO Generalversammlung, am Vatikan. Groebel war Mitbegründer und Chair des Kuratoriums für die „Médaille Charlemagne pour des Médias Européens" (Preisträger u.a. Lord Weidenfeld, Cees Nooteboom, Jean-Jacques Annaud, Krystyna Janda), Mitglied des Royal Council for Culture der niederländischen Regierung und Präsident der Dutch Association of Communication Sciences sowie Co-Promotor für das Ehrendoktorat des Regisseurs Peter Greenaway an der Universität Utrecht. Zudem leitete er die UNESCO Global Study on Children and the Media (mit weltweit 5.500 Kindern), war Initiator des Russisch-Deutschen Mediendialogs mit der Robert Bosch Stiftung, Leiter der Runde Netzpolitik des deutschen Innenministers Th. de Maizière. In persönlichen Konsultationen traf er auf Staatsoberhäupter und Regierungschefs wie Präsident Clinton, Richard von Weizsäcker, Roman Herzog und Zoran Djindjic. Er leitete das European TV & Film Forum Prag, Bologna, Vilnius, Barcelona, Wien, Berlin. Er ist Jurymitglied beim „Printpreis" des Freistaates Bayern, des Preises „Freie Presse" der ZEIT-Stiftung und des „CIVIS Online-Preis für Integration" von ARD und weiteren europäischen Rundfunkanstalten. Thementip: www.wulffmorgenthaler.de/strip/2010/12/29

Foto: Christine Halina Schramm